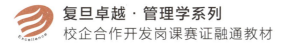

校企合作开发岗课赛证融通教材

新零售管理实务
——门店数字化运营
（第二版）

主　编　刘　洋　朱　彪
副主编　杨　波　王明俐　何娜敏　孙渝霞

MANAGEMENT

复旦大学出版社

前　言

经历近 20 年的发展,我国传统电商流量红利逐步耗尽,获客成本日益攀升。消费升级使消费者对个性化、多元化、高品质的商品和服务的需求不断升级。同时,互联网、大数据、人工智能等技术的进步,都推动着零售业不断创新。线上线下融合,消费场景体验智能化、数字化、社交化就是新零售未来发展的方向。那么,在数字经济浪潮中,身处新零售情境下的传统零售该如何重构"人、货、场"? 如何灵活运用新理念、新方法、新技术来构建新渠道、搭建新场景、创新营销模式,提升消费者购物体验,搭载上"数字化"升级的列车呢?

本书结合新零售情境下,传统商超数字化转型升级过程中,门店全渠道数字化运营管理人才的需求,从职业岗位分析入手,以典型工作任务为依据,以真实项目为载体,将培养传统商超数字化转型升级过程中门店全渠道数字化运营与管理人才所需的知识及业务实操技能作为主线,对标 1+X 职业资格证书及新职业的标准,融合商业数据分析等技能大赛的相关赛点及 AI 在新零售领域内的典型应用,用"能力为本位,虚实结合"的原则对教材内容进行了系统性的模块化设计,共计开发了十二个项目。本书融"教、学、做"为一体,帮助学生在"做中学、学中做"的过程中树立门店数据化运营与管理的意识,了解新零售的新理念、新业态、新技术及新方法,掌握传统商超转型升级以最终实现全渠道数字化运营与管理的核心思路、方法及实战技巧的同时,培养学生"经世济民"的家国情怀和"守正创新、爱岗敬业、精益求精"的职业精神,提高就业竞争力和社会责任感。

本书具有以下四个方面的特色。

1. 坚持立德树人,将课程思政"如盐融水"无形融入教材的内容设计。

本书通过设置素养目标、情景导入、任务分析、任务准备、任务实施、任务评价及任务拓展训练的模式,让学生在教师的启发和引导下发现、分析及解决问题,塑造学生的专业精神、职业精神,观察、思考、判断、自主学习等能力,构建学生科学的认识论及方法论;此外,通过设置"素养课堂""思政微课""思政案例分析""任务拓展训练"等多种讲练结合的形式,多维度地将"二十大精神""经世济民"的家国情怀和"守正创新、爱岗敬业、精益求精"等职业精神的培育融入教材的主体内容介绍、案例分析、微课展示及实训作业练习中。

2. "课岗赛证"四融通、线上线下相融合、对接新需求、新技术、体现高职的创新性及高阶性。

教学内容设计对标门店数字化运营与管理 1+X 职业资格证书及互联网营销师新职业标准,融合商业数据分析等技能大赛的相关赛点及 AI 在新零售领域内的典型应用,以新零售情境下,传统商超数字化转型升级过程中门店全渠道数字化运营管理所需的知识及业务实操技能作为主线,以典型工作任务为依据,联手行业龙头企业专家共同开发课程标准,设置相关教学模块内容。以动画、虚仿实验、微课等二维码形式助力教材重难点理解,联动线上课程开展混合式教改与实践。

3. 目标链与行动链对标、项目导向、任务驱动、真实职场情景化教学,实用性强。

按工作过程分成几个小的子项目,子项目中又都设有情景任务引入,将学习者引入真实的职场情景,借助任务分析,自然引出传统零售商超向新零售商超转型升级过程中全渠道数字化运营管理所需的相关知识及业务操作技能,最终通过任务实施引导学生运用任务完成所需素材,跟随样例,在"边学边做"中解决企业中常见的问题,完成任务。"一路闯关"后,学生对标项目任务最初设置的学习目标,结合自己任务完成的情况进行自我诊断与评价。最终,通过任务拓展训练实现学生综合实践能力的进阶与提升。

4. 校企联手合作开发,数字化多媒体资源丰富。

教材对应在线课程资源

本书为重庆市工商企业管理专业教学资源库、重庆市市级一流课及职业教育专业教学资源库——供应链运营专业教学资源库配套新形态活页式教材。永辉、沃尔玛等一线企业的专家亲力亲为,用心筛选案例材料,并参与本书教学内容设计与编写。本书内含丰富的企业实用表格、企业常用文案范本、微课、视频、动画、习题、虚仿实训及配套拓展学习资源包等教学资源,非常适合国内大专院校开展混合式教学、社区教育,以及满足商超、专卖店等多业态线下门店数字化转型的培训需求。需要相关教学资源的老师,请直接登陆智慧职教网址:https://zyk.icve.com.cn/courseDetailed?id=dhk-saoovzihokmtpinbxhq,进入课程界面(也可扫描二维码查看相关课程资源),方便教学。

本书由重庆工商职业学院刘洋、朱彪主编,重庆城市管理职业学院杨波、重庆工商职业学院王明俐和何娜敏以及永辉超市华西中心人力负责人孙渝霞为副主编,永辉超市华东中心人力负责人吴键等奋战在零售一线的行业企业专家参编。刘洋负责统筹全书结构设计、撰写前言及审核全书等工作,独立编写项目十,与何娜敏、杨波一起编写项目二,与王明俐、何娜敏一起编写项目三,与杨波一起编写了项目五,与孙渝霞一起编写项目七,与朱彪共同编写了项目十一;朱彪独立编写了项目四,与吴键一起编写项目一,与孙渝霞一起编写了项目八;王明俐独立编写了项目六和九,何娜敏独立编写了项目十二。本书可供高职高专、应用型本科院校开设零售管理类课程选作教材之用,也可作为零售从业人员相关培训教材及参考书。

本书在编写过程中参考了大量国内外文献,主要参考书目已列在书后。谨向这些文献的编著者和出版单位以及教材出版过程中给我们提出过宝贵意见的同济大学马克思主义学院副院长吕健教授、复旦大学出版社副编审张志军先生、广东财贸职业学院数字供应链学院院长、全国物流职业教育教学指导委员会委员、教育部课程思政教学名师马翔教授及重庆城市管理职业学院教务处处长黄蘋教授致以诚挚的感谢。由于创新创业是一项复杂活动,传统零售企业的数字化转型升级正处于摸着石头过河的阶段,鉴于编著者水平及教学经验有限,书中难免存在不足,衷心希望零售管理类教育同人、零售行业从业者以及读者给我们提出宝贵意见。

编者
2024 年 5 月

目　　录

模块一　基础理论

项目一　走进新零售 ··· 1-1
　　任务一　辨析新零售业态 ·· 1-2
　　任务二　认识新零售发展趋势 ··· 1-12

模块二　线下门店数字化运营

项目二　管理商品 ·· 2-1
　　任务一　规划选品 ·· 2-2
　　任务二　优化选品 ··· 2-14
　　任务三　采购商品 ··· 2-21
　　任务四　验收商品 ··· 2-27
　　任务五　管理库存 ··· 2-32
　　任务六　盘点商品 ··· 2-39

项目三　布局与陈列 ··· 3-1
　　任务一　设计卖场布局 ·· 3-2
　　任务二　调整卖场布局 ·· 3-8
　　任务三　营造卖场气氛 ··· 3-13
　　任务四　制作排面 ··· 3-18
　　任务五　优化排面 ··· 3-24
　　任务六　制作堆头 ··· 3-30

项目四　定价与促销 ··· 4-1
　　任务一　制定价格 ·· 4-2
　　任务二　策划促销活动 ··· 4-11
　　任务三　实施促销活动 ··· 4-19

项目五 预防与控制门店损耗 5-1
任务一 控制商品损耗 5-2
任务二 处理突发事件 5-8

项目六 服务门店顾客 6-1
任务一 处理顾客投诉 6-2
任务二 处理退换货 6-6
任务三 提升顾客服务体验 6-13

项目七 管理团队 7-1
任务一 管理团队冲突 7-2
任务二 培育团队 7-7
任务三 考核激励团队 7-18

项目八 分析经营业绩 8-1
任务一 评估门店经营业绩 8-2
任务二 改善门店经营绩效 8-11

模块三 新技术赋能线下门店全渠道数字化运营

项目九 开设并运营微店 9-1
任务一 开设微店 9-2
任务二 装修微店 9-7
任务三 上架商品 9-13
任务四 运营微店 9-21

项目十 运营门店社群 10-1
任务一 搭建门店社群 10-2
任务二 促活门店社群 10-11

项目十一 门店直播带货 11-1
任务一 直播前准备 11-2
任务二 直播实施 11-13
任务三 直播复盘 11-20

项目十二 设计门店智慧仓配 12-1
任务一 规划门店仓储布局 12-2

任务二　设计门店拣配线路 ……………………………………………… 12-8
任务三　控制门店仓储成本 ……………………………………………… 12-15

附录一　新零售业务领域实用 AI 工具推荐 ……………………………………… 1

附录二　新零售相关移动网络学习资源推荐 …………………………………… 1

参考书目 ……………………………………………………………………………… 1

模块一 基础理论

项目一　走进新零售

▲ 项目说明

零售业态是指零售企业为满足不同的消费需求而形成的不同的经营形态。随着新零售的提出,新零售业态百花齐放,需要辨别不同业态的内涵及特点。在后疫情时代,人工智能、大数据等技术不断革新零售业。

本项目有2个任务,分别介绍了新零售业态辨析和新零售发展趋势。

▲ 项目目标

【知识目标】

1. 了解零售业业态发展历程,理解新零售内涵与新零售实现路径;
2. 掌握新零售业态特征及新零售发展趋势;
3. 熟悉新零售典型岗位技能。

【技能目标】

1. 精准辨析新零售业态;
2. 据实调研新零售典型岗位;
3. 总结归纳新零售商业运营,挖掘新零售创业机会。

【素质目标】

1. 培养学生以顾客为先导的服务意识,树立爱岗敬业的职业观;
2. 激发学生爱国热情,增强道路自信,将"经世济民"的情怀深植于心,创新并优化新零售运营模式,为人民带来优质的商品与服务。

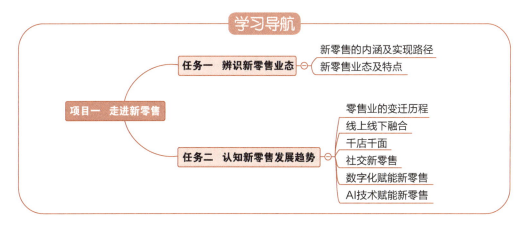

任务一 辨析新零售业态

 学习目标

1. 理解新零售内涵与新零售实现路径；
2. 掌握新零售业态特征，精准辨析新零售业；
3. 熟悉新零售典型岗位技能，进行新零售典型岗位调研；
4. 提升以顾客为先导的服务意识，培养爱岗敬业的职业观。

 **情景导入**

李明想在毕业后选择新零售行业创业，但对行业一无所知。他想通过实地调研摸底商圈已有的新零售业态确定创业项目。李明心中很茫然，不知道该如何完成调研。

 任务分析

零售业态是指零售企业为满足不同的消费需求而形成的不同的经营形态。消费者的需求不同，零售商在满足需求时就会产生不同的零售业态。零售业态主要依据零售业的选址、规模、目标顾客、商品结构、店堂设施、经营方式、服务功能等进行分类。常见新零售业态主要有：百货店、超市、便利店、仓储会员店、专业店、品牌专卖店、购物中心与网络零售等。每种类型的零售业态各有其特点，我们可以根据每种零售业态的特点选择1~2家典型零售商进行观察分析。

 任务准备

为了更好地达到实训目的，需要做如下准备：
1. 组建实地走访调研小组；
2. 新零售业态实地走访任务单。

 **任务实施**

一、学习新零售的内涵及实现路径

（一）新零售的概念

零售是向消费者或社会团体出售生活消费品及相关服务，以供其最终消费之用的全部活动。零售满足我们的需求，从而形成一个古老的行业——零售业。零售业是指通过买卖形式，将工农业生产者生产的产品直接售给居民作为生活消费用或售给社会集团供公共消费用的商品销售行业。最初是个人与个人之间的交换，随着社会关系的变化，零售业也不断地发生着变化。随着电商冲击、消费习惯变迁等一系列的变化，零售业正在进行着改变。

10月13日，2016年阿里云栖大会在杭州云栖小镇召开，原阿里巴巴集团董事局主席马云在演讲中表示:"纯电商时代很快会结束,未来的十年、二十年,没有电子商务这一说,只有新零售,也就是说线上线下和物流必须结合在一起,才能诞生真正的新零售。"(扫码观看相关动画)

动画:马云说新零售是个啥东西

新零售是指利用大数据、人工智能等新兴技术,以满足顾客的需求为目标,将整个零售行业的产业链进行智能化升级。形成"线上＋线下＋物流"三位一体的运营模式,重新将人、货、场有效组合,最终提高商品送货效率的同时,提升消费者的购买体验。相比传统零售,新零售的"新"更多在于线上线下联动、支付流程便捷化、供应链底层管理智能化。

(二)新零售的特征

新零售的特征主要包括坪效革命、短路经济和数字赋能。其中,坪效革命是指通过大数据、人工智能等技术手段,提升门店的运营效率,实现更高效的销售。短路经济是指在新零售模式下,通过线上渠道获取用户订单,然后通过线下渠道进行配送,从而实现更快的配送速度和更高的用户体验。数字赋能则是指通过大数据、人工智能等技术手段,为零售业提供更加精准的服务和更加个性化的推荐。如美团外卖通过大数据分析用户需求,优化配送路线,提高配送效率;京东到家通过线上线下融合,提供更快捷、更便捷的购物体验;盒马鲜生通过数字化手段,将传统零售业转型升级,提供更加新鲜、优质的商品和服务。

(三)新零售实现路径

1. 传统零售商线上线下融合

全球范围内,传统零售商开始改进其零售模式,从流量、效率(物流)、销售方式三个维度上对电商进行了回击。

首先,积极铺设线上渠道,并想方设法与线下实体店产生关联,形成线上、线下互相导流的态势。同时利用线下实体店,对线上渠道进行互补。例如,大多数传统零售商选择将其线下的实体店转型成跨渠道的补货中心、网上订单的提货现场、方便的退换货地点、产品的展示厅和新购买渠道。

第二就是提升效率。对于此,一个广泛运用的理念就是"少大于多":一方面,众多商家选择由大变小,在城市中心开设便利店,取代原有的大型全尺寸店面。另一方面,利用大数据进行精准定位,对每一个店的每一个产品精挑细选,用少量的SKU满足大量的辐射半径范围内的人口需要。

第三是改变销售方式,侧重便利性和服务。如家乐福为满足顾客对便利性的追求,先后推出了Carrefour Express便利店,满足城市生活需要。传统零售店一个巨大的优势就是现成的店铺网络。当传统零售选择在线业务,就意味着大量的订单可以从这些门店发货,也就是说,在某种程度上传统的零售终端变成了"配货中心"。

2. 电商走到线下

面对实体零售业的反扑,电商已经感受到了危机。阿里旗下的三大电商业务(淘宝、天猫、聚划算)开始显露出流量增长的疲态。通常,纯电商没有自营产品,或者仅有极少品类的产品(如智能电视盒子),不能完全掌控供应链。因此,电商的一个选择就是通过与线下传统零售商展开入股、收购,或者战略合作的方式,直接或间接地接触到供应链。简而言之,电商往线下走,最有可能的一个趋势就是:线上为消费者提供海量的商品选择,同时在线下尽可能地提供体验场所、打造新的消费场景。这样一来,电商就可以通过自身在流量、大数据、技术上的优势对整个零售流程进行再次优化和升级。

如盒马鲜生是阿里巴巴旗下的新零售超市品牌,以"新鲜"为核心,采用线上线下融合的方式,提供消费者全新的购物体验。银泰商业是阿里巴巴与银泰集团合作打造的新零售平台,致力于将传统百货商场转型为数字化购物中心。零售通是阿里巴巴旗下B2B电商平台,主要面向中小企业提供采购服务。零售+则是阿里巴巴推出的一项全新战略,旨在通过数字化手段,将传统零售业转型升级(扫码观看微课:新零售风向标)。

微课:新零售风向标

二、熟悉新零售业态及特点

零售业态——零售企业为满足不同的消费需求而形成的不同的经营形态。针对特定消费者的特定需求,按照一定的战略目标,有选择地运用商品经营结构、店铺位置、店铺规模、店铺形态、价格政策、销售方式、销售服务等经营手段,提供销售和服务的类型化服务形态。零售业态是动态的、发展的概念。随着生产的发展,需求的增长,零售业态也在不断地发展。业态创新是新零售里的高级创新形式,以新的经营方式、经营技术、经营手段取代传统的做法,创造出不同形式、不同风格、不同商品组合的店面形态,满足不同的消费需求,它在商品结构、店铺位置、店铺规模、店铺形态、价格政策、销售方式、客户服务等方面都可能完全区别于传统业态(扫码阅读2024年全球零售企业50强)。

阅读:2024年全球零售企业50强

根据我国国家标准《零售业态分类》(GB/T 18106—2021),常见新零售业态主要有:百货店、超市、便利店、仓储会员店、专业店、品牌专卖店、购物中心与网络零售等。从百货店、超市到购物中心的演变,实质上是线下零售业态的创新。从淘宝店、京东店、天猫店到直播电商的出现,实质上是线上电商零售业态的创新。

1. 百货商店

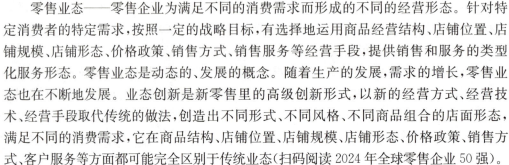

图1-1 重庆百货

如图1-1所示,百货店,是指在一个大的建筑物内,根据不同的商品设立销售区,开展订货、管理、营运,满足顾客对品质商品多样化需求的零售业态。其特点如下:(1)选址在市、区级商业中心或历史形成的商业集聚地;(2)目标顾客以追求时尚和品位的流动顾客为主;(3)营业面积一般在10 000~50 000平方米;(4)商品种类齐全,以服饰、鞋类、箱包、化妆品、家庭用品、家用电器为主;(5)注重服务,逐步增设餐饮、娱乐等服务项目和设施。

2. 超市

动画:传统商超组团站队竞争加剧

如图1-2所示,超市是指采取自选销售方式,以销售食品、日用品为主,满足消费者日常生活需要的零售业态。(扫码观看动画)通常采取开架销售,也可同时采取在线销售。门店内可提供食品现场加工服务及现场就餐服务。按营业面积可分为大型、中型、小型超市;根据生鲜食品营业面积占比,可分为生鲜食品超市和综合超市。其中中型超市最为常见,其特点如下:(1)选址在市、区商业中心、居住区;(2)辐射半径2千米左右,以商业区目标顾客,社区便民消费为主;(3)营业面积在 2 000～5 999 平方米;(4)商品结构以日常生活用品、包装食品及生鲜食品为主;(5)营业时间 12 小时或以上。可提供线上订货服务。

图 1-2　Amazon Go 超市

> **知识链接 1-1　　超市业态新变化**
>
> 　　超市业态涌现不少新变化,首先是线上线下融合,如永辉与京东合作,"喜士多"云超市,无缝对接"大润发"实体门店与网上商城,采用实物＋图片扫码＋在线订购,兼备了互联网便利店的无限性与 O2O 新玩法。其次,众多超市转战便利店、社区店等小业态。如卖场家乐福"由大看小",争相放下"架子"迈进"小时代",转型"小而美",就体现在布局便利店渠道上。家乐福宣布推出"easy 家乐福"。最后,细分市场,体验式消费升级。如中国首家第五代 Ole 精品店落户成都,以"精致超市、人文关怀"为服务宗旨的永辉超市"Bravo YH"精品超市为代表。
>
> 　　　　　　　　　　　　　　　　　　　　　　　　　　资料来源:根据联商网资料整理。

3. 专业店

如图 1-3 所示,专业店是指经营某一类或相关品类商品及服务的零售业态。如办公用品专业店、家电专业店,药品专业店、服饰店、体育用品专业店和家居建材商店等。其特点如下:(1)选址在交通便利或远离市中心的交通主干道旁,或者市、区级商业中心以及百货店、购物中心内;(2)目标顾客以有目的选购某类商品的流动顾客为主;(3)营业面积根据商品特点而定;(4)以销售某类商品为主,体现专业性、深度性、品种丰富,选择余地大;(5)现场售卖人员可提供专业建议。无人值守专业店,由消费者自助完成购物。

4. 品牌专卖店

品牌专卖店是指经营或被授权经营某一品牌商品的零售业态。如图 1-4 所示小米之家。其特点如下:(1)选址在市、区级商业中心、专业街以及百货店、购物中心内;(2)目标顾客以中高档消费者和追求时尚的年轻人为主;(3)营业面积根据商品特点而定;(4)以销售某一品牌系列商品为主,销售量少,质优,高毛利;(5)注重品牌声誉,从业人员专业知识丰富,提供专业服务。无人值守专卖店,由消费者自助完成购物。

图1-3 赵一鸣零食

图1-4 小米之家

案例视频：解读安踏"价值零售"——数据价创造智慧零售之美

> **案例分析 1-1**
>
> **解读安踏"价值零售"——数据价值创造智慧零售之美**
>
> 扫码观看相关案例视频，并进行案例分析。

5. 便利店

便利店是指以销售即食商品为主，满足顾客即时性、服务性等便利需求为主要目的的小型综合零售形式的业态。可细分为社区型便利店、客流配套型便利店、商务型便利店和加油站型便利店。如图1-5所示，社区型便利店其特点如下：(1)选址位于社区周边；(2)主要顾客为社区内常住人员，客流稳定；(3)门店面积一般在50~199平方米；(4)以日常生活用品、饮料、烟酒、应急性商品以及部分生鲜商品为主。根据社区档次的不同，商品结构有所不同；(5)营业时间通常16小时以上，可提供线上订货及多种便民服务。有些便利店提供送货上门或顾客自提服务。

图1-5 便利店

> **知识链接 1-2 新零售赛道下，便利店的三大变化**
>
> 在新零售语境下，中国市场上的便利店迎来了前所未有的创新热潮，呈现出百花齐放、百家争鸣的"双百"发展格局，其变化主要表现为以下三个方面：
>
> **1. 由慢变快**
>
> 便利店向来被视为"慢行业"，以日系便利店为例，7-11、罗森入华均超过20年，全家进入中国也已14年，但目前三大日系便利店仍在"千店级"规模，平均算下来，一年的开店数在10家左右，算得上是不折不扣的"慢行业"。但最近几年，这一现象正在改变，

不必说阿里、京东的"百万便利店"计划,也不必提苏宁小店年开1 500店的目标,单从几家日系便利店来看,发展也在明显提速:

罗森1996年进入中国市场,到2013年17年内共开店350家,而目前是1 662家,5年内新增1 300余家,年均拓店近300家。其计划在2025年前在中国开出10 000家门店。

7-11提出,近几年的主要任务就是快速开店,要以1~2年在一个城市布局的速度推进门店增长,主要城市每年保持30~40家门店。

此外,便利店变快还表现在鲜食工厂和自有品牌等基础设施的建设上。过去一般认为达到百店连锁规模才能建设鲜食工厂、发展自有品牌,而如今,一些便利店品牌刚开出10家左右的门店就开展这方面的搭建。在资本驱动下,各大便利店都"舍命狂奔",加速外延式扩张,这是一个非常显著的变化。

2. 由少变多

具体表现为:一是,"便利店+业态"已成常态:便利店+生鲜,便利店+书店,便利店+咖啡,便利店+文具,便利店+花店,便利店+烘焙,便利店+智能贩卖机,便利店+网易严选……"+"的内容五花八门,让人眼花缭乱,"便利店+业态"好比"微信+插件",在增加服务的同时获取更多流量和收益。其出发点可能只是因地制宜地搞差异化经营。

二是,"便利店+IP",如苏果+托马斯,苏果+多鱼,永辉+反斗联盟,罗森+火影忍者,罗森+芭比等等,+IP主要目的在于针对目标群体,提升颜值、时尚度及集客力。

三是,是数字化、智能化技术、设备广泛应用,如电子价签、智能大屏、自助收银、刷脸支付等,还有无人化技术的应用,这可能是未来的一个趋势,未来有可能成为便利店的重要一极。

四是,业务在线化、服务到家化也是便利店领域的显著变化。《2018中国便利店发展报告》数据显示,36%的便利店引入了网络零售,7-11、罗森、全家等便利店等数千家便利店入驻京东到家;与美团外卖等平台合作的便利店也在快速增长之中。便利店通过与电商平台合作,为更多消费者提供优质产品与舒适体验,同时,通过在收银支付、门店营运、顾客关系等方面的数字化创新,便利店不断地创新业务模块、提升运营效率、深沉消费数字。

3. 由重变轻

阿里、京东的"翻牌"式改造是一种轻模式,7-11、罗森的"区域加盟"也是一种轻模式,市场上还有很多主打松散型加盟的本土便利店,也都是轻模式的代表。便利店发展有从原来的紧密型加盟、标准化管理、规范化运营向整合式发展、并购式扩张、供应链输出等方向发展的趋势,这可能也是我国便利店变快、变多的主要原因。

资料来源:联商网整理。

思考:新零售下的便利店较以前都有哪些改变?

6. 仓储会员店

仓储会员店是指以会员为目标顾客,实行储销一体、批零兼营,以提供基本服务、优惠价格和大包装商品为主要特征的零售业态。如图1-6所示,其特点如下:(1)选址在城

图 1-6 Costco 仓储会员店

乡接合部的交通要道;(2)辐射半径 5 千米以上,目标顾客以中小零售店、餐饮店、集团购买和流动顾客为主;(3)营业面积一般在 5 000 平方米以上;(4)以大众化衣、食、日用品为主,自有品牌占相当部分,商品种类通常在 0.4 万～1.2 万种左右,实行低价、批量销售;(5)设相当于经营面积的停车场。有些可提供线上订货服务。

7. 购物中心

购物中心是指由不同类型的零售、餐饮、休闲娱乐及提供其他服务的商铺按照统一规划,在一个相对固定的建筑空间或区域内,统一运营的商业集合体。可细分为都市型购物中心、区域性购物中心、社区型购物中心和奥特莱斯型购物中心。如图 1-7 所示,都市型购物中心其特点如下:(1)选址在城市的核心商圈或中心商务区,街区型或封闭利建筑结构;(2)商圈可覆盖甚至超出所在城市,满足顾客购物、餐饮、商务、社交、休闲娱乐等多种需求;(3)不包含停车场的建筑面积通常在 50 000 平方米以上;(4)购物、餐饮、休闲和服务功能齐备,时尚、休闲、商务、社交特色较为突出;(5)提供停车位、导购咨询、个性化休息区、手机充电、免费无线上网、ATM 取款等多种便利措施。

图 1-7 阿里"亲橙里"购物中心

三、调查研究,辨析新零售业态

为深入学习贯彻习近平新时代中国特色社会主义思想,全面贯彻落实党的二十大精神,党中央决定,在全党大兴调查研究。李明组织门店团队成员要紧紧围绕全面贯彻落实党的二十大精神,推动高质量发展,直奔问题去,实行问题大梳理、难题大排查,着力打通贯彻执行中的堵点、淤点、难点。

步骤一:组建实地走访调研小组,并协商组员分工。具体如下:

组员 1:_____,负责_____

组员 2:_____,负责_____

组员 3:_____,负责_____

组员 4:_____,负责_____

组员 5:_____,负责_____

各组扫码抽取任务单，并按照组号对应领取任务单要求完成实训任务。

步骤二：据任务单（扫码获取任务单）制订实地走访新零售业态调查表，并将调查结果记录于表1-1中。

阅读：新零售业态辨析实习任务单

表1-1　新零售业态调查表

调查人		调查时间	
调查对象			
店铺选址			
商品结构			
店铺规模			
店铺形态			
价格政策			
销售方式			
客户服务			
业态新变化			
两种业态的相同点			
两种业态的不同点			

步骤三：完成新零售业态从业人员胜任力调查。即通过网络搜索人才招聘网新零售企业聘岗位的相关职位信息，将所选业态的新零售情景下企业岗位设置、晋升通道、任职要求梳理记录于表1-2中。

表1-2　新零售业态从业人员胜任力调查表

调查人		调查时间	
调查对象			
业态类型			
企业岗位设置			
晋升通道			
典型岗位1 _____任职要求	知识： 能力： 素质：		
典型岗位2 _____任职要求	知识： 能力： 素质：		
典型岗位3 _____任职要求	知识： 能力： 素质：		

二十大代表、全国劳模、30年一线"柜姐"
郁非：让老字号成为国货新担当

郁非，二十大代表、全国劳模，上海第一食品连锁发展有限公司南京东路旗舰店"壹食壹品""一盒上海"专柜柜长。

发挥党员先锋模范作用，提供有温度的服务

"我20岁进入第一食品工作，成为一名普通的营业员，站在三尺柜台近30年。食品零售行业是一个窗口，能觉察到消费者对食物的态度从追求温饱、美味到追求健康、安全的转变，人们的饮食理念和消费态度都在发生巨大变化，这也是人们生活水平不断改善最鲜活的印证。"郁非说。

郁非从1993年进入第一食品商店工作，从"一问二接三招呼"做起，无论是茶叶专柜、香烟专柜还是进口专柜，作为售货员，她把每件商品的成分、口味、产地、售价烂熟于心。

2004年，在党组织的关怀与培养下，郁非成为一名中共党员。2015年，郁非被评为上海市劳动模范，2020年，被评为全国劳动模范。2021年，郁非兼职光明食品集团工会副主席。

对于一线销售，郁非很有心得。她认为，党员应该发挥先锋模范带头作用。顾客的实际需要才是第一位，应始终针对顾客实际需求推荐，最适合的，而不是最贵的，让顾客避免盲目消费、冲动消费。对于一些有特殊存贮要求的商品，她会留下便签条温馨提醒。

正是这种有温度的服务，让郁非成为了顾客信赖的朋友，即便在参加党的二十大期间，郁非仍接到来自老朋友的电话，请她帮忙推荐合适的礼品。

传承与创新老字号品牌，让国货焕新升级

"我一直工作在三尺柜台，见证过顾客排长队购物，也经历过互联网冲击、顾客减少的场面。这次党的二十大报告提到的高质量发展，对我触动很大。我们现在很重视线上经济，但对于实体零售业来说，线上经营+线下发展才是趋势，我们需要探索线上线下更好的融合，全方位提高消费者购物体验。"郁非对《中国经济周刊》记者表示。

她认为，老字号要走出实体店，勇于尝试新业态。郁非和她的团队会把顾客需求及时传达给公司的研发团队和采购团队，或者通过直接参与课题的方式，针对某些重点需求进行攻关。比如在自有品牌发展上,积极围绕产品、包装、陈列等方面进行攻关研讨,还积极尝试"直播带货"销售方式,以新产品、新渠道、新模式更好地传扬老字号,让老字号成为人们情感与回忆的美好链接,在烟火味中焕发新活力,成为新国货担当。

"我第一次尝试直播带货的时候是非常期待的,也比较紧张,直播之前,我做了很多准备工作,那次直播观众相当买账。一个小时下来,观看人次达到6 689人,获得点赞31 994次,第一食品的品牌食品直播榜从900多名上升到170名,我非常有成就感。"郁非表示。

她认为,时代在变,消费者的需求在变,但是衣食住行的需求一直都有。只有坚持焕新传统文化,以老字号高质量发展增强民族与文化自信,加快数字化转型,才能做到线上服务便捷、线下服务有温度。老字号要在竞争中脱颖而出,首先要有清晰的商品定位,其次要有创新的营销方式,在传承好原有品牌优势的前提下,加大品牌融合、渠道融合、技术融合等方面的探索力度,通过改变品牌调性,使品牌更年轻、更时尚、更亲和,更贴近年轻消费者。

资料来源:根据中国经济周刊、央广网等资料整理。

 任务评价

通过学习本任务的操作,请学员检查自己是否掌握了所学内容,如表1-3所示。

表1-3 辨识新零售业态学习评价表

评价内容	分值	评分
1. 理解新零售内涵与新零售实现路径	20	
2. 掌握新零售业态特征,精准辨析新零售业	30	
3. 熟悉新零售典型岗位技能,进行新零售典型岗位调研	30	
4. 提升以顾客为先导的服务意识,培养爱岗敬业的职业观	20	
总　　分	100	

 任务拓展训练

💡 **案例分析1-2**

一天在网上卖5个亿,三只松鼠为什么还要开1 000家线下店?

2016年9月30日,三只松鼠第一家实体店——"三只松鼠投食店"在安徽芜湖开业。在各大品牌都在由线下布局线上市场的时候,在线上渠道已经经营得风生水起的三只松鼠却转战线下实体店,这一举动在行业中引起了不小的轰动。

而更令人震动的是,在一片唱衰实体店的声音中,三只松鼠投食店却取得了骄人成绩。10月8日,三只松鼠投食店开业一周,在国庆长假期间,投食店开业一周的总销售额高达110万元,超过5万人进店。

"三只松鼠明年要在线下开100家店,未来3～5年开1 000家。"三只松鼠线下体验店项目负责人鼠小K在2016年双十一媒体见面会上说。

说这些话的31小时后,三只松鼠公布其双十一全渠道(扣除线下)日销售额突破5亿;三只松鼠跻身天猫电商全品类排行榜第七名,位列苏宁、海尔、小米、荣耀、NIKE、优衣库之后。显然,通过近5年的努力,三只松鼠把坚果零食这个过去看起来最不起眼的产品搬到线上,做成了人们认为最不可能的事,拥有一个平均年龄仅24岁的3 000人团队。

章燎原在2012年带领一批80后创业团队创立三只松鼠,这是一家以坚果起家的线上零食品牌。公开资料显示,三只松鼠主打的产品是碧根果,通过碧根果来带动干果、花茶、零食等其他产品的销量,其自有产品的单品数量有200款左右。

资料来源:根据赢商网、联商网等相关资料整理。

思考:
1. 在"零售业寒冬"大环境下,章燎原为什么要开实体店?
2. 比较三只松鼠、百草味、良品铺子三家新零售路径的异同?

任务二　认识新零售发展趋势

学习目标

1. 了解零售业态发展历程;
2. 掌握新零售发展趋势;
3. 总结新零售商业运营状况,挖掘新零售创业机会;
4. 激发爱国热情,增强道路自信,深植"经世济民"的情怀。

李明在完成商圈已有的零售业态调研时,发现许多零售业态发生了变化。如超级市场竞争愈演愈烈,利润逐年下滑,部分连锁超市门店出现关闭潮。未来零售业将如何发展呢?

任务分析

零售业态的变迁是一个国家和地区社会发展、经济增长和技术变革的必然产物。零售商在满足消费者不同需求时产生不同的零售业态。掌握新零售发展趋势,需要了解零售业的变迁历史,从历史发展中总结规律。零售业线上线下融合,"千店千面"正在替代"千店一面",数字化赋能新零售,社交零售走进你的生活。

为了更好地达到实训目的,需要做如下准备:

1. 零售业变迁历史资料；
2. 新零售企业案例。

任务实施

一、了解零售业业态变迁历程

零售业在变迁历史中，大致发生了五次革命。零售业的第一次革命以百货商店的诞生为重要标志。百货商店于1852年产生于法国巴黎。第二次零售业革命的标志是连锁店的兴起。百货商店产生后，随着现代大工业的发展，零售业急需一种与大工业规模化的生产要求相适应的零售模式。1859年，美国大西洋和太平洋茶叶公司（A&P）建立了世界上第一家直营连锁门店。第三次零售革命的标志是20世纪30年代超市的出现。1930年8月，一家名叫king kullen的食品超市在美国诞生。第四次零售革命的标志是便利店、专业店、专卖店、仓储式商店和折扣店等多元化零售新业态的出现。针对不同消费群体的零售业态，促使零售业向多元化方向发展。第五次零售革命是由互联网、电子商务引发的智慧零售革命（打码进行拓展阅读）。

阅　读：King Kullen——世界上第一家超市

表1-4　零售业态发展史

序号	零售业态	成立年份
1	百货公司	1852年，法国BON MARCHE百货公司成立
2	连锁店（连锁经营）	1910年，美国A&P茶叶公司开创连锁经营的先河
3	超级市场	1930年，美国KING KULLEN超级市场成立
4	便利商店	1942年，美国7-11便利商店成立
5	购物中心	1945年，美国购物中心的概念开始萌芽
6	折扣商品	1958年，美国K-MART设立食品折扣店
7	大卖场	1963年，法国家乐福成立
8	仓储会员店	1966年，德国麦德龙会员制仓储店成立

改革开放以来，我国零售业走出了独特的发展轨迹。在与国外零售企业的碰撞和交汇中，伴随着新的理念和业态的引入和推广，我国零售业进行着一次又一次的创新。

请搜集资料完成我国首家超市（或百货商店、专业店、品牌专卖店、便利店、仓储会员店、购物中心）调查，并填写在表1-5中。

表1-5　我国首家调查

调查人		调查时间	
成立时间		企业（品牌）名称	
店铺选址			
商品结构			

(续表)

店铺规模	
店铺形态	
价格政策	
销售方式	
客户服务	
其他	
调研总结	

二、熟悉新零售发展趋势

1. 线上线下融合

零售O2O就是线上线下结合的方式销售商品。线上做营销,实现在线支付;线下做体验,帮助消费者深入了解和体验产品性能。零售O2O的基础是互联网,传统的超市、百货、便利店等零售业态都可以根据自身特点实现线上与线下的结合。

测一测1-2

新零售通过线上线下的有机结合,创造全新的消费场景和购物体验。线下门店可以充分发挥其场景优势,提升用户的参与度。随着线上线下的不断融合,线下实体零售的这种缺陷也将会彻底消失,在这种背景之下商品的价格、购物的体验以及产品的质量都将统一,消费者得到的将是更加专业的服务、更加优质的产品(扫码观看相关动画,了解零售O2O与新零售的区别及运营的关键)。

动画:零售O2O与新零售区别

例如,阿里巴巴私有化银泰,投资三江购物、新华都以及高鑫零售等;京东入股永辉,京东MALL全国首店在西安正式开业等;腾讯参投永辉超市旗下超级物种,入股步步高、海澜之家等,以及Amazon Go、盒马鲜生、缤果盒子、喜茶等线下线上融合新业态不断诞生(扫码观看微课,了解超市O2O的做法)。

动画:零售O2O运营的关键

2. 跨界混搭、个性零售成就"千店千面"

以消费需求导向、以顾客为中心,加快向商业零售本质回归已成为实体零售行业的共识,而各地的消费需求、消费习惯、消费热点可能也不尽相同,必然也会导致各地的实体零售表现出越来越多的差异性。在消费需求日益多元化的背景下,新零售通过购物历史、浏览记录等信息,精准推荐商品;通过社交互动、智能客服等方式,提供更优质的个性化服务。在这种趋势之下,消费者的购买潜力开始得到激发,零售企业也因此而得到快速的发展壮大。也就是,未来以新零售为核心的个性化定制服务将成为行业主流,呈现"千人千面"。由于对于便利性、品质及价格的需求,零售业出现各种新业态:品类专业店、跨界组合店、免税店、会员店、精品超市等。

微课:接地气的超市O2O的具体做法

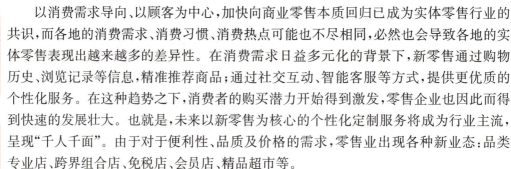

案例视频:钱大妈以"鲜"助农,千店千面全景触达

💡 **案例分析1-3**

钱大妈以"鲜"助农,千店千面全景触达

扫码观看相关案例视频,分析钱大妈成功背后的经验。

如永辉全程自助体验超市、全时的"7-11＋星巴克＋吉野家"的组合式二代店、成都GOGO更加时尚的店面设计以及苏宁超市,会给实体零售带来更多的启发和灵感。不管是购物中心、百货店、大卖场还是社区超市,都会融入更多的科技元素。

同时,现在越来越多的实体零售店玩起了"跨界混搭"风。对零售业来说,玩跨界,绝不是简单的1＋1＞2,而应该有更多的次幂法则效应,要"用互联网思维做离互联网最远的事情",好与不好,不在于形式,而在于引爆了多大程度的社群当量。如咖啡陪你联合招商银行,优衣库联合星巴克,沃尔玛联合中青旅等。

3. 数字化赋能新零售

消费升级与技术变革是新零售爆发的根源。移动互联网、云计算、大数据、人工智能等新技术的不断发展给行业注入了高速增长的动力。传统零售业利用新兴技术解锁商机,探索新模式;消费者对购物体验升级、场景本地化的诉求,使得强势的电商企业探索线上线下融合。与此同时,在技术的支撑之下,零售行业从商品的生产到消费,都能够实现有效的监控,零售商得以实现对于商品生产的控制,实现零库存的经营。在此冲击之下,企业及品牌在明确业务的需求,对应用场景的定义,业务与数据的协同推进,激发企业的效益。数字化进一步从消费者向零售商,向上游品牌制造商迁移,基于新商业基础设施和消费者需求,将重新定义制造业。如通过扫描二维码、掌纹识别、一卡通刷卡等方式进入超市后,消费者可自行选择喜爱的商品;之后,在另一道玻璃门前,进入支付通道。由于每件商品上都有电子标签,消费者进入支付通道后,结算触摸显示屏会自动识别并显示其购买的商品。结算时,消费者可实现扫描二维码、微信、支付宝、一通卡扫码、掌纹付款等自动扫描支付离开(扫码观看微课)。

微课:数字化赋能新零售

4. 社交新零售

社交新零售就是在新零售的基础上,把社交无缝转接到人们的日常生活中,以人为中心,利用社交工具产生的经营行为。简单来讲,社交新零售模式就是借助社交工具,利用用户之间的信任关系,形成一个流量闭环,从而促成交易。这种商业模式与之前的商业模式相比,本质上没有改变,改变的是消费者的心理、行为、习惯,从而导致营销场景、方法、工具的变化。用社交营销做电商,就是社交电商;用社交营销做团购,就是社群团购;用社交营销做社区店,就是社区团购;用社交营销做销售,就是直播(网红)带货。社交新零售,以"互动"引流,深度渗透互联网社交,借助各种社交能量,最终保留那些有价值的客源;然后,通过商品、服务和社交与消费者形成朋友关系,与消费者实现共同成长。如三草两木、麦吉利等大量品牌都因为社交红利完成了线上、线下的布局。将线上的社群、小程序、公众号、APP、电商平台等社交渠道,线下的各大商业区、机场、免税店等实体渠道完美结合,形成全渠道的品牌战略布局。

知识链接1-3　　拼多多的社交密码

拼多多之所以能够在市场竞争中后来者居上,主要原因是其将用户的需求放在了首位。提起拼多多,相信大家都不陌生,它在短短几年的时间里便以雨后春笋般的态势,打入了寻常百姓的社交圈,同时挤下了唯品会,成功上位中国电商的前三强。谈到拼多多的异军突起,社交功不可没。与淘宝网、京东商城等传统电子购物平台最大的区别是,拼多多设置了团购功能,用户在拼多多上浏览产品信息时,可以邀请自己的亲朋好友与自己构成一个团购队伍,团购成功就可以享受更加优惠的价格。

这正是拼多多的高明之处。从消费者行为学的角度来说,一个人发现了物美价廉的产品时,他会非常愿意主动向周围人分享这条信息。所以,当人们从拼多多上享受到团购的优惠之后,他们就会将拼多多的软件自发推荐给更多的人。用数据计算一下,当一个人需要凑一个5人成团的团购时,他需要将链接同时分享给4个人;这4个人浏览产品消息,发现了自己心仪的产品,然后再将链接分享给4个人。如此循环往复,就会分享至 4^n 个人。这为拼多多带来流量的同时,也推动了买家基数的指数级增长(具体实操可扫码观看相关微课)。

资料来源:程阔,《社交新零售:圈层经济的整合与变现》,人民邮电出版社,2020年9月。

三、撰写学习心得报告

笔记:

思考总结(提示:可从新零售业态创业机会、商业运营等多角度进行思考总结。):

  任务评价

通过学习本任务的操作,请学员检查自己是否掌握了所学内容,如表1-6所示。

表 1-6　认识新零售发展趋势学习评价表

评价内容	分值	评分
1. 了解零售业态发展历程	20	
2. 掌握新零售发展趋势	30	
3. 总结新零售商业运营状况,挖掘新零售创业机会	30	
4. 激发爱国热情,增强道路自信,深植"经世济民"的情怀	20	
总　　分	100	

任务拓展训练

1. 请扫码观看案例视频:阿里巴巴革新超市业态的相关视频,分析数智化是如何赋能新零售的业态改革?

2. 请扫码进行拓展性阅读,并思考传统门店如何运用 AI 技术实现数字化转型?

案例视频:阿里巴巴革新超市业态

阅读:AI 重构零售"人、货、场"

模块二
线下门店数字化运营

项目二　管理商品

▲ 项目说明

合理的商品管理可以使超市在运营过程中更加高效,降低运营成本,提高市场竞争力,创造更高的利润。超市商品管理需要对市场需求进行调查分析,进行商品采购规划,选择合适的供应商,及时管理及控制库存。

本项目有 6 个任务,分别介绍了规划选品、优化选品、采购商品、验收商品、管理库存和盘点商品。

▲ 项目目标

【知识目标】

1. 理解商品定位内涵与类型、商品结构的内涵与分类、商品采购的原则、商品验收的要求、存货分析的关键指标内涵及商品盘点的目的;

2. 掌握商品分类及编码方法、商品结构优化的方法、供应商评价指标法、商品验收方法及问题处理方法、异常库存的类型及处理方式、商品盘点的作业方法及商品盘点后处理措施;

3. 熟悉商品定位的流程、商品结构优化的步骤、引进新品与淘汰滞销品的作业流程、商品验收的流程、存货分析步骤及商品盘点作业流程。

【技能目标】

1. 进行商品定位、分类及编码,并通过数据分析优化选品;

2. 进行供应商评估、选择及管理,执行商品的采购与验收,并及时对症处理验收中出现的问题;

3. 通过库存分析,觉察异常库存,并对症进行合理处置,达成库存的精细化管理;

4. 开展实地盘存,发现问题并对症加以解决。

【素质目标】

1. 培养求真务实、一丝不苟、合作共赢的意识,引导其于知识探索和实践活动里,切实做到实事求是、精益求精、协同共进;

2. 培养数字分析素养,能通过数据分析发现问题,并提出可行的创新型解决方案。

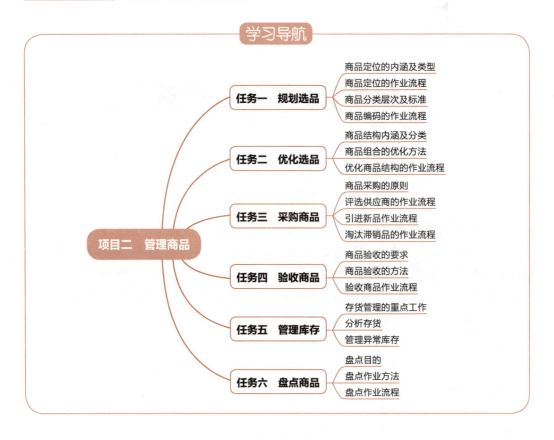

任务一 规划选品

学习目标

1. 理解商品定位内涵与类型;
2. 熟悉商品定位的流程;
3. 培养实事求是的精神,结合实际拟定调研问卷,开展实地调研;
4. 掌握商品分类及编码方法,结合门店商品实际进行分类及编码。

情景导入

李明选定地址后,购置了开店所需设备,开始进行开业前的准备工作。但设备入店后,他发现有两个比较大的难题:一是,自家超市周边已有了一些零星的对手,和自己原有的设想有了出入,那究竟卖点啥才能吸引客流,获得盈利? 他一时也没了主意;二是,在测试POS管理信息系统时发现,系统要正常运作,就必须事先对商品进行分类编码,然后再依次录入商品档案,那到底应该如何来分类,怎么进行编码呢?

任务分析

在开办超市时,要想盈利立住脚,必然会涉及要经营何种商品的问题。而商品定位的合理性会直接影响经营目标能否圆满完成,经济效益能否顺利实现。商品的定位流程教会我们如何根据消费者需求,进行超市商品的合理定位。此外,由于市场环境、消费需求和竞争对手是在不断变化的,企业需动态调整商品定位。调整定位时除了要进行必要的市场调研外,还必须及时清晰地了解商品的进销存情况,而准确的商品分类和编码能有效地帮助店主及时快速地从纷繁杂乱的商品信息中调取自己所需信息。

任务准备

1. 组建学习小组;
2. 门店购置商品的信息素材;
3. 确保电脑等设备能正常使用;
4. 确保网络正常且稳定。

任务实施

一、学习商品定位的内涵及类型

商品定位是指超市根据所面向的目标消费群体、市场环境和企业的实际情况,在商品的种类、结构、档次、价格等方面制定的商品结构(组合)。通俗地说,就是企业卖什么样的商品来满足目标顾客的需求。

它通常包括两方面的内容:一是商品的价格定位,即超市是走高端路线、中端路线还是低端路线,这要跟企业目标消费群体相吻合;二是商品种类定位,即从商品的宽度和深度两个维度来确定经营商品的种类。商品的宽度指的是商品种类的丰富感,即超市的商品有食品、副食品和生活用品,几乎涵盖了消费者所有的基本生活用品;商品的深度指的是某一类商品的品种是否齐全。

在日常生活中,我们常见的超市商品定位主要有哪些?

1. 区域覆盖型商品定位

超市根据店址所在市场区域、企业业态、所具有的经验、商圈范围以及商圈内大多数消费者所客观存在的某些共同的消费需求来确定商品定位,使超市所经营的商品结构能够满足该市场区域内绝大多数消费者对某类或若干类商品的需求。这类定位多存在于连锁超市。比如沃尔玛这样的大型综合超市,几乎满足了所覆盖区域消费群体对日常生活用品的所有需求(扫码查看沃尔玛超市内景图)。

2. 目标市场商品定位

又称细分市场型商品定位,即企业以销售高档次商品为主,以较高的销售价格来吸引一些专门追求名牌和高档商品的消费者,以此来提高本企业的竞争力。如永辉超市绿标店(BRA-VO精品店),它定位于注重生活品质和追求高品位的消费者。引进了大量的高端进口商品以及时尚品牌精品,打造集精品、时尚品等为一体的购物超市。同时,超市在购物环境上也有着全面的提升,更加突出了干净、温馨、时尚的购物环境,让购物者能在享受优美的环境之时,进行愉悦的购物(扫码查看永辉BRAVO超市内景图)。

3. 差异化型商品定位

差异化型商品定位即尽量避开或者明显区别于其他商场已经大量经营的商品结构与定位,专门经营某些其他商场所没有的,或者是弱项的商品,以突出某类商品的经营优势,来吸引消费者的竞争方法(扫码查看万国码头进口优品超市图)。

图表:万国码头进口优品超市图

4. 服务质量优势型商品定位

企业不是在商品的经营方面,而是在所经营商品的服务质量、购物环境等方面为顾客提供具有特色的、优质的服务,从而争取顾客,赢得竞争。

案例 2-1

小象生鲜是如何升级无锡人民的生活体验的

扫码查看相关案例,并进行分析。

案例:小象生鲜是如何升级无锡人民的生活体验的

二、熟悉商品定位的流程,据实进行门店商品定位

在进行商品定位时,首先要考虑业态,然后找准商圈内的目标消费群体,并分析其消费需求特点,结合企业的竞争战略,确定商品的结构(组合)。当然,这种定位要随着外界环境或企业发展战略的变化而进行动态调整(扫码查看商品定位流程图)。

图表:商品定位流程图

1. 步骤一:设定业态

每一种零售业态都有自己的基本特征、目标消费群体和商品经营范围。正是由于不同业态的差别,才决定了零售企业经营的商品不同。换言之,零售企业的商品定位一定要与其所选择的业态一致,要尽量通过商品定位的特色性,来凸显其业态的特色性;或按业态的要求,来突出商品定位的特殊性。决不能使零售业态与商品定位不统一。如,超市绝不能搞成百货商场的商品定位等。李明组织人员就门店商品定位进行讨论,并将结果填写于图2-1中。

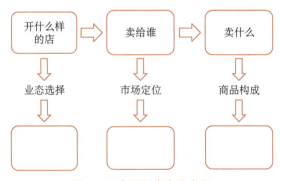

图 2-1 李明门店商品定位

2. 步骤二：找准目标消费群体

业态一经确定，其基本的目标顾客就明确了。重要的是还要根据门店服务商圈的情况，具体分析顾客的构成。锁定目标消费群体，要先对消费者进行细分。一般来说，消费者细分主要受地理、人口、心理和行为习惯4个变量的影响。

（1）地理变量。地理变量是划分消费群体的一个非常重要的因素，不同地区消费者的收入、消费习惯、社会风俗、价值观念等都是不同的。城市和农村有差别，北方和南方有差别，干燥气候和多雨地区有差别。所以，在进行或调整商品定位时，一定要考虑地理变量。

（2）人口变量。人口变量的划分相对简单，一般从性别、年龄、职业、家庭情况、社会阶层、受教育程度等方面对消费者进行划分。

（3）心理变量。心理变量是最难划分的一个变量，生活方式、个性、价值观等因素都会影响消费者的消费行为。

（4）行为习惯变量。使用时机、追求的效益、使用状况、使用频率、忠诚度等都将影响消费者的购买决定。

李明依据门店服务商圈的情况，按图 2-2 的指示，组织人员对顾客的构成进行具体讨论，并将讨论结果填入表 2-1，并就初步细分市场进行可行性分析，择优确定目标消费群体，并填写表 2-2。

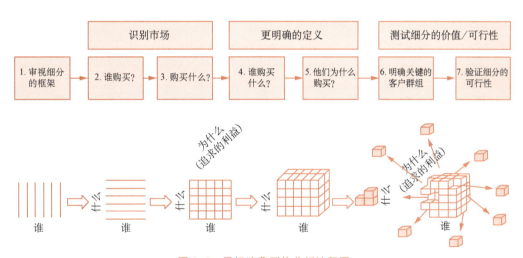

图 2-2 目标消费群体分析流程图

表 2-1 消费者市场细分表

细分标准	细分群体
地理变量	

阅读：消费者市场细分样例

(续表)

细分标准		细分群体
人口变量		
心理变量		
行为习惯变量		

注：扫码查看参考样例后，将表格填写完整。

表 2-2　细分市场评估

细分市场可行性关键要素		细分市场 A	细分市场 B	细分市场 C
战略	细分市场是否与总体目标一致			
市场需求	消费者分析（该细分市场特点）			
	市场增长空间			
	细分市场客户有多少			
	预计销售额有多少			
	预计市场占有率有多少			
	预计利润率有多少			
竞争	竞争性如何（规模、市场份额、质量、价格等）			
	有何竞争优势			
资源	是否有必需的营销、资金及人力等予以支持			
环境	环境综合因素对细分市场有利（包括政治、经济、技术水平、文化社会因素等）			
目标消费群体				

3. 步骤三：分析目标消费群体需求

适应和满足消费者的需求是确定商品定位的首要原则，要使这个原则能够真正落实,就必须进行周全的市场调查。调查的内容包括年龄、性别、民族、婚姻情况、文化程度、职业、户数规模、收入情况以及行动特征、消费习惯、生活特点、对商品服务的要求等。通过这些方面的市场调查,使企业掌握大量的数据,在认真研究这些数据的基础上,寻找到合适的目标市场,确定企业为此目标市场服务的商品定位。目标消费群体需求的调研大多采用问卷调查法,此法效果的关键在于问卷的设计水平。为了提高消费者回答问卷的积极性,可以给消费者赠送小礼品。

知识链接 2-1　分析顾客需求需要考虑的因素

只有摸清服务对象的情况,才能有针对性地组织商品服务,做好商品定位。分析的项目主要有年龄、性别、民族、婚姻情况、文化程度、职业、户数规模、收入情况以及行动特征、消费习惯、生活特点、对商品服务的要求等。对消费者的轮廓有了初步的认识后,接下来就要做如下的分析:

(1) 一个家庭每天的购物者是谁;
(2) 平均购物频率;
(3) 在什么时间购物;
(4) 每次购买的是什么商品,哪些商品购买频率高;
(5) 平均每次购买多少钱的商品;
(6) 商品的价格带。价格带指在商店内销售同一类产品,其销售额上限到下限的范围。顾客层次不同,对商品的要求也不同。所以,要将商圈的特点、竞争店的价格、销售时机、顾客消费动向作为制定商品合适价位的依据,因店而异制定"适中价格"幅度的战略。

资料来自网络,有删改。

李明组织人员就门店目标消费群体需求调研的内容进行讨论,并扫码查看消费者需求调研问卷样例,拟定此次调研问卷内容,将结果填入表 2-3。

表 2-3　目标消费者群体需求调研问卷

调研问卷卷首语:
甄别问卷题目:
主体问卷题目:

阅读:消费者需求调研问卷样例

(续表)

受访者个人信息：

素养课堂 没有调查就没有发言权,中国革命斗争
胜利要靠中国同志了解中国情况

　　毛泽东同志针对党内一些人特别是领导同志机械地执行共产国际指示或者盲目照搬俄国革命经验,提出了"没有调查,没有发言权""调查就是解决问题""反对本本主义""离开实际调查就要产生唯心的阶级估量和唯心的工作指导,那么,它的结果,不是机会主义,便是盲动主义"。"中国革命斗争的胜利要靠中国同志了解中国情况""调查的技术"的言论。他指出:"共产党的正确而不动摇的斗争策略,绝不是少数人坐在房子里能够产生的,它是要在群众的斗争过程中才能产生的,这就是说要在实际经验中才能产生。因此,我们需要时时了解社会情况,时时进行实际调查。调查就像'十月怀胎',解决问题就像'一朝分娩'。调查就是解决问题"。正如毛主席所说:中国的革命理论并不是完全照搬马列主义理论,是普遍真理与中国具体情况的统一的结果,是真正把马列主义基本原理同中国实际结合起来得到的。把马列主义基本原理同中国实际结合起来,形成了重要的理论成果,实现了革命和建设的重大胜利。正如中国革命的胜利一样,我们的商品要定位合理就必须要做好目标消费群体需求调研,认真分析其偏好及行为。

资料来源:网络有删改。

4. 步骤四:确定商品定位

　　通过分析企业业态的基本特征、目标消费群体的消费习惯和消费需求,可以确定每种业态的基本定位。如,超市的基本特征是以周边居民为主要消费对象,购物便利,环境舒适。所以,它的商品定位是品种齐全,薄利多销,以食品为主,兼营其他的日用消费品。李明据回收的问卷分析结果,组织人员就门店的商品定位进行讨论,并将讨论结果填入表 2-4。

表 2-4　商品定位表

序号	项目	备注
1	门店业态选择	
2	门店商品定位的类型	
3	门店商品品种	
4	门店商品档次	
5	门店商品价格	
6	门店商品服务	

案例 2-2

为何超市会售卖组合菜?

喜欢逛超市的人会发现,目前有很多超市都推出了组合菜项目,那么它是怎么出现的呢?因为17:00—19:00时段的超市,主要以职业妇女消费人群为主,她们具有较高的收入,讲究效率,但操持家务时间有限。如何提供简单、营养又可快速下锅的商品,以满足职业妇女的烹调需求?组合菜正是基于满足以上需求而产生,它产生的过程完整地体现了商品定位的全过程:从描绘消费者对象的轮廓(职业妇女),到推测消费对象的需求(简单、营养、可快速烹调的下锅菜),然后才有了商品种类的定位(组合菜)。

资料来源:《连锁企业经营管理原理》,有删改。

思考:超市售卖组合菜的原因是什么?

5. 步骤五:动态调整

由于市场环境、消费需求和竞争对手是在不断变化的,商品是在不断创新的,因此,零售企业确定的商品定位也不可能一成不变。企业需按动态管理原则来管理好商品的定位,主要包括两个方面的内容:一是企业要注意现实的市场调查,要在充分掌握市场需求变化信息的基础上,及时地调整本企业的商品定位;二是企业要注意潜在市场需求的调查。李明后期可据市场调查结果对定位进行动态调整。

三、熟悉商品分类层次及标准,并据此进行商品分类

1. 商品分类

商品分类是指根据一定的管理目的,为满足商品生产、流通、消费活动的全部或部分需要,选择适当的商品属性或特征作为分类标志,将一定范围内的商品集合科学地、系统地逐次划分为大类、中类、小类、细类,乃至品种、细目的过程。对商品进行分类,既要考虑分类对象的属性、特征,也要考虑对分类对象管理上的需要和要求,有时还要兼顾分类对象在传统上和历史上已经习惯的管理范围和管理方法。

2. 商品分类的层次及标准

国内一般将商品分为大分类、中分类、小分类和单品四个层次,如表2-5所示(扫码观看动画,了解超市是如何进行商品分类的)。

动画:超市如何进行商品分类

表2-5 商品分类层次及其分类标准

分类层次	含义	划分标准	说明
大分类	卖场零售商品中构成的最粗线条划分	商品特征	为了便于管理,商店的大分类一般以不超过10个为宜
中分类	大分类商品中细分出来的类别	功能用途	中分类在商品的分类中有很重要的地位,不同中分类的商品通常关联性不高,是商品间的一个分水岭,所以无论在配置上还是在陈列上都常用它来划分
		制造方法	
		商品产地	

(续表)

分类层次	含义	划分标准	说明
小分类	中分类中进一步细分出来的类别	功能用途 规格包装 商品成分 商品口味	小分类是用途相同,可以互相替代的商品,往往陈列在一起。相邻陈列的不同小分类商品具有高度相关性
单品	商品分类中不能进一步细分的、完整独立的商品品项	唯一性	是最基本的层面,用价格标签或条码区别开来

上述商品分类只是一个参考依据,并非一成不变,门店根据自己的业态特征和经营特色,完全可以创造出适合自己的一套商品分类方法,组成与众不同的商品结构,并据此指导商店的采购活动、促销活动和商品陈列。李明结合所学,对门店购置的商品(扫码获取李明购置的商品信息)进行分类,并将分类结果填入表2-6中。

阅读:李明门店购置的商品信息

表2-6 李明门店商品分类表

商品大类		商品中类		商品小类	
序号	名称	序号	名称	序号	名称

四、熟悉商品编码的方法,并据此进行商品编码

1. 商品分类编码的原则

商品编码是指根据一定规则赋予某种或某类商品以相应的商品代码的过程。商品分类和商品编码分别进行,商品科学分类在先,合理编码在后。商品科学分类为编码的合理性创造了前提条件,但是编码的不合理会直接影响商品分类体系、商品目录的实用价值。

(1) 唯一性原则。

必须保证每一个编码对象仅有唯一的一个商品代码,即每个商品代码只能与指定的商品类目一一对应。

(2) 简明性原则。

商品代码应简明、易记、易校验、不宜过长,既便于手工处理,减少差错率,也能减少计算机的处理时间和储存空间。

(3) 层次性原则。

商品代码要层次清楚,能清晰地反映商品分类关系和分类体系、目录内部固有的逻辑关系。

(4) 可扩性原则。

在商品代码结构体系里应留有足够的备用码,以适应新类目的增加和旧类目的删减需要,使扩充新代码和压缩旧代码成为可能,从而使分类代码结构体系可以进行必要的修订和补充。

(5) 稳定性原则。

商品代码确定后要在一定时期内保持稳定,不能频繁变更,以保证分类编码的稳定性,避免人、财、物的浪费。

(6) 统一性和协调性原则。

商品代码要同国家商品分类编码标准相一致,与国际通用的商品分类编码标准相协调,以利于实现信息交流和信息共享。

2. 商品分类编码的方法

商品分类代码是含义代码,代码本身具有某种实际含义。此种代码不仅作为编码对象的唯一标识,起到代替编码对象名称的作用,还能提供编码对象的相关信息(如分类、排序等信息)。主要编制方法如下几方面。

(1) 系列顺序编码法。

系列顺序编码法是一种特殊的顺序编码法,是将顺序数字代码分为若干段(系列),使其与分类编码对象的分段一一对应,并赋予每段分类编码以一定的顺序代码的编码方法。我国国家标准《全国主要产品分类与代码第 1 部分:可运输产品》(GB/T 7635.1-2002)中的小麦(第五层级,小类类目),在进一步细分到第六层级(细类类目)时,冬小麦、春小麦的代码采用了系列顺序编码法,白色硬质冬小麦、白色软质冬小麦等类目代码则采用了顺序编码法:

第五层级(小类)代码　01111 小麦

第六层级(细类)代码　01111·010 冬小麦

(与第五层级代码之间用圆点隔开)　-·099

　　　　　　　　　　　　01111·011 白色硬质冬小麦

　　　　　　　　　　　　01111·012 白色软质冬小麦

　　　　　　　　　　　　01111·100 春小麦

　　　　　　　　　　　　-·199

　　　　　　　　　　　　01111·101 白色硬质春小麦

　　　　　　　　　　　　01111·102 白色软质春小麦

(2) 层次编码法。

层次编码法是按商品类目在分类体系中的层级顺序,依次赋予对应的数字代码的编码方法。它主要用于线分类体系,如 GB/T 7635。国家标准《全国主要产品分类与代码第 1 部分:可运输产品》(GB/T 7635.1-2002)和《全国主要产品分类与代码第 2 部分:不可运输产品》(GB/T 7635.2-2002),就是采用层次编码法。例如,GB/T 7635.1 全部采用数字代码,其长度为 8 位,代码结构分成六层,各层分别命名为大部类、部类、大类、中类、小类和细类。其中,第一至第五层各用一位数字表示,第一层代码为 0~4;第二层、第五层代码为 1~9;第三层、第四层代码为 0~9。第六层用三位数字表示,代码为 001~999,采用了顺序码和系列顺序码(即分段码),顺序码为 011~999,系列顺序码为个位数是 0(或 9)的三位代码。第五层和第六层代码之间用圆点(·)隔开。

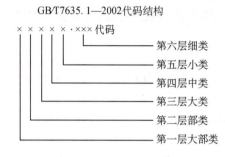

李明据表 2-6 商品分类表,并结合上述所学,对表中商品进行编码(扫码查看某超市商品分类编码表样例),并将结果填入表 2-7。

表 2-7 李明门店商品分类编码表

商品大类		商品中类		商品小类						
代码	名称	代码	名称	代码	名称	代码	名称	代码	名称	代码	名称

3. 商品编号的管理与维护

商品分类表使用一段时间后,常因新品的增加、旧品的淘汰而增删某些编号,因此必须定期修正。此项工作应由专人负责管理。在管理上应注意两个方面:

导入新商品时,应注意分类编号的连贯性和完整性。导入新品时,商品是否正确归类很重要,编号时应注意连贯性和完整性,不可随意插入。如新增猪肉水饺时,新品种最好紧接原有的猪肉水饺品种之后。门店经过试运营后,李明决定在原有设想基础上新增日用品。于是,据新增商品信息(扫码获取新购商品信息)调整商品分类编码表,并填写表2-8。

阅读:李明门店新购商品信息

表2-8　李明门店商品分类编码调整表

商品大类		商品中类		商品小类					
代码	名称	代码	名称	代码	名称	代码	名称	代码	名称

知识链接 2-2　淘汰商品时如何调整商品编码

淘汰商品时,应定期删除其编号并进行登录管理。对已淘汰的商品不可任意删除,以免造成整个编号系统的混乱,而应在固定的时间进行删除作业(如固定在每月的月初或每3个月进行一次均可)。对已删除的编号要登录下来,引进统一分类的新品时,就可优先使用这些编号。

任务评价

通过学习本任务的操作,请学员扫描二维码查看"案例:盒马高端超市Premier的商品定位带来的启示",并完成案例分析,检查自己是否掌握了所学内容,如表2-9所示。

表2-9 规划选品评价表

评价内容	分 值	评 分
1. 理解商品定位内涵与类型	10	
2. 熟悉商品定位的流程	15	
3. 培养实事求是的精神,结合实际拟定调研问卷,开展实地调研	35	
4. 掌握商品分类及编码方法,结合门店商品实际进行分类及编码	40	
总　　分	100	

 任务拓展训练

1. 请扫码学习访谈法和观察法在目标消费者调研中的应用后,运用访谈法及观察法进行消费者需求补充调研?

2. 当李明门店的商品需要淘汰1~2个单品时,请对门店的商品分类编码表进行调整。

任务二　优化选品

 学习目标

1. 理解商品结构的内涵与分类;
2. 掌握商品结构优化的方法;
3. 熟悉商品结构优化的步骤,找出有待优化的商品;
4. 灵活运用商品结构优化分析结果,对自营商品优化提出合理化建议。

 **情景导入**

李明的超市终于开业了,小店经营的商品共有300多种,主要包括生鲜、饮料、休闲食品、日用品等。开业经营了一段时间,李明做了一个市场调查以了解顾客对小店的反映。大部分顾客都认为小店经营的商品品种太少了,休闲食品也不是他们喜欢的品种,日用品的品种也少得可怜。于是,李明决定对超市的商品结构进行一些调整。

 任务分析

经营超市要获取可观的经济效益,必然会涉及要经营何种商品,不同商品品种所占的比重应怎样分配及商品如何迎合市场需求的变化推陈出新、更新换代等问题。80/20集中度分析、ABC分析法则及象限分析法将教会我们如何针对门店自身销售数据，分析商品的表现，如何结合商品市场表现，进行商品的淘汰与保留，确定导入的新品，以保证超市能有效运转。

任务准备

1. 组建学习小组；
2. 门店商品销售数据素材；
3. 确保电脑等设备能正常使用；
4. 确保网络正常且稳定。

任务实施

一、学习商品结构内涵及分类

1. 商品结构内涵

商品结构是指符合公司市场定位及商圈顾客需要的商品组合，是零售企业在一定的经营范围内，按一定的标志将经营的商品分成的若干类别和项目，以及各类别和项目在商品总构成中的比重。商品结构是由类别和项目组合起来的。

商品经营范围只是规定经营商品的种类界限，在经营范围内，各类商品应该确定什么样的比例关系，哪些商品是主力商品，哪些是辅助商品和一般商品，它们之间保持什么样的比例关系。项目组合则要决定在各类商品中，品种构成应保持什么样的比例关系，主要经营哪些档次等级、花色规格等。

2. 商品结构的分类

超市经营的商品结构，按照不同标志可分为不同类型。按经营商品的构成划分，可分为主力商品、辅助商品和关联商品（相关定义，请扫码查看相关动画）。

（1）主力商品：是指那些周转率高、销售量大，在经营中，无论是数量还是销售额均占主要部分的商品。超市选做主力商品的应该是市场上具有竞争力的商品或名牌、畅销的商品。要求经营者掌握所经营的主力商品的发展趋势，增长状况和竞争能力。同时还应注意掌握顾客的需求动向和购买习惯的变化。一旦发现主力商品的某些品种滞销就必须及时采取措施加以调整。企业掌握了主力商品的变化情况，也就掌握了经营的主动权。

（2）辅助商品：是指在价格、品牌等方面对主力商品起辅助作用的商品，或以增加商品宽度为目的的商品，是对主力商品的补充。辅助商品不要求与主力商品有关联性，只要企业能经营的产品就可以。辅助商品可以衬托出主力商品的优点，成为顾客选购商品时的比较对象，它不但能够刺激顾客的购买欲望，而且可以使商品更加丰富，克服顾客对商品的单调感，提高顾客光顾率，还可以促进主力商品的销售。

（3）关联商品：是指同主力商品或辅助商品共同购买、共同消费的商品。在用途上与主力商品有密切联系的商品。例如香烟和打火机、皮鞋和鞋油、鞋刷子等。配备关联商品可以方便顾客的购买，可以增加主力商品的销售，扩大商品销售量。配备必要关联商品的目的是适应顾客购买中图便利的消费倾向。

二、熟悉商品组合的优化方法

所谓商品组合是指一个卖场经营的全部商品的结构,即各种商品线、商品项目和库存量的有机组成方式。简言之,企业经营的商品的集合,即商品组合。商品组合一般由若干个商品系列组成。所谓商品系列是指密切相关的一组商品。此组商品能形成系列,有其一定的规定性。有的商品系列,是由于其中的商品均能满足消费者某种同类需求而组成,如替代性商品(牛肉和羊肉);有的是其中商品必须配套在一起使用或售给同类顾客,如互补性商品(手电筒与电池);有的可能同属一定价格范围之内的商品,如特价商品。商品系列又由若干个产品项目组成,商品项目是指企业商品销售目录上的具体品名和型号。

案例 2-3

A 超市的商品构成有问题吗?

A 连锁超市有各类门店数十家,以总店为例,有效流转商品数达 1 万种,日均营业额 80 万元左右。在分析商品构成问题时,发现平均 5 000 个单品实现了 40 万元的销售额。该地另一家超市公司却出现了相反的现象:10%左右的商品实现了 90%以上的销售。

思考:A 超市的商品构成有问题吗,其合理商品结构的标准是什么?

(一) ABC 分析法

1. ABC 分析法的含义

微课:常用商品组合优化方法

ABC 分析法来源于 80/20 分析,但是比 80/20 分析更为细化,它是按照一定标准对管理对象排序分类,区别重点与一般,从而确定投入不同管理力量的一种科学方法。它一般把管理对象分成 A、B、C 三类,所以称为 ABC 分析法。在商品管理中应用 ABC 分析法,就是对库存商品进行排队分类,根据各类商品的重要程度,投入不同的管理力度,采用不同的管理方式。A 类商品是最重要的商品,应重点管理;B 类商品是非重点商品,可进行一般管理;C 类商品是次要的商品,可投入少量的管理力量(请扫码学习相关理论方法的微课)。

2. ABC 商品的结构分析

在正常情况下,商品销售从高到低排序,累积销售占比(可按销售额计算,也可按销量计算)在 50%的商品划分为 A 类,累积销售占比在 50%~90%的商品划分为 B 类;累积销售占比在 90%~100%的商品划分为 C 类。正常的比较合理的商品结构如图 2-3 所示,即 10%的商品创造了 50%的销售,这 10%的商品属于 A 类商品;30%的商品创造了接下来 40%的销售,属于 B 类商品;剩下 60%的商品仅仅创造了 10%的销售,属于 C 类商品。一般来说,A 类商品主要由促销品、应季商品以及一线品牌主流商品构成,而在这

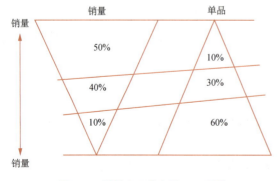

图 2-3 科学合理的商品 ABC 结构

三者中只有应季商品的利润最高,其余两者的利润率较低。C类商品属于销售比较差的商品。但是又不能一概而论。因为C类商品如果不是在运营上出现问题(如缺货)而导致销售差的话,那么C类商品一般包括结构性商品(如价格结构、功能结构等)、新品(正处在缓慢的市场导入期)、等待淘汰的商品(如衰退期的商品、长期导入不成功的商品等)。

但并不是所有的门店都有这种科学合理的商品结构,当运用ABC分析的时候,门店的销售业绩可能呈现如下分析结果:

(1) 同等的商品产生同等的销售业绩。如50%的商品贡献了50%的商品销售,接下来40%的商品贡献了40%的商品销售,这属于绝对的平均化,即存在门店主力商品销售不突出,各种商品能销售一点,因此造成了门店无主力商品可以推广的问题。此时,门店需要寻找有待挖掘的主力商品,调整主力商品销售的陈列和与供应商的合作关系,共同将主力商品提升上去。

(2) 最小的商品产生了最大的销售业绩。5%的商品贡献了50%的商品销售,如图2-4所示。从结构图直观来看,明显是A类商品过少。这种情况产生的原因多是主力商品过于集中,甚至在门店中只有一小部分商品在吸引消费者,不宜再拿A类商品做进一步促销。因此,产生的后果可能会引发零售商的运营危机,如果有竞争对手针对门店的A类即主力商品进行竞争,那么企业可能会面临灭顶之灾。这时还要看门店是大店还是小店。如果是小店,门店还有机会慢慢调整,毕竟小店由于其商圈范围较小,竞争对手较少,被竞争对手拿着该门店A类商品来恶性竞争的概率小一些;如果是大店,只要周边的几个竞争对手分别拿出该门店的A类商品来恶性竞争,那么该门店的销售必然一落千丈。好的一点是,B类商品比例相对合理,可以选取部分B类商品做促销。促销之后部分B类商品会上升至A类,以充实A类,这样B类商品的比例会减少,所以需要C类商品来补充。此时,建议所有的促销选品,从B类商品中选择40%,从C类商品中选取60%。

(3) 从图2-5来看,C类商品过多,占到了70%,说明滞销品较多,麻烦较大。另外,A类商品占比15%,比起标准结构的10%稍多,说明主力商品还是不够突出。在促销时可以选择A类商品做促销,以便突出A类。但是这还不是最麻烦的,最麻烦的是B类商品过少,A类加上B类才占比30%,比标准结构少10%,应该从C类中培养一部分商品发展壮大为B类。所以,现在的问题不是用B类做促销充实A类的问题,而是B类不做促销,直接将应用在B类上的促销品全部放在C类上。此时,建议所有的促销选品从A类商品中选择30%,从C类商品中选择70%。

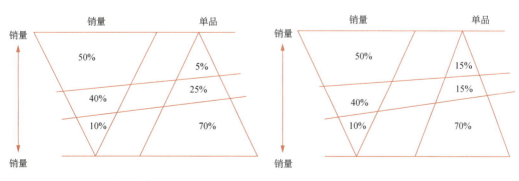

图2-4 不合理的商品ABC结构　　　　图2-5 不合理的商品ABC结构

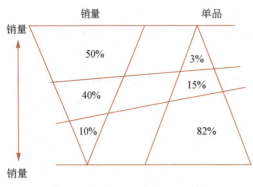

图 2-6 不合理的商品 ABC 结构

（4）从图 2-6 来看，该门店的商品结构非常麻烦，A 类商品过少，因为一旦 A 类商品出现一点风吹草动，门店随时有销售大幅下滑的可能，作为 A 类商品后备军的 B 类商品又过少，A 类加上 B 类也仅仅占比 18%，远低于健康结构的 40%，也就意味着一旦 A 类商品出问题，B 类商品中又没有合适的商品可以顶上来，销售必然大幅下滑。所以此时一定不能再拿 A 类和 B 类商品做促销，同时 C 类商品高达 80% 以上，意味着货架上充斥着大量的滞销商品，所以此时最重要的是从 C 类商品中通过促销等手法培养发展壮大的商品，逐步缓解这种结构问题。

（二）象限分析

ABC 分析主要是针对零售商的自身数据进行商品表现的分析。为了更科学地做出商品的淘汰与保留决定，必须参考商品在市场上的表现。以商品在商店的表现为横轴，以商品在市场的表现为纵轴，可以绘出如图 2-7 所示的象限市场图，将商品分为 4 个部分。

1. 全面赢家

全面赢家指在市场和商店的表现均优于平均水平的商品。这部分商品往往是前 20% 的商品，简称 20 商品，是商店必须高度重视的一部分商品。

2. 商店赢家

商店赢家指在商店的表现优于平均水平，但在市场的表现却较差的商品。这部分商品有可能是商店的自有品牌，也有可能是商店投入了过多资源使其表现超常的商品。例如，某超市将 30% 的货架资源和一半的货架外堆头卖给了某品牌卫生巾，使该品牌的销售跃居超市首位，超过了市场份额最高的苏菲和护舒宝。这部分商品需要得到关注，因为它的超常表现很可能带来主力品牌生意的下降，从而招致整个品类生意的下降。这部分商品还可能是商店的目标性商品或差异化商品，需要进行分析以确定其真实状况，以制订下一步行动计划。

3. 市场赢家

市场赢家指在市场上的表现优于平均水平，但在商店的表现却较差的商品。这部分商品由于有较好的群众基础，是很有潜力提高销售量的，是商店的机会商品。对市场赢家的商品，需要找出其在商店表现不佳的原因，从而推动这部分商品在商店的表现。市场赢家象限中有一种极端情况，即市场表现优于平均水平但在商店的商品列表中却不存在的商品，也就是零售商没有销售的商品。对这部分商品，零售商可考虑作为新品引进。

4. 全面输家

全面输家指在市场和商店的表现均落后于平均水平的商品。这部分商品是可替换性商品。落在该象限的商品可能是新品，也可能是由于各种原因脱销的商品。对于这种特殊原因的商品，要适当考虑给他们更长时间的表现期，以公平评估其真实水平。

三、商品结构优化实操演示

1. 步骤一：排序

从POS信息系统中导出最近两个月的销售报表，按销售额大小由高至低对所有品种顺序排列（见表2-10）。

表2-10　李明门店商品销售额排序表

商品代号	品名	销售额（元）
33201	康师傅饮用水550毫升	8 000
22201	百事纯水乐550毫升	5 120
22202	可比克60克薯片（原味）	2 560
11102	108克朋友圈母亲素烤肉	1 920
11101	陈皮酸梅250克	1 600
11201	350毫升苏打水	640
33101	好吃点108克香脆核桃饼	576
…	…	…
33102	银鹭花生奶330毫升	480
…	…	…

2. 步骤二：计算

用销售额/总销售额计算销售占比，当前单元格累计销售占比＝当前行销售占比＋上一行累计销售占比（具体计算操作请扫码观看实操视频），其计算结果详见表2-11。

表2-11　李明门店商品累计销售占比表

商品代号	品名	销售额（元）	销售占比（%）	累积销售占比（%）
33201	康师傅饮用水550毫升	8 000	25%	25%
22201	百事纯水乐550毫升	5 120	16%	41%
22202	可比克60克薯片（原味）	2 560	8%	49%
11102	朋友圈母亲素烤肉108克	1 920	6%	55%
11101	陈皮酸梅250克	1 600	5%	60%
11201	简易苏打水350毫升	640	2%	62%
33101	好吃点108克香脆核桃饼	576	1.8%	63.8%
…	…	…	…	…
33102	银鹭花生奶330毫升	480	1.5%	90%
…	…	…	…	…
	合计	32 000	100%	100%

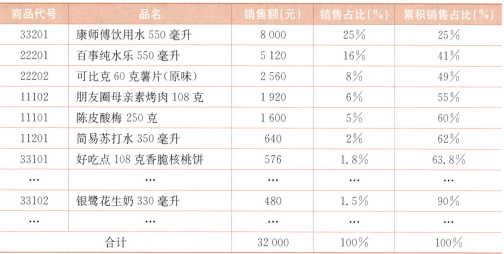

实操视频：如何运用ABC分析法对商品结构进行分析

3. 步骤三：分类

根据所列各类商品销售额的比重，确定它们属于哪个类别，或 A，或 B，或 C。一般来说，累计销售额占比达 50% 的商品为 A 类，是畅销商品或主力商品；累计销售占比在 50%～90% 的商品为 B 类，是中间商品或辅助性商品；累计销售占比在 90%～100% 的商品为 C 类，是滞销商品或附属性商品（见表 2-12）。将 A、B、C 类单品数除以门店总品类数即得各类商品单品占比，即 A 类占比＝3/36×100%＝8%，以此类推得到 B 类占比 25%，C 类占比 67%。

表 2-12 李明门店商品 ABC 分类表

商品代号	品名	销售额（元）	销售占比（%）	累积销售占比（%）	分类
33201	康师傅饮用水 550 毫升	8 000	25%	25%	A
22201	百事纯水乐 550 毫升	5 120	16%	41%	A
22202	可比克 60 克薯片（原味）	2 560	8%	49%	A
11102	朋友圈母亲素烤肉 108 克	1 920	6%	55%	B
11101	陈皮酸梅 250 克	1 600	5%	60%	B
11201	简易苏打水 350 毫升	640	2%	62%	B
33101	好吃点 108 克香脆核桃饼	576	1.8%	63.8%	B
...	...	...	...	...	
33102	银鹭花生奶 330 毫升	480	1.5%	90%	C
...	...	...	...	...	C
	合计	32 000	100%	100%	

4. 步骤四：ABC 分析

结合李明门店的自身销售数据，通过 ABC 分析进行商品表现分析。我们发现，李明门店的商品 A 类商品即主力商品略少，好的一点是 B 类商品比例相对合理，可以选取部分 B 类商品做促销。促销之后部分 B 类商品会上升至 A 类，以充实 A 类，这样 B 类商品的比例会减少，所以需要 C 类商品来补充。此时，建议所有的促销选品，从 B 类商品中选择 40%，从 C 类商品中选取 60%。

5. 步骤五：象限市场圈分析

参考商品在市场上的表现，结合商品在商店的表现，对李明门店的商品进行象限市场图分析。我们发现，食品类的中银鹭花生奶 330 毫升的市场和商店的表现均落后于平均水平，属于全面输家；太阳牌小米锅巴、手撕牛肉等休闲食品，海飞丝、潘婷等洗发露（小袋装）、花露水、蚊香等日用商品市场表现优于平均水平，但属于李明门店并没有销售的商品，属于市场赢家产品。综上所述，我们决定淘汰食品类的中银鹭花生奶 330 毫升，结合市场调查中消费者的需求引进如太阳牌小米锅巴、手撕牛肉等休闲食品，海飞丝、潘婷等洗发露（小袋装）、花露水、蚊香等日用商品。

 **任务评价**

通过学习本任务的操作,请学员扫描二维码获取销售数据,完成数据分析,检查自己是否掌握了所学内容,如表2-13所示。

表2-13 规划选品评价表

评价内容	分 值	评 分
1. 理解商品结构的内涵与分类	10	
2. 掌握商品结构优化的方法	15	
3. 熟悉商品结构优化的步骤,找出有待优化的商品	35	
4. 灵活运用商品结构优化分析结果,对自营商品优化提出合理化建议	40	
总　　分	100	

图表:销售数据素材

 任务拓展训练

请搜集自营门店两期数据,扫码学习双ABC分析法后,采用双ABC分析法进行商品结构分析。

阅读:双ABC分析法的应用

任务三　采　购　商　品

 **学习目标**

1. 理解商品采购的原则;
2. 掌握评价指标法,评估选择供应商;
3. 形成合作共赢的理念,对不同类型的供应商进行分类管理,互利共赢;
4. 熟悉引进新品与淘汰滞销品的作业流程,分类处理新品与滞销品。

 情景导入

店长李明选好地段,租下了门面,计划采购所需经营的商品,在国庆黄金周,正式开始营业。但他对超市商品采购的流程及供应商的选择与管理还是一头雾水。李明预备开始进行商品采购,但一时又不知从何开始。

任务分析

超市商品采购应该遵循采购原则,面向市场开发和选择合适的供应商,后期对供应商进行分类管理。按照采购流程,做好新品的引进及滞销品的淘汰工作。

任务准备

为了更好地达到实训目的,需要做如下准备:
1. 整理超市选择供应商的标准与要求;
2. 组建超市供应商评价管理团队;
3. 对供应商进行背景调查与数据采集;
4. 熟练掌握Excel办公软件操作。

任务实施

一、学习商品采购的原则

1. 以需定进

以需定进是据目标市场的商品需求状况来决定商品的购进。即以销定进,卖什么就进什么,卖多少就进多少,完全由销售情况来决定。采购时考虑畅销品、时令性商品、新上市商品等不同类型商品的市场需求,合理确定采购数量。

2. 适价

大量采购与少量采购,长期采购与短期采购,在价格上往往有较大差别。所以,要界定一个合适的价格。首先要多渠道询价,多方面打探市场行情,然后比价,通过分析各供应商提供商品的性能、规格、品质要求等,建立比价标准。接着,成立由采购、技术、成本会计组成的评价小组,估算出符合品质要求的较为准确的底价资料。最后,根据底价资料、市场行情、供应商用料及采购量大小、付款期长短与供应商议定一个双方都能接受的合理价格。

3. 适时

现代企业竞争非常激烈,时间就是金钱,采购计划必须非常精确。太晚采购会造成店铺缺货,增加管理费用,影响销售和信誉;太早采购会造成商品和资金的挤压,场地的浪费。所以,依据销售计划制定采购计划,并按计划适时采购。

4. 适质

采购商品的成本是直接的,而品质成本是间接的,但品质成本往往被许多企业忽略。比如,有些企业贪图了一时之利,放低了对品质的要求,造成商品质量不过关而出现经常性的退换货,不仅影响销售计划变更,更是降低了企业的信誉和产品的竞争力。这样看来,物美价廉才是最佳的选择。

5. 适量

采购量多,价格就便宜,但不是采购越多就越好,因为资金的周转率,仓库储存的成本都直接影响采购总成本。所以,应根据资金的周转率、储存成本等综合计算最经济的采购量。

6. 适地

供应商离公司越近,运输费用就越低,机动性就越高,协调沟通就越方便,成本自然就降低了,反之成本将会增加。

二、评选供应商

李明在了解采购的基本原则后,按照供应商的开发准则和流程进行供应商选择。

1. 步骤一:依据供应商开发原则,寻找潜在供应商

李明通过供应商的主动询问和介绍、专业媒体广告、互联网搜索等方式得到供应商的联系方式对供应商进行初选。然后,邀请质量部门和工艺工程师,对供应商进行实地考察,根据供应商开发 QCDS 原则(扫码查看相关资料),从有合作意愿的供应商中,初步确定了 4 家候选供应商名单,并对 4 家候选供应商进行了背景资料调查整理。

阅读:供应商开发的基本准则:QCDS 原则

2. 步骤二:成立供应商评选小组,制定评价指标

李明快速地成立包括采购、审计、财务部等组成供应商评选小组,评选小组在结合超市门店对供应商的选择重点因素的基础上,通过积极讨论,确定了六个评价指标组成选择供应商的核心指标体系,具体如下:

(1) 质量水平:能否提供质量保证体系认证、样品质量,对质量问题的处理能力。
(2) 交货能力:交货及时性、增、减订货的适应能力。
(3) 价格水平:优惠程度、消化涨价的能力、成本下降空间。
(4) 技术能力:技术的先进性、后续研发能力、产品设计能力、技术问题的反应能力。
(5) 人力资源:精英团队员工素质。
(6) 现有合作状况:合同履约率、合作年限、合作融洽关系。

3. 步骤三:确定评价指标权重

供应商评价小组在考虑各评价指标在选择供应商过程中的重要程度以及当前门店的发展阶段与商品需求后,设计各个评价指标的权重①,分别为:质量水平(　　)、交货能力(　　)、价格水平(　　)、技术水平(　　)、人力资源(　　)、现有合作状况(　　)。

4. 步骤四:专家打分

供应商评价小组结合本次供应商评价任务,从本企业采购、审计、财务、物流、市场等部门中,选择了 3 位评价专家,3 位专家查看供应商调查背景资料(扫码获取相关资料信息),并进行独立、公平地打分评价,每项指标评分范围从 10 分到 1 分,并将结果记录在表 2-14。

阅读:供应商调查背景资料

表 2-14　供应商专家打分表

专家	评价指标	A供应商	B供应商	C供应商	D供应商
专家一	质量水平				
	交货能力				
	价格水平				
	技术水平				
	人力资源				
	现有合作状况				

---

① 质量水平、交货能力、价格水平、技术水平、人力资源及现有合作状况六个指标的权重之和为 1。

(续表)

专家	评价指标	A供应商	B供应商	C供应商	D供应商
专家二	质量水平				
	交货能力				
	价格水平				
	技术水平				
	人力资源				
	现有合作状况				
专家三	质量水平				
	交货能力				
	价格水平				
	技术水平				
	人力资源				
	现有合作状况				

备注：可根据专家人数进行表格调整。

微课：评价指标法进行供应商评价与选择

5. 步骤五：分析评价指标得分

评价小组汇总处理表2-14中3位专家评分数据，通过算数平均法计算4家供应商各个评价指标的均值。根据自行评定的评价指标的权重和平均分，通过加权平均计算各个供应商的综合得分（具体实操请扫码观看相关微课），明确排名结果，并将计算结果记录在表2-15中。

表2-15 供应商加权得分排名表

评价指标	权重	A供应商	B供应商	C供应商	D供应商
质量水平					
交货能力					
价格水平					
技术水平					
人力资源					
现有合作状况					
得分					
排名					

6. 步骤六：根据排名选择供应商

根据评价指标法最后的评价得分，选择排名最高的供应商，排名第二、三位的供应商可以作为备选供应商。入选的供应商作为商品采购的上游节点，进入到供应商管理环节。

7. 步骤七：进行供应商分类管理

李明对选择的各个供应商进行管理的过程中，发现供应商对门店的经营影响是存在差异的。李明从这个问题入手，不断挖掘供应商与门店之间的关系，决定对供应商进行分类管理。本次选择的供应商提供的是鲜肉与肉制品，结合超市门店鲜肉与肉制品的销售特点、利润价值影响，李明和评选小组对本次采购的供应商进行了讨论，并确定的供应商属于卡拉杰拉矩阵(扫码阅读卡拉杰克矩阵的内涵及使用)中的哪种类型，制定合理的管理策略，并将结果记录于图 2-8。

图 2-8　卡拉杰克矩阵与管理策略图

> **案例 2-4**

盒马与供应商共建"爆款"商品

扫码查看案例，并进行分析。

李明在供应商评选与管理过程中，入选的供应商会向门店推销新产品，新产品的采购对门店的采购管理和采购成本有重要的影响，引进新品能让超市增加毛利、提高销售和建立市场区隔。因此，李明对新品引进进行重点管理(扫码查看超市商品采购业务流程图，辅助理解新品引进步骤)。

三、引进新品

1. 步骤一：做好事前控制

超市应当有完善而明确的商品引入标准，并定期制定新商品引入计划，对新商品的引入做系统的规划，其中包括增加的新分类、增加的商品项目、季节性重点商品的引入计划、自行开发商品计划等。如：新引进商品在试销的 3 个月内，销售额必须达到目前同类畅销商品销售额的一定比例(通常为 60%～80%)，或至少不低于所替代的淘汰商品的销售额，方可列入采购计划的商品目录之中。

2. 步骤二：做好事中控制

(1) 审核新商品引入资格。无论是供应商主动报价，还是基于市场需求而由超市主动采价，采购人员都需要根据新商品的进价、售价、毛利率、进退货条件、广告宣传、赞助条件等予以初评。初评之后，交由公司采购部门集体复评，对拟引进的商品进行筛选，复评的项目还需要对产品的口味、包装、售价以及市场接受程度等项目进行具体评估，以防止不合标准的商品流入门店销售。

(2) 试销的准备。对于超市来说，随意将新商品引入所有门店销售的风险是很大的，所以通常先进行试销，之后根据试销结果决定是否引入。若是新商品试销效果良好,则采购人员配合进货并制定商品配置表。

3. 步骤三:做好事后控制

在新商品全面引入超市之前,需要事先以书面或者电子邮件的方式通知门店,并予以一定的前置准备期,以便门店做好新商品引入的各项工作。同时,商品导入卖场后要对销售情况进行观察、记录和分析。

负责该新商品引进的采购人员,应根据新商品在引入卖场试销期间的实际销售业绩(销售额、毛利率、价格竞争力、配送服务水平、送货保证、促销配合等)对其进行评估,评估结果优良的新商品可正式进入销售系统,否则中断试销,不予引进。

微课:滞销品淘汰流程

知识链接 2-3　　　　滞销品淘汰作业流程

李明发现,由于卖场空间和经营品种有限,每导入一批新商品,就要相应地要淘汰一批滞销商品。选择和淘汰滞销品也成为采购商品中的一项重要内容。门店确定哪些商品是滞销品并进行淘汰,要通过数据分析、确定原因、告知门店、淘汰作业等一系列步骤有序进行(扫码查看滞销品淘汰业务流程微课,了解滞销品判断原则与淘汰作业步骤)。

图表:9月门店销售数据

李明从POS系统中整理了9月部分商品销售数据(扫码获取门店销售数据,了解各商品同类型销售比例和各商品占总销量比例),参考选择标准并结合新品引进和滞销品淘汰的业务步骤与准则,确定哪些新品进行引入,哪些滞销品进行淘汰,在9月门店销售数据表中进行标注。

任务评价

通过学习本任务,请学员检查自己是否掌握了所学内容,如表2-16所示。

表2-16　采购商品诊断及改进评价表

评价内容	分　值	评　分
1. 理解商品采购的原则	10	
2. 掌握评价指标法,评估选择供应商	55	
3. 形成合作共赢的理念,对不同类型的供应商进行分类管理,互利共赢	20	
4. 熟悉引进新品与淘汰滞销品的作业流程,分类处理新品与滞销品	15	
总　　分	100	

阅读:数字化采购

任务拓展训练

扫码对数字化采购进行拓展性阅读,并结合商品采购原则和评价指标法,大家思考与讨论如下问题:

(1) 在数字化新技术的发展下,供应商评价指标还可以有哪些新的评价要素呢?
(2) 数字化采购对门店的新品和滞销品处理会带来哪些影响呢?

任务四 验 收 商 品

  学习目标

1. 理解商品验收的要求;
2. 掌握商品验收的方法;
3. 熟悉商品验收的流程,一丝不苟地核查凭证,查找问题;
4. 掌握商品验收过程中所发现问题的处理办法,对症处理问题商品。

 情景导入

李明的超市刚开业不久,经过卖场装修之后,手中只剩下不到一万元进货资金。一切都需要精打细算,那进货后要如何验收才能将损失控制到最低,这个问题一直萦绕心头,苦思不得其解。

 任务分析

商品验收是按照验收业务作业流程,核对凭证等规定的程序和手续,对入库商品进行数量和质量检验的经济技术活动的总称。凡商品入库储存,必须经过检查验收,只有验收后的商品,方可入库保管。商品验收涉及多项作业技术。要做好验收工作就必须明白验收的要求,掌握验收的方式,熟悉商品验收的工作流程及验收过程中所发现问题的各种处理方法。

 任务准备

1. 验收过程中的单据及凭证;
2. 确保电脑等设备能正常使用;
3. 确保网络正常且稳定。

 任务实施

一、学习商品验收的要求

商品验收工作是一项技术要求高、组织严密的工作,关系到整个仓储业务能否顺利进行,所以必须做到及时、准确、严格、经济。

(1) 及时。到库商品必须在规定的期限内完成验收工作。因为,商品虽到库,但未经过验收的商品不算入库入账,不能供应给用料单位。只有及时验收,尽快提出检验报告,才能保证商品尽快入库,满足用料单位需要,加快商品和资金周转。同时,商品的托

收承付和索赔都有一定的期限，如果验收时发现商品不合规定要求，要提出退货、换货或赔偿等要求，均应在规定的期限内提出；否则，供方或责任方不再承担责任，银行也将办理拒付手续。

测一测2-6

（2）准确。验收的各项数据或检验报告必须准确无误。验收的目的是要弄清商品数量和质量方面的实际情况，验收不准确，就失去了验收的意义。而且，不准确的验收还会给人以假象，造成错误的判断，引起保管工作的混乱，严重者还可以危及营运安全。

（3）严格。仓库有关各方都要严肃认真地对待商品验收工作。验收工作的好坏直接关系到国家和企业利益，也关系到以后各项仓储业务的顺利开展。因此，仓库领导应高度重视验收工作，直接参与人员更要以高度负责的精神来对待这项工作。

（4）经济。多数情况下，商品在验收时不但需要检验设备和验收人员，而且需要装卸搬运机具和设备及相应工种工人的配合。这就要求各工种密切协作，合理组织调配人员与设备，以节省作业费用。此外，验收工作中，尽可能保护原包装，减少或避免破坏性试验，也是提高作业经济性的有效手段。

素养课堂　一丝不苟地做好本职工作，是对自己岗位的一份敬畏

2月3日晚上8:30左右，一辆辆叉车不停地穿行于货架之间，装卸货物的"咔嚓"声此起彼伏地在步步高云通物流的农产库内响着。这就是24小时运转的云通物流的日常。此时，第一个忙碌时段即将结束，第二个忙碌时段将在深夜12点到来。

"农产库中会同时进行质检收货、分拣、送货三大流程，每大流程之下又分很多小流程，而我的工作就是跟紧这些流程，避免任何一个流程出现错误。"云通物流农产库库长王慧边说边往恒温库走去，从我们进门开始，便没有见她停下过。因此，在微信步数排行榜里，王慧也常常霸榜，因为日均3万步对她来说，也是日常。

云通物流农产库为两班制，时间节点是下午4点。但现在，王慧和云通物流的小伙伴们基本上都自觉上起了通班。王慧一般是早上8点到达农产库，一直需要工作到零点以后，每天工作时长基本保持在16个小时以上。虽然看似简单，但不能出任何一点小差错，必须一丝不苟地做好每一步。因为，一旦出错，就会增加物流成本，也会给其他小伙伴增加工作负担。

资料来源：网易，有删改。

测一测2-7

二、熟悉商品验收的方法

商品验收方法分为全验和抽验。

在进行数量和外观验收时一般要求全验。在质量验收时，当批量小，规格复杂，包装不整齐或要求严格验收时可以采用全验。全验需要大量的人力、物力和时间，但是可以保证验收的质量。

当批量大，规格和包装整齐，存货单位的信誉较高，或验收条件有限的情况下，通常

采用抽验的方式。商品质量和储运管理水平的提高及数理统计方法的发展,为抽验方式提供了物质条件和理论依据。

三、按商品验收流程,核查凭证,查找问题,并对症处理

步骤一:检查供货单位证件,如证件未到或不齐时,应及时向供货单位索取,到库商品应作为待检验商品堆放在待验区,待证件到齐后再进行验收;证件未到之前,不能验收,不能入库,更不能发料。

步骤二:将供应商(或采购员)的《送货单》与订货部签字的《订货单》上的名称、规格、数量、条码、价格进行核对。如订货单上有而送货单没有的货物,在订货单上应划掉;送货单上有而订货单上没有的应问明情况,并与柜组联系,如系柜组急需商品,应通知柜组按补货程序与订货管理追补订货单。同时给供应商指定卸货地点。送货单的商品价格高于订货单价格的按订货单价格收货,低于订货单价格的按送货单价格收货,并将价格差异报物价质检部。

对照上述所说,扫码核对单据,并就两张单据存在的差异进行处理(详见表2-17)。

表2-17 订货单和送货单核对处理意见表

序号	商品条码	商品品名	两张单据存在差异描述	处理意见

阅读:超市送货单

阅读:订货单素材

步骤三:验收货物之前,有退换货物的应先填写表2-18并办理好退换货手续。

表2-18 供应商退换货通知单

_____:
贵司向我司提供的商品因质量问题或其他原因我司无法签收货物,根据采购合同(订单),请贵司于2个工作日内进行退换货确认,收到通知1个工作日内未回复视为默认接收到通知。

通知单日期:			贵司受理人员:			
序号	商品条码	商品品名	单位	数量	异常原因	备注(退货/换货)

(续表)

需求部门：	采购管理部：
签发日期：	签发日期：

图表：冻冷鲜肉排现场全检

步骤四：根据核对好的订货单和送货单，和防损部收发货稽查员共同对商品的外观及数量进行逐件验收，并对部分包装打开抽检(扫码查看冻冷鲜肉排现场全检和抽检图)。对有问题的记录在案，并对症进行相应处理。

图表：冻冷鲜肉排现场抽检

知识链接 2-4　商品验收中出现数量短缺及质量不符的处理措施

商品验收中，可能会发现如数量短缺及质量不符合要求的问题，应区别不同情况，及时处理。具体措施如下：

(1) 数量短缺规定在磅差范围内的，可按原数入账。凡超过规定磅差范围的，应查对核实，做成验收记录和磅码单，交主管部门会同货主向供货单位办理交涉。凡实际数量多于原发料量的，可由主管部门向供货单位退回多发数，或补发货款。在商品入库验收过程中发生的数量不符情况，其原因可能是因为发货方面在发货过程中出现了差错，误发了商品，或者是在运输过程中漏装或丢失了商品等。

(2) 凡属承运部门造成的商品数量短少或外观包装严重残损等，应凭接运提货时索取的货运记录向承运部门索赔。

(3) 凡质量不符合规定的，应及时向供货单位办理退货、换货交涉，或征得供货单位同意代为修理，或在不影响使用前提下降价处理。商品规格不符或错发的，应先将规格对的予以入库，规格不对的做成验收记录交给主管部门办理换货。

阅读：商品验收结果反馈

稽查员据商品验收结果反馈(扫码获取商品验收结果反馈信息)，将验收中发现问题等待处理的商品，单独存放，妥善保管，以防混杂、丢失、损坏，并将商品验收处理意见记录于表 2-19。

表 2-19　商品验收结果处理意见表

序号	条码	品名	规格	单位	数量	存在问题	处理措施

图表：超市送货单

步骤五：对照送货单(扫码查看单据信息)，进行如下操作：如发现送货单上有数字改动的部分(不管增加还是减少)，则和防损员以及供应商同时签字核准；如发现有未送的货物或因价格、条码、质量不符而未收的货物，则在送货单上予以划掉，并和供应商同时签字，未收的货物开具放行条放行(见表 2-20)。

表 2-20　放行条

		NO		
门卫同志：				
客户：		车牌号：		
已办妥手续,下列货物请给予放行。				

货物名称	规格	单位	数量	备注

(有效期　　　天)

签发部门：　　　　　　　　　　　（盖章）

签发人：

年　月　日

步骤六：仓管员与防损员和柜组人员共同验收直上柜的商品（如鲜肉、冻品、水果、面包、蔬菜、饮料），并填写超市商品验收单（见表2-21），然后签名确认,最后再由值班经理签名确认。

表 2-21　×××超市商品验收单

供货商：＿＿＿＿＿＿＿＿　　　　　　　　　　到货日期：

序号	条码	品名	产地	规格	单价	进价	数量	进价金额	验收情况	备注

仓管员：　　　　防损员：　　　　柜组人员：　　　　值班经理：

步骤七：仓管员验收货物后,应在送货单和订货单上签字,并交仓库主管签名。

步骤八：由仓库文员将一联送货单和订货单传电脑文员录入电脑,另一联给供应商作为换取结算蓝单的凭证。电脑部打制进货单同时生成调拨单（扫码查看）。

步骤九：打印好的进货单、调拨单应传回仓库由主管核对并签名,并通知柜组验收、调拨商品。

图表：系统生成的调拨单

知识链接 2-5　　验收过程中应注意的事项

超市在商品验收过程中,应当注意某些事项,这些事项主要有以下方面：

（1）明确质量标准：对于新开发研制的商品,或者商店新经营的品种,在订货的时候就按照货物样品,明确质量标准,并将样品封存,作为商品验收时的依据。

（2）逐层验收：从商品转运到商店开始,直到商品上架销售,每个流转环节中都要随着商品管理权的转移,进行逐层验收,以明确责任。

(3)随时验收：商品一转运到达商店，就要组织有关人员，及时、准确、迅速地进行验收，即做到随时进货随时验收。验收完毕，填好验收单等应填单据，以备核查。

(4)及时处理问题：验收商品时，如果发现商品质量不符合标准，或者与供货商协商退货，或者换货，或者按质论价，降价接收；如果商品数量不合，通知供货商及时补足，或扣除差货款额；对于危及消费利益的假冒伪劣商品，坚决清退，撤出货架。

 任务评价

通过学习本任务的操作，请学员检查自己是否掌握了所学内容，如表2-22所示。

表 2-22　商品验收评价表

评价内容	分 值	评 分
1. 理解商品验收的要求	10	
2. 掌握商品验收的方法	15	
3. 熟悉商品验收的流程，一丝不苟地核查凭证，查找问题	35	
4. 掌握商品验收过程中所发现问题的处理办法，对症处理问题商品	40	
总　　分	100	

 任务拓展训练

有哪些数字新技术和新方法能有效提高商品验收的效率，降低商品验收的成本？

任务五　管理库存

 学习目标

1. 熟悉存货管理的重要工作内容；
2. 理解存货分析的关键指标内涵，并精准计算相关指标；
3. 熟悉存货分析步骤，通过数据分析找到重点关注的商品，觉察异常库存；
4. 掌握异常库存的类型及处理方式，对症进行合理处置，达成库存的精细化管理。

 **情景导入**

店长李明的超市刚开业不久，经过卖场装修之后，手中只剩下不到一万元进货资金。现在，李明正为进多少货精打细算。究竟什么样的库存才是合理库存，如何存储、进货才能将成本控制到最低等问题一直萦绕心头，苦思不得其解。

任务分析

商品采用何种库存方式,对商家影响很大。高库存会占有大量流动资金,低库存会引起缺货、影响销售,最终影响商家的利润。要明确库存管理的重点工作,从存货的结构、数量、时间等问题进行分析,根据不同的分析结果,进行分类管理,从而避免缺货,降低成本。

任务准备

为了更好地达到实训目的,需要做如下准备:
1. 库存商品的盘点结果数据报表;
2. 库存商品的销售数据报表;
3. 库存商品的期初与期末库存数据报表。

任务实施

一、学习存货管理的重点工作

商品存货管理是超市门店管理必不可少的环节,科学的存货管理能降低库存成本,有效防止缺货。目前,卖场存货管理主要包括存货结构管理、存货数量管理和存货时间管理,以达到防止缺货,减少库存费用及损坏商品的数量的目的(扫码查看如何做好商品的存货管理微课)。

微课:如何做好商品的存货管理

1. 存货结构管理

无论是仓库空间还是资金都是有限的。如何使这些有限的空间和资金取得更大的效益,加强商品库存结构管理是非常重要的。有的超市将商品分为 A、B、C 三类,分别采取不同管理方式,通常将这种方法称为 ABC 分类管理法。在超市的经营中,实际上大部分销售额只来自一小部分的商品。所以,要不断发掘创造大比例销售额的小比例商品,精心培育产生利润的 A 类商品。

2. 存货数量管理

存货数量与商品流转相适应,是最佳效益点。存货量过小,会造成商品不足,市场脱销,影响销售额。存货量过大,会造成商品积压,浪费效益。商品存货数量管理必须采用科学的方法,通常会采用库存天数这个指标来对可持续销售期内的库存加以监控,其公式如下:

$$库存天数 = \frac{期末库存数量}{某个销售期的销售数量 \div 销售期天数}$$

如图 2-9 所示是某超市库存天数对比图,按照往年的销售数据,结合市场调研,得出现在季节的标准库存天数,这是商品存量的下限。将超市即时库存与之相比较,如果库存天数小于标准的,赶紧补货,高于标准的想办法退货或提升销量。

3. 存货时间管理

加快商品周转等于加快资金周转,这样自然会提高商业动作效率,这是超级市场能

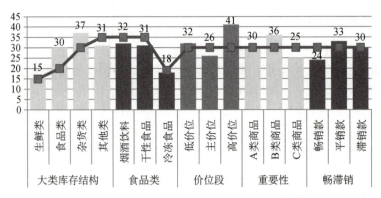

图 2-9 某超市即时库存与标准库存天数对比图

备注:柱状图表示商品即时库存天数和折线图表示标准库存天数。

否获得利润的关键,所以应加强存货的时间管理。这个环节重点关注的是销售周转率这个指标值的变化,其公式如下:

$$销售周转率 = \frac{销售数量}{(期初库存数量+期末库存数量)\div 2}$$

在库存分析中,通常会运用四象限分析法来分析,如图 2-10 所示。超市饮料品类的标准库存为 30 天,标准季度周转次数为 3 次;库存比较安全的应该是靠近交叉点附近,即圆心内的产品;图中圆圈外第四象限(右下角)中的产品问题非常大,库存天数高,周转率低,容易出现死库存;而图中第二象限(左上角)内的产品库存天数低,周转很快,有断货影响销售的风险。

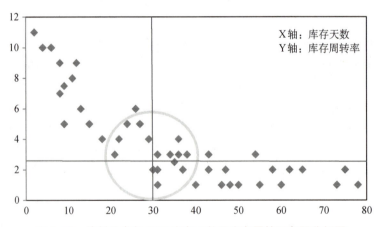

图 2-10 饮料品类各 SKU 库存天数及库存周转四象限分析图

二、根据存货管理重点工作,进行存货分析

李明清楚了存货管理中的重点工作内容后,调查了现有库存中的部分商品信息,进行分析。在分析过程中,李明意识到,进行存货分析,包含很多与商品相关的细节,如销售量、种类、期初库存数量、期末库存数量等,一个环节出错,都有可能影响最终的分析

结果,细节决定存货管理的成败。

1. 步骤一:对库存商品进行 ABC 分析

李明重点对日用品类库存的 20 种商品进行了盘点,掌握 20 种商品的品种占用的资金与相应的库存金额比例(扫码获取商品库存信息表,使用 20 种商品库存数据进行商品 ABC 分类)。

图表:商品库存信息表

为了节省管理精力,李明采用 ABC 库存分类法进行库存结构分析,并据其结果进行库存分类管理(扫码查看拓展性资料,掌握 ABC 库存分类法的实操步骤)。对 20 种商品按照库存金额从高至低进行排序,然后,计算 20 种商品的库存累计金额、库存金额比例、库存金额比例累计、品种比例累计,并据库存 ABC 分类的标准,进行商品类型判断,其结果记录在表 2-23 中。

阅读:如何运用 ABC 库存分类管理法进行库存结构管理

表 2-23　商品库存金额累计、比例与分类表

品名	库存金额 (千元)	品种 (%)	库存 金额累计	库存 金额比例	库存金额 比例累计	品种比 例累计	商品 分类

2. 步骤二:商品库存天数分析

李明在库存商品 ABC 分类结果基础上,结合市场调研,得出 ABC 三类商品在当前季度的标准库存天数,即 A 类商品的标准库存天数是 3 天、B 类商品的标准库存天数

6天、C类商品的标准库存天数是9天。

李明统计了20种商品的期末库存数量、本销售期的销售数量和销售天数数据,根据库存天数计算公式和商品ABC分类结果,分析了需要重点进行库存管理的A类商品,并根据标准库存天数判断哪些商品需要进行补货。

比如Q6商品,库存天数=期末库存数量÷(销售期的销售数量÷销售期天数)=60÷(560÷20)=2.14天,为避免缺货,库存天数向下取整为2天。Q6为A类商品,根据A类商品的标准库存天数3天,库存天数2小于标准天数3天,需要补货,按照计算公式,依次完成A类商品的计算与分析。李明参考A类商品,完成B、C类商品的库存天数计算和补货判断,并将数据结果填写在表2-24中。

表2-24 商品库存天数分析表

品名	期末库存数量	某个销售期的销售数量	销售天数	库存天数	是否需要补货	品名	期末库存数量	某个销售期的销售数量	销售天数	库存天数	是否需要补货
示例Q6	60	560	20	2	是	Q3	12	62	20		
示例Q9	120	420	20	5	否	Q2	23	54	20		
示例Q14	80	336	20	4	否	Q17	23	28	20		
示例Q5	32	299	20	2	是	Q1	11	60	20		
Q10	110	233	20			Q19	11	44	20		
Q15	90	96	20			Q20	7	38	20		
Q11	40	132	20			Q7	8	30	20		
Q4	30	189	20			Q12	8	33	20		
Q16	14	90	20			Q8	6	42	20		
Q18	10	80	20			Q13	4	19	20		

3. 步骤三:存货时间管理

李明整理了20种商品的期末库存数量、期初库存数量和本季销售数量,通过调查,A类商品的标准季度周转次数为5次,B类商品的标准季度周转次数为3次,C类商品的标准季度周转次数为2次。李明根据公式计算出A类商品的销售周转率,如Q6商品的销售周转率=销售数量÷[(期初库存数量+期末库存数量)÷2]=560÷[(150+60)÷2]=5.33,结果四舍五入,保留两位小数。根据周转率公式计算其余商品的库存周转率,并填写在表2-25中。李明根据统计数据,结合第二步骤中的库存天数数据,分析得出A类商品的四象限图(扫码查看四象限图结果),其中Q9和Q14库存天数高,周转效率低,存在死库存的风险,要重点关注。接着,李明参照A商品四象限图,依次完成B、C类商品的四象限图分析,将结果绘制在图2-11和图2-12中,并判断出哪些商品容易出现死库存,哪些可能存在缺货的风险。

图表:A类商品的四象限分析图

表 2-25　商品周转率分析表

品名	期末库存数量	期初库存数量	销售数量	销售周转率	品名	期末库存数量	期初库存数量	销售数量	销售周转率
示例 Q6	60	150	560	5.33	Q3	12	22	62	
示例 Q9	120	142	420	3.21	Q2	23	41	45	
示例 Q14	80	120	336	3.36	Q17	23	32	28	
示例 Q5	32	85	299	5.11	Q1	11	25	60	
Q10	110	88	233		Q19	11	22	44	
Q15	90	80	96		Q20	7	11	38	
Q11	40	32	132		Q7	8	17	30	
Q4	30	40	189		Q12	8	22	33	
Q16	14	26	90		Q8	6	12	42	
Q18	10	30	80		Q13	4	8	19	

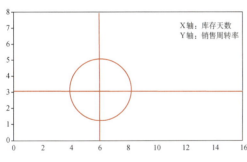

图 2-11　B 类商品库存天数及库存周转四象限分析图　　　图 2-12　C 类商品库存天数及库存周转四象限分析图

三、发现存货异常，进行异常库存管理

在库存管理中，要对这些异常库存多加关注。库存数字异常则是指通过盘点、查看销售报告、核对销售单据等发现系统中的库存和实际库存不相符的现象。库存数字异常产生的原因主要包括进退货单据录入系统时错误、销售中付货错误、商品丢失、商品超卖、商品卖串等。对于数字异常的库存，严格按照公司规章制度来进行处理。

据以上数据分析结果，李明发现异常库存点为商品（　　），通过调查发现其异常库存产生的原因（扫码获取异常库存调查反馈的相关信息），并结合异常库存类型与处理方式进行相关处理（扫码获取相关材料），参考 Q2 商品的处理样例，将异常商品处理其结果填写在表 2-26 中。

阅读：异常库存调查反馈资料

阅读：异常库存类型与处理方式

表 2-26　库存异常商品处理申请表

申请表编号：

日期		申请部门		申请人		商品处理类型	□报损 □变卖 □其他
申请内容明细							
序号	异常商品名称	商品类型	商品总价（单位:元）	异常描述		处理建议	
示例:1	Q2	C类商品	46 000	日常防损检查发现商品丢失		填写商品库存调整申请表，交部门经理、防损经理、店长审核后，修改系统数据	
2							
3							
4							
5							
6							
部门负责人			主管领导			总经理批示	

 任务评价

通过学习本任务的操作，请学员检查自己是否掌握了所学内容，如表 2-27 所示。

表 2-27　库存管理诊断及改进评价表

评价内容	分　值	评　分
1. 熟悉存货管理的重要工作内容	10	
2. 理解存货分析的关键指标内涵，并精准计算相关指标	60	
3. 熟悉存货分析步骤，通过数据分析找到重点关注的商品，觉察异常库存	15	
4. 掌握异常库存的类型及处理方式，对症进行合理处置，达成库存的精细化管理	15	
总　　分	100	

案例:永辉"新零售"库存及配送环节

 任务拓展训练

扫码阅读永辉"新零售"库存及配送环节情景案例资料（扫码进行案例分析），结合所学内容进行思考：

1. 信息技术的应用对门店的存货管理工作带来哪些影响？

2. 参考永辉库存管理经验，门店存货管理的重点工作是否应该进行调整？如何调整？

任务六 盘点商品

学习目标

1. 理解商品盘点的目的；
2. 掌握商品盘点的作业方法；
3. 熟悉商品盘点作业流程，开展实地盘存；
4. 掌握商品盘点后处理措施，秉持求真务实的态度，依据盘点结果查找问题点，并对症加以解决。

经营了一段时间，李明想确认超市门店服装及日用百货区在一段经营时间内的销售损益情况，了解目前商品的存放位置和缺货状况，掌握门店的存货水平、积压商品的状况；发现并清除门店临到报警期商品、过期商品、残次品或滞销品。但一时不知从何下手。

任务分析

盘点作业对于超市门店来说，是一件非常重要的工作。其目的：一是控制存货，以指导门店日常经营业务；二是掌握损益，以便店长真实把握经营绩效，并及时采取防漏措施。具体地说，在盘点作业过程中，我们主要要做的是：①确认门店在一段经营时间内的销售损益情况；②了解目前商品的存放位置和缺货状况，掌握门店的存货水平、积压商品的状况；③发现并清除门店临到报警期商品、过期商品、残次品或滞销品等；④对于经常出现异常的商品部门，采用抽查的方式，进一步发现其弊端，杜绝不轨行为；⑤环境整理并清除死角。

任务准备

1. 盘点过程中的单据；
2. 盘点过程中所需工具；
3. 确保电脑等设备能正常使用；
4. 确保网络正常且稳定。

任务实施

一、了解盘点目的

所谓盘点就是指定期和不定期地对卖场内的商品进行全部或部分清点，以确定该期间内实际损耗及库存信息，为超市的日常经营和商品采购提供信息资料。盘点是衡

量门店营运业绩的重要指标,也是对一年的营运管理的综合考核和回顾。具体来说,通过盘点我们可以达到以下目标:

(1)掌握盈亏状况。店铺在营运过程中存在各种损耗,有的损耗是可以看见和控制的,但有的损耗是难以统计和计算的,如偷盗、账面错误等。因此,需要通过年度盘点来得知店铺的盈亏状况。

(2)恢复正常库存。通过盘点,可以得知每种商品最准确的当前的库存金额,将所有商品的电脑库存数据恢复正确。

测一测 2-9

(3)优化商品管理。通过盘点数据分析,可以发掘并清除滞销品、临近过期商品,整理环境,清除死角。

(4)发现问题控制损耗。通过盘点,可以发现损耗较大的营运部门、商品大组以及个别单品,以便在下一个营运年度加强管理,控制损耗。

二、熟悉盘点作业方法

1. 按账或物来区分

按账或物来区分,盘点方法可分为账面盘点法和实地盘点法。账面盘点法指书面记录进出货的变动情况,从而得到期末存货余额或估算存货成本。实地盘点法指实际清点存货数量。

2. 按盘点区域区分

盘点方法可以分为全面盘点和分区盘点。全面盘点有固定的盘点日期,在规定的时间内将店内的所有存货进行盘点的方式。分区盘点是将店内商品按类别分区,每次依序盘点一定区域,最后再从第一区重新盘点,如此周而复始。

微课:商品盘点的方法

具体使用哪种方法盘点,请扫码学习相关微课,了解其优缺点,再根据门店实际情况决定。

三、熟悉盘点作业流程

门店商品盘点作业流程具体如下几步(具体实操可扫码学习相关微课)。

1. 盘点作业准备

盘点前门店要告知供应商,以免供应商在盘点时送货,造成不便。如果采用停业盘点,门店还必须贴出安民告示(最好在盘点前3天就贴出,告知顾客,以免顾客在盘点时前来购物)。

(1)环境整理。门店一般应在盘点前一日做好环境整理工作,主要包括:检查各个区位的商品陈列,仓库存货的位置和编号是否与盘点配置图一致;了解现场和作业场死角;将各项设备、备品工具存放整齐。

(2)商品整理。在实际盘点开始前两天,门店应对中央陈列架端头、中央陈列架、附壁陈列等的商品进行整理,这样会使盘点更有效(具体实操要点请扫码进行拓展性阅读)。

(3)准备好盘点工具。准备有关的盘点工具,若使用盘点机盘点,须先检验一下盘点机是否可正常操作;如采用人员填写的方式,则需准备盘点表及红、蓝圆珠笔。

(4)单据整理。为了尽快获得盘点结果(亏或盈),盘点前应整理好如下单据:进货单据、变价单据、移仓单、报废品单据、商品调拨单、前期盘点单据整理。还要做好报废品、赠品汇总,经销货收入汇总(分免税和含税两种)等。

2. 盘点前培训

盘点作业正式开始前,首先分配盘点区域的责任人员。店主应简要说明盘点工作的重要性、盘点的要求、盘点常犯的错误及异常情况的处理,特别要告诫大家,大家动手清点的商品不单单是商品,而是金钱,应该以点钱的责任心来清点商品,来不得半点马虎;再后是发放盘点清单,告知填写盘点单的方法。盘点单请扫码查看。在告知盘点单的填写方法时,也要告知劣质或破损商品的处理方法,如将这些商品汇总起来,与正常的商品区别开来,汇集到指定地点统一处理等。

图表:盘点单

3. 初点作业

盘点人员在实施盘点时,应按照负责的区位,依序由上而下、由左而右展开盘点。对已盘点存货做"已盘点"标识,翔实记录于盘点明细表,并每小段应核对一次,无误者与该表上互相签名确认,以便查核。例如,在超市内先点仓库、冷冻库、冷藏库,后点卖场;若在营业中盘点,卖场内先盘点购买频率低且售价较低的商品;盘点货架或冷冻、冷藏柜时,要依序由左而右、由上而下进行盘点;每一台货架或冷冻、冷藏柜都应视为一个独立的盘点单元,使用单独的盘点表,以便按盘点配置图进行统计整理;最好两人一组进行盘点,一人点、一人记;盘点单上的数据应填写清楚,以免混淆;不同特性商品的盘点应注意计量单位不同;盘点时应顺便观察商品的有效期,过期商品应及时取下,并作记录;若在营业中进行盘点时,应注意不可高声谈论,或阻碍顾客通行;店主应注意掌握好盘点的进度;做好收银机处理工作。

4. 复点作业

复点可在初点进行一段时间后再进行。复点人员应手持初点盘点表,依序检查,把差异填入差异栏;复点人员须用红色圆珠笔填表;复点时应再次核对盘点配置图是否与现场实际情况一致。

5. 抽点作业

对各小组和各责任人员的盘点结果,门店店长等负责人要认真加以抽查,抽查的重点是:

(1)抽点的商品可选择卖场的死角,或不易清点的商品,或单价高、数量多的商品,做到确实无差错。

(2)检查每一类商品是否都已记录到盘点单上,并已盘点出数量和金额,并已签名;

(3)对初点与复点差异较大的商品要加以实地确认;

(4)复查劣质商品和破损商品的处理情况。

6. 盘点后处理

在确认盘点记录无异常情况后,就要进行第二天正常营业的准备和清扫工作。这项善后工作的内容包括补充商品,将陈列的样子恢复到原来的状态,清扫通道上的纸屑、垃圾等。其目的是要达到整个门店第二天正常营业的效果(请扫码查看盘点后善后工作实操要点拓展性阅读)。

阅读:盘点后善后工作实操要点

素养课堂   在务实功、求实效上下功夫

    习近平在看望参加全国政协十三届三次会议的经济界委员时,强调:"一分部署,九分落实。各地区各部门各方面对国之大者要心中有数,强化责任担当,不折不扣抓好中共中央决策部署和政策措施落实。要加强协同配合,增强政策举措的灵活性、协调性、配套性,努力取得最大政策效应。要转变工作作风,坚持实事求是,尊重客观规律,把更多力量和资源向基层下沉,在务实功、求实效上下功夫,力戒形式主义、官僚主义。"

    求真务实,是我们党的一贯作风,也是贯彻党的实事求是思想路线的必然要求。求真,就是要坚持一切从实际出发,制定决策、推动工作要符合客观实际,讲真话,报真情,反对弄虚作假、虚报浮夸。务实,就是要谋实招、办实事、求实效,真正把科学的发展观和正确的政绩观贯穿于工作中,落实在行动上。所以,大到国家政策的制定落实,小到一个门店的盘点工作,我们都应始终坚持求真务实的工作作风,在务实功、求实效上下功夫。

                                                                      资料来源:网络,有删改。

四、商品盘点作业实操演示

1. 做好盘点前准备

盘点前准备包括制定盘点计划、准备盘点资材、检查单据(包括订货单、退货单、代销单、售价变更单、价格变更指示书、内部调拨单、经费转用单等)。

2. 进行盘点培训

为了能正确迅速地实施盘点,要事先对实施盘点作业的员工进行培训。

3. 做好充分的事前准备

制作盘点配置图,整理售货场和后库。具体如下:

(1) 按盘点计划决定商品的应有动向,如处理退货等。

(2) 找出不良商品进行售价变更或退货处理。

(3) 确认陈列台后方和下面、平台等货架有无遗漏的商品。

(4) 检查商品与物价牌是否一致,有无价签脱落的商品。

(5) 对后方仓库的商品按部门进行整理,整理人清点数量后,将商品所属部门、售价、数量完整地填写到表上,在"整理系"处签字,在箱子正面贴上事前整理表(扫码查看)。

图表:事前整理表

(6) 对仓库内无价签商品要贴上扫描的打印小票,标明部门、商品名和售价。

(7) 确认非在库商品,并贴上非在库品票(扫码查看样图)。非在库品票用于标注在样品、赠品、代销商品、联销商品、顾客已买但未送的商品、已做退货处理但未拿走的商品。

(8) 制作 HT 原账簿。如图 2-13 所示,事先将柜台

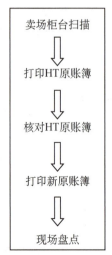

图 2-13 制作 HT 原账簿流程

(卖场柜台扫描 → 打印HT原账簿 → 核对HT原账簿 → 打印新原账簿 → 现场盘点)

编号,按柜台号及层号的顺序逐一扫描商品,原则:由上到下、由左到右、由内到外(扫描结束后柜台陈列原则上不允许再改变)。扫描结束后,商管打印 HT 原账簿。

持打印的原账簿到相关柜台对商品进行逐一核对,以免错扫、漏扫及多扫。将核对出的问题进行修正后,重新打印原账簿。盘点当天持 HT 原账簿进行盘点。

4. 实施盘点

(1)事前准备。事前整理就是将同一种商品进行集中放置,整理到容易清点的状态,以便盘点能顺利进行。另外,需检查商品与物价牌是否对应,有无不良品。事前整理通常使用事前整理表、隔开标签、事前整理标签。

用隔开标签将悬挂的商品按部门、商品名、售价区分,如图 2-14 所示。

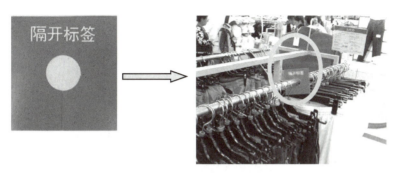

图 2-14　隔开标签

用事前整理标签整理零碎的商品(如饰物等),用铁丝捆绑在一起,或装到袋子和购物筐里,用此标签扎上,如图 2-15 所示。

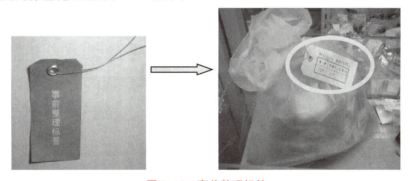

图 2-15　事前整理标签

(2)盘点位置确认。盘点前 3 天在布告栏会张贴盘点配置图,如图 2-16 所示。盘点人员可根据配置图上分配的货架号,找到自己所负责的盘点区域,并到现场进行确认。

(3)粘贴盘点确认票。盘点当天到达盘点现场后,每个货架的左上角会贴有盘点确认票,如图 2-17 所示。已事先编号并附在袋子上,与盘点配置图的编号是一一对应。

(4)定量整理。把同一种商品整理成以一定数量为一个单位的商品组,可以一眼得出商品的数量,提高盘点效率。

定量整理的单位尽量使用 5、10、20、50、100 等易算的整数,如有余数就放在右边,如图 2-18 所示。

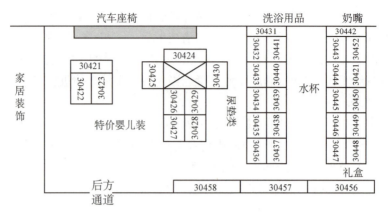

图 2-16 盘点配置图

图 2-17 盘点确认票

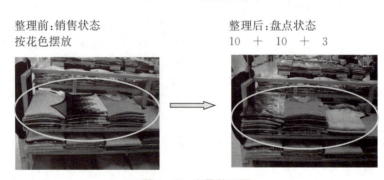

图 2-18 定量整理图

图表：HT原账簿及分发回收一览表

（5）HT 原账簿领用。盘点人通过配置图知道自己负责的区域并记住货架号，领用与货架号对应的 HT 原账簿，在分发回收一览表上确认无误后签字，同时领用的还有板夹（扫码查看 HT 原账簿及分发回收一览表）。注意：货架号与原账簿号为一组号，在分发回收一览表对应位置签字。原账簿页码表示领用原账簿的张数。

（6）HT 初点作业。

① 领到 HT 原账簿到达盘点区域，除了按前面所讲的事前整理方法对所盘柜台进行整理外，还要按 HT 原账簿的顺序对商品进行整理。盘点原则不变：由上到下、由左到右、由内到外。一是货架上有而 HT 原账簿上没有的商品，到领 HT 原账簿的地方领手写原账簿，将此商品按手写原账簿的方法记录；另外，需在商品名后写上商品的条形

码。二是 HT 原账簿上有而货架上没有的商品。可在数量处填"0",需确认商品的确没有,而不是换了地方。

② HT 原账簿中序号、层号、系统、商品名、条形码和规格自动产生。盘点时以条码为准,售单价需确认与物价牌是否一致,如不一致需按物价牌改正,并需盘点人签字,监察人也要审核签字。数量是3组3位数,填写方法同手写原账簿。数量写错时,用双横线划掉,在此列上面的对应位置填写正确的数量并签字,监察人要审核签字。

注意:数量有修正的一行,要在修正处画"√",扫码查看原账簿记录。

③ HT 原账簿回收。根据盘点进展情况按区域回收,HT 原账簿与手写原账簿同时回收,在哪儿领的到哪去还。在分发回收一览表上的,领用时在对应位置签字。

(7)手写原账簿初点。

采用手写原账簿对后库商品、货架上有 HT 原账簿上没有的商品、特卖区商品及需丈量或称重商品实施盘点。

图表:HT 原账簿初点作业记录

① 盘点人需到原账簿分发回收处领用盘点原账簿。注意:HT 盘点区域的使用手写原账簿时,需到领 HT 原账簿的地方领用;同 HT 原账簿同时归还。检查原账簿的页数是否齐全,编号是否顺号。如正确无误,在分发回收一览表上签字。如有问题立即要求更换。原账簿是非常重要的票据,不能丢失、损坏或扔掉。在盘点结束后,不管是否使用必须统一交回。

② 手工原账簿(扫码查看)盘点时需记下盘点日期、柜台号、实际记入的张数(不包括作废张)、商品名、售单价、数量、有效行数、盘点人签字。

五、复点作业

初点进行一段时间后再进行。复点人员应手持初点盘点表,依序检查,把差异填入差异栏;复点人员须用红色圆珠笔填表;复点时应再次核对盘点配置图是否与现场实际情况一致。

图表:手工盘点原账簿

六、抽点作业

对于卖场的死角或不易清点的商品,或单价高、数量多的商品,初点与复点差异较大的商品进行抽点,并加以实地确认。

七、盘点后处理

李明将盘点表全部收回,检查是否有签名,并汇总,报送财务部计算盘点结果;并根据结果实施奖惩措施,找出问题所在提出改善对策,并将结果汇总成商品盘点执行报告,如表 2-28 所示。

表 2-28　超市商品盘点执行报告

	执行状况	问题点	改善对策
初盘	7634	商品售价账面和实际不符	核对票据及人员,查收原因
	…	…	…

(续表)

	执行状况	问题点	改善对策
复盘	7313	商品漏盘	重盘
	…	…	…
抽盘	无误	无误	无误

当盘点出现差错、账实不符时，填写盘点差异记录表和商品处理报告单（见表2-29、表2-30），并仔细排查是否由于以下原因引起的盘亏：①忘记填写降价传票，传票上价格错误，收银员价格打错；②盘点过程不正确，如盘点数字不实、计量错误、商品漏盘、串号等；③收货过程中出现差错，如收货时原包装细数短少，规格牌号等级不符，计量单位折算差误等；④仓库管理不严格，商品被盗；⑤其他人为造成的差错事故。

表2-29　商品盘点差异记录表

7634 商品	账面金额(元):500	短少金额(元):60
原因分析	票据价格有误	收银员价格打错
处理意见:	系统修改售价，并对收银员处以罚款	
7313 商品	账面金额:324.8	短少金额:580
原因分析	盘点过程不正确	商品漏盘
处理意见:		修改账面商品数量，并对漏盘人员处以罚款

负责人：×××

表2-30　商品处理报告单

配货仓卡号	厂家或经销商	商品名称	单位	数量	零售价(元)	金额(元)	处理原因	处理意见
7634	久久商贸	×××	×	200	2.2	440	收银员价格打错	系统修改售价
7313	耀辉商贸	×××	×	156	5.8	904.8	商品漏盘	修改账面商品数量

制单人：×××　　　　　　　　　　　　　　　　　　　　　　　负责人：×××

任务评价

通过学习本任务的操作，请学员检查自己是否掌握了所学内容，如表2-31所示。

表 2-31　商品盘点评价表

评价内容	分　值	评　分
1. 理解商品盘点的目的	10	
2. 掌握商品盘点的作业方法	15	
3. 熟悉商品盘点作业流程,开展实地盘存	35	
4. 掌握商品盘点后处理措施,秉持求真务实的态度,依据盘点结果查找问题点,并对症加以解决	40	
总　　　分	100	

 任务拓展训练

1. 请按以上作业流程,对门店的生鲜品类进行实盘。

2. 扫码观看视频,思考在数字经济下,有何新技术、新方法可以提高门店盘点的效率?

视频:AI决策助力智能库存盘点

项目三 布局与陈列

▲ 项目说明

合理的布局与陈列不仅能最大限度利用卖场空间,增加商品的曝光度,更能方便顾客,刺激顾客购买欲,从而提升销售额。因此,超市卖场的布局与陈列至关重要。

本项目有6个任务,分别介绍了设计卖场布局、调整卖场布局、营造卖场气氛、制作排面、优化排面和制作堆头。

▲ 项目目标

【知识目标】

1. 理解POP海报的含义、作用及类型及中国传统文化中色彩的内涵;

2. 掌握货架的形式及布局、磁石理论的原理、好的动线的要求及动线调查的方法、业绩分析的五大指标内涵及主题陈列方法;

3. 熟悉色彩设计中需要考虑的因素、商品配置表的形式和内容及陈列的原则、商品配置表、排面、堆头及POP海报制作流程。

【技能目标】

1. 对卖场区域进行合理划分,结合磁石理论和动线调查进行布局设计与调整,运用色彩、声音、气味设计营造卖场气氛,提升卖场销售业绩;

2. 制作商品配置表并据此制作排面,依据业绩分析结果进行排面优化;

3. 制作美观实用的POP海报及堆头陈列。

【素质目标】

1. 增强人文、美学素养,深刻领悟中国传统文化的丰富底蕴,更好地感知美、欣赏美、创造美。

2. 培养数字化素养,熟练运用数字工具以提升工作效率。通过数据分析精准发现问题,并秉承精益求精的精神,依据数据分析结果对工作持之以恒地改进;

3. 培养服务与创新意识,在学习和实践中提出独特的想法和解决方案。

学习导航

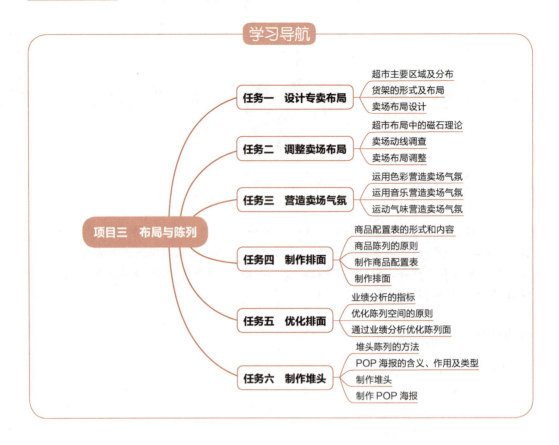

任务一　设计卖场布局

 学习目标

1. 熟悉卖场的主要区域及分布；
2. 掌握货架的形式及布局；
3. 具备服务意识，能够从方便顾客的角度，合理划分卖场区域；
4. 据实设计卖场布局。

 **情景导入**

李明的超市面积100平方米，经营1 000～1 200种单品。在新店开业前他不知道如何划分卖场的区域，如何确定各区域面积，如何选择货架，如何进行布局设计，才能让门店更加美观，并最大限度方便顾客。

 **任务分析**

超市卖场区域如何分布，卖场的货架应当采用什么形式，应当按照哪些原则和要点进行布置，这是在商品陈列前需要考虑好的。卖场各区域的面积占比、位置分布也

直接关系到零售店的运营成本,关系到顾客购买时是否方便,是否更容易被商品所吸引,促成更高的销售额。因此,超市卖场布局设计应从卖场区域分布和货架布局两方面入手。

任务准备

为了更好地达到实训目的,需要做如下准备:
1. 超市平面图及相关物业数据;
2. 货架资料;
3. 直尺、彩铅、橡皮、A4纸等绘图工具。

任务实施

一、熟悉超市的主要区域分布

超市主要区域的分布需要考虑两点,一是各区域的分布位置,二是各区域的面积占比。

1. 超市包含的区域

超市门店包含区域大致分为3种,一种是商品陈列和顾客购物的区域,如蔬果区、粮油区、烘焙区;第二种是为顾客提供直接接触性服务的区域,如收银、服务中心、就餐区;第三种是员工的工作场所,如烘焙间、蔬果工作间等。

测一测 3-1

案例 3-1

广州盒马鲜生首家门店的区域分布

扫码阅读案例,并进行分析。

2. 确定各区域的分布位置

在考虑区域分布时,一是商品类别相似的尽量在靠近的区域;二是重点商品放在最吸引顾客的区域,最好能让顾客在店外就能被特色商品所吸引;三是考虑商品上货的物流线路。

案例:广州盒马鲜生首家门店的区域分布

案例 3-2

盒马鲜生金桥店的区域分布位置

扫码阅读案例,并进行分析。

3. 确定各区域面积占比

各区域面积占比,一是要考虑商品种类、数量、单品体积;二是要考虑超市的主打特色是什么。这些都要充分考虑目标消费者的消费习惯。例如,在主要面向大学生的超

案例:盒马鲜生金桥店的区域分布位置

市中,方便面、饮料、薯片、水果等的面积占比更大;在主要面向本地居民的超市中,米油、菜肉、调料等的面积占比更大。

案例:家乐福"渔夫厨房"增加生鲜区域

案例 3-3

家乐福"渔夫厨房"增加生鲜区域

扫码阅读案例,并进行分析。

二、熟悉货架的形式及布局

1. 货架的形式

零售店的最基本陈列器具是货架,包含传统货架和智能货架(扫码查看相关图片)。

(1)传统货架。

图表:传统货架与智能货架

目前的零售店内,货架是最主要的商品陈列方式。形状上,货架一般分为两种。一种是靠墙货架,沿着商场四周墙壁摆放。靠墙货架根据使用条件不同又分为上、下两部分和上、中、下三部分两种。三部分货架中,上部一般专用陈列商品,中部用于展示销售,下部用于储存。另一种是中心货架,摆放在商场中间不同的位置上,被广泛应用于大型超市或仓储店。这两种形式的货架在材质上都是以可拆卸组合的钢制货架为主。

货架在高度上通常可分为 1.35 米、1.65 米、1.8 米,长度以 0.9 米、1.2 米等为最常用的规格。不同业态的店面应使用符合各自标准的货架。

① 便利店和个体零售店使用的是 1.3~1.4 米高的货架。

② 一般超市使用的是小型平板货架,高度为 1.6 米左右。

③ 大型超市使用的是大型平板货架,高度为 1.8~2.2 米。

④ 量贩店和仓储店使用的是高达 6~8 米的仓储式货架。

(2)智能货架。

严格来说,智能货架不是单纯的货架,而是一个高科技展品管理系统,集视频广告、信息交互、数据采集等功能于一体。它通过 RFID 射频传感器、红外光电传感器、重量传感器等传感器技术,将普通显示屏与信息交流结合起来,不仅可以更加生动地向顾客展示商品特点、促销及广告等信息,还能通过传感器技术实时监控商品状态,如商品被顾客拿起的次数等。

和传统货架相比,智能货架具有以下功能。

① 数字显示。将普通显示屏与多媒体技术相结合,改变传统的静态展示,通过产品介绍视频、模特秀、企业宣传视频等动态内容,更直观、更详细地向消费者展示产品设计理念、特色、工艺、材料、使用方法等信息,方便顾客深入了解商品,大大提高沟通效率。

② 体验引流。随着消费者购物体验的升级,有趣的互动软件加载到智能显示屏上,

通过与智能系统的互动,极大提高顾客的注意力,从而引导顾客进店体验并消费。货架系统也可以根据客户行为智能地推荐适合顾客的商品。

③ 数据统计。智能货架系统可以统计消费者关注的产品数量,并为营销决策提供强有力的数据支持。

2. 货架布局要点

在规划商品货位分布时,一般应注意以下问题(扫码观看微课)。

(1)交易次数频繁、挑选性不强、色彩造型艳丽美观的商品,适宜设置在出入口处。如,文化用品、化妆品、日用品等商品放在出入口,使顾客进门便能购买。某些特色商品布置在出入口,也能起到吸引顾客、扩大销售的作用。例如,好又多超市经常将图书和音像制品放在入口位置,吸引顾客进入超市购物,尤其是节假日,可以大大吸引人气,提高客流量。

(2)贵重商品、技术构造复杂的商品,以及交易次数少、选择性强的商品,适宜设置在多层建筑的高层或单层建筑的深处。

(3)按照商品性能和特点来设置货位。如把互有影响的商品分开摆放,将异味商品、食品、试音试像商品单独隔离成相对封闭的售货单元,有效减少卖场内的噪声,集中顾客的注意力。

(4)将冲动性购买的商品摆放在明显的部位以吸引顾客,或在收款台附近摆放小商品或时令商品,可使顾客在等待结账时随机购买一两件。

(5)可将客流量大的商品部与客流量小的商品部,组合起来相邻摆放,借以缓解客流量过于集中的压力,并可诱发顾客对后者的连带浏览,增加购买的机会。

(6)按照顾客的行走规律摆放货位。我国消费者习惯于逆时针方向行走,即进零售店后,自右向左浏览,可将连带商品顺序排列,以方便顾客购买。

(7)选择货位还应考虑是否方便搬运卸货,如体积笨重、销售量大、续货频繁的商品应尽量设置在储存场所附近。

3. 常见的货架布局类型

常见的货架布局类型有以下几种。

(1)格子式布局。

这是传统的零售店布局形式。超市卖场一般呈格子式布局,如图3-1所示。格子式布局是商品陈列货架与顾客通道都呈长方形分段安排,而且主通道与副通道宽度各保持一致,所有货架相互呈平行或直角排列。这种布局在国外或国内超市中常可以看到。

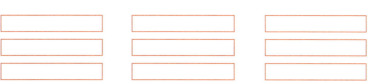

图3-1 格子式布局

扫码查看格子式布局的优缺点,并完成测一测3-3。

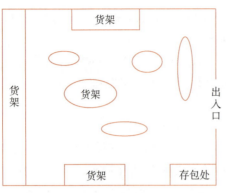

图 3-2 自由流动式布局

2. 自由流动式布局

自由流动式布局是以方便顾客为出发点,试图把商品最大限度地展现在顾客面前。如图 3-2 所示,这种布局有时既采用格子形式,又采用岛屿形式,顾客通道呈不规则路线分布。

扫码查看自由流动式布局的优缺点。

三、卖场布局设计实操演示

通过学习,李明掌握了卖场布局的方法,并通过以下步骤进行超市卖场布局设计。

1. 确定超市的主要区域及分布

步骤一:确定超市的主要区域。

李明根据超市的面积和经营商品类型,将超市划分为食品区、非食品区、主力商品区、促销区和季节性商品区。由于超市面积较小,除收银区外,没有其他服务或工作场所。

步骤二:确定各区域的分布位置。

李明根据超市的商品特性,绘制区域布局图,如图 3-3 所示。将食品区和非食品区分开,离出入口最远的角落布局为食品区,其他地方是非食区。另外,出入口处布局促销区,主要陈列促销、特价、快到期急需出售的商品,在超市中心区域布局主推产品,即主力商品区。

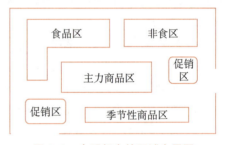

图 3-3 李明超市的区域布局图

步骤三:确定各区域的面积占比。

李明的超市位于学校附近,顾客以学生和附近居民为主。因此,食品区域面积较大,非食品区域面积相对较小。具体来看,食品品类中,方便食品、零食、饮料等面积较大;非食品品类中,日用品、文体用品面积占比较大。各区域面积占比见表 3-1。

表 3-1 各区域面积分配比例表

大类区域	面积占比	中类区域	面积占比
食品区域	70%	零食	30%
		饮料	30%
		方便食品	30%
		水果等其他	10%
非食品区域	30%	日用品	75%
		文体用品	20%
		其他	5%

2. 确定货架的形式及布局

步骤一：选择货架形式。

李明结合超市的面积及经营商品类型，确定了四种货架形式，即1.80米的普通货架、1.5米的格子式货架、2.1米的长方形橱窗和1.1米的岛屿式货架。

步骤二：设计货架布局。

李明结合超市的面积及货架的类型，从美观和方便顾客的角度，对超市的货架布局做了初步的规划，具体如图3-4所示。

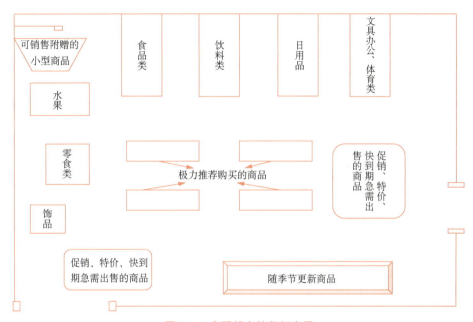

图3-4　李明超市的货架布局

素养课堂　济大事者，必以人为本——外资超市如何"本土化"

图表：ALDI奥乐齐超市布局及动线图

习近平曾说，"中华文化历来强调对人的尊重和关怀"，并引用古语"济大事者，必以人为本"。德国老牌超市ALDI奥乐齐登录中国后，坚持以人为本，走出一条"本土化"的成功之路。

ALDI奥乐齐门店面积不大，布局也并不复杂，但却方便有条理。食品区域面积占80%，其余20%则是日用品。店内商品分区明确，以货架为分区标准，标志分明，顾客可以很轻松地找到对应区块。

入门处是购买频率高的蔬果和自助收银区，其他肉类、海鲜、调味品和蔬果在同一条直线，一条路线便可买齐所有食材。为方便时间紧张的顾客，入店经过水果货架后设置甜品、便当货架。顾客选购后转角便是收银台，结完账就可以沿线走到就餐区，相当于来到了一家便利店（请扫码查看相关图片）。

奥乐齐深知，只有坚持以人为本，根据中国消费者的消费习惯和理念，调整运营模式，才能顺利实现"本土化"。

资料来源：搜狐网，有删改。

任务评价

通过学习本任务的操作,请学员扫码获取卖场布局设计情景材料并完成实训,检查自己是否掌握了所学内容,如表 3-2 所示。

阅读:卖场布局设计情景材料

表 3-2 设计卖场布局评价表

评价内容	分 值	评 分
1. 熟悉卖场的主要区域及分布	15	
2. 掌握货架的形式及布局	15	
3. 具备服务意识,能够从方便顾客的角度,合理划分卖场区域	35	
4. 据实设计卖场布局	35	
总　　分	100	

 任务拓展训练

1. 超市如若引入智能货架,布局设计将会有何变化?
2. 假设你将在所居住的小区附近开设一家无人超市,请根据所学知识,绘制一张社区无人超市的布局图。

任务二　调整卖场布局

 学习目标

1. 掌握磁石理论的原理;
2. 掌握好的动线的要求;
3. 运用磁石理论设计卖场布局;
4. 培养精益求精的工匠精神,通过顾客动线调查,查找布局问题,并结合磁石理论调整卖场布局。

 **情景导入**

李明已经将货架布局好了,但发现存在一些问题。一些位置的货架老是没有顾客光顾,一些准备热销的商品也很少有顾客关注。李明想对卖场布局进行一些调整。

 **任务分析**

货架布局不是随心所欲的,而是要根据磁石理论进行合理的布局,并且不是一成不

变的，要根据顾客在购物行为中的反应、热销商品的改变进行调整，让重点商品得到顾客的青睐，让每一个货架都容易被顾客光顾。

任务准备

为了更好地达到实训目的，需要做如下准备：
1. 超市布局平面图；
2. 直尺、彩铅、橡皮、A4 纸等绘图工具。

任务实施

一、掌握超市布局中的磁石理论

磁石是指在卖场中最能吸引顾客注意力的地方。磁石点就是顾客的注意点，要创造这种吸引力，就需依靠商品配置的技巧来完成。商品配置中的磁石点理论运用的意义就在于，在卖场中最能吸引顾客注意力的地方配置合适的商品以促进销售，并且这种配置能引导顾客走遍整个卖场，最大限度地增加顾客购买率。如图 3-5 所示，卖场磁石点分为 5 个，应按不同的磁石点来配置相应的商品（扫码观看微课）。

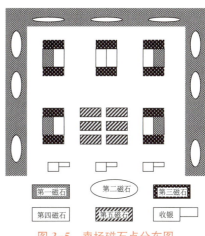

图 3-5　卖场磁石点分布图

1. 第一磁石点：主力商品

第一磁石点位于主通路的两侧，是每个消费者必经之地，也是商品销售最主要的地方。此处应配置消费量多的商品、消费频度高的商品、主力商品，如蔬果、肉类、牛奶、面包等。

2. 第二磁石点：展示观感强的商品

第二磁石点穿插在第一磁石点中间和通路的末端，同时具有第一磁石点特征，负有诱导消费者走到卖场最里面的任务。在此应配置新品、具有季节感的商品、明亮华丽的商品。

3. 第三磁石点：端架商品

第三磁石点指的是端架的位置（扫码查看端架图片）。通常面对着出口或主通路的是卖场中顾客接触频率最高的地方。因此，第三磁石商品基本的作用就是要刺激消费者、留住消费者，通常可配置特价品、高利润的商品、季节商品、购买频率较高的商品、促销商品等。

4. 第四磁石点：单项商品

第四磁石点指卖场副通道的两侧，是充实卖场各个有效空间的摆设商品的地点。这个位置的配置，不能以商品群来规划，而必须以单品的方法，包括热门商品、特意大量陈列商品、广告宣传商品。

5. 第五磁石点：卖场堆头

第五磁石点位于收银区域前面的中间卖场，可根据各种节日组织大型展销、特卖活动，以堆头为主。其目的在于通过采取单独一处多品种大量陈列的方式，造成一定程度的顾客集中,从而烘托门店气氛。展销主题不断变化,也给消费者带来新鲜感,从而达到促进销售的目的。

二、熟悉好的动线的要求

好的顾客动线设计要求具体如下:
(1)充分利用商场空间,合理组织顾客流动与商品配置;
(2)顾客从入口进入后,在商场内部步行一圈,离店之前必须通过收银台;在扶梯或电梯区域,最好在直接通向主通道的入口陈列具有魅力的卖点商品,以吸引更多的顾客;
(3)避免出现顾客只能止步往回折的死角;
(4)采取适当的通道宽度,以便顾客环顾商场,观察商品;
(5)尽量避免与商品配置流动线交叉。

案例 3-4

盒马鲜生与家乐福的动线对比

扫码查看案例,并进行分析。

案例:盒马鲜生与家乐福的动线对比

三、调整卖场布局实操演示

通过学习,李明掌握了调整卖场布局的方法,并通过以下步骤进行超市卖场布局调整。

1. 运用磁石理论进行卖场布局

李明针对超市经营商品的类型,根据磁石理论,绘制如图 3-6 所示的布局图。

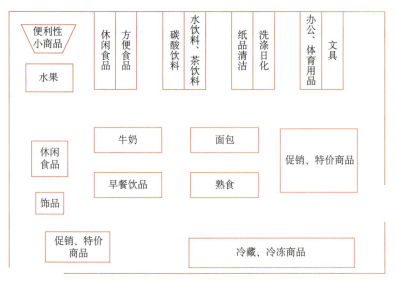

图 3-6　李明超市平面布局图

2. 采用动线调查法调查顾客动线

货架布局确定下来后,李明采用动线调查法检查超市的货架布局是否理想(扫码阅读相关拓展资料)。

步骤一:准备店内布局平面图。

步骤二:仔细观察每一位顾客的行走路线,并将其绘制在平面图上。

步骤三:将大量顾客的行走路线画在一起。

步骤四:观察哪些部位是顾客经常走到的地方,哪些部位是顾客很少走到的死角。

步骤五:死角成因分析。对死角的成因进行分析,是商品配置不当,或是通道设置不良,或是照明不佳等。

在平面布局设计基础上,根据自己和顾客的行走轨迹,李明为超市绘制了动线,如图3-7所示。根据动线发现,食品类、饮料类、日用品、文具办公、体育类的货架直接抵着墙面,导致顾客走到这些货架端无法转向另一个货架,只能掉头走,形成了一个路线的死角。同时,平面图左上角动线较细,说明顾客通过率较低,形成死角区。

阅读:线上店铺浏览动线调查怎么做

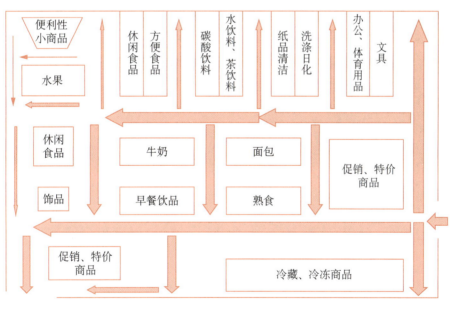

图3-7 动线调整前的布局图

3. 调整卖场布局

为了让动线更加通畅,李明决定把北面靠墙的几个货架向南移,留出这几个货架与北墙之间的空间,形成新的动线,打破这几个死角,还多了几个端头可以放置商品。同时,将顾客目的性购买的商品放在店铺靠里的位置,将冲动型购买的商品放在通过率较高的地方,调整后的布局如图3-8所示。

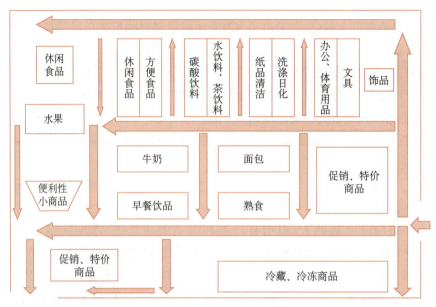

图 3-8 动线调整后的布局图

 任务评价

通过学习本任务的操作,请学员扫码获取卖场布局设计与调整的虚仿程序的下载链接,在电脑端打开链接并下载、解压、安装(具体可查看压缩包内的操作提示),完成卖场布局设计与调整的虚仿小实训,并据完成情况检查自己是否掌握所学内容。如表 3-3 所示。

卖场布局设计与调整的虚仿程序下载链接

表 3-3 调整卖场布局评价表

评价内容	分 值	评 分
1. 掌握磁石理论的原理	15	
2. 掌握好的动线的要求	10	
3. 运用磁石理论设计卖场布局	35	
4. 培养精益求精的工匠精神,通过顾客动线调查,查找布局问题,并结合磁石理论调整卖场布局	40	
总 分	100	

 任务拓展训练

请你在永辉生活、多点、盒马、美团、京东等平台,选择一家熟悉的线上超市,对其进行动线调查,并根据调查结果,对其线上布局提出改进建议。

任务三 营造卖场气氛

学习目标

1. 熟悉色彩设计中需要考虑的因素;
2. 结合中国传统文化中色彩内涵,运用色彩营造卖场气氛,提升商品销售业绩;
3. 熟悉卖场背景音乐选择的注意事项,合理选择背景音乐,营造卖场气氛;
4. 熟悉气味对销售的影响,合理运用气味设计营造卖场气氛,提升卖场销售业绩。

情景导入

李明经营的社区小超市起初因为前期资金有限,所以没有在店面氛围打造上多做考虑,只是简单做了个牌匾挂上去,而把资金都用在进货、选货上。但是,开业一个月后,他发现离他 200 米的地方也有个社区小超市,店内货品质量不如他的店,但客流量明显好于他,仔细研究后,才明白,对方的卖场气氛营造得比自己好,所以引来了大量的顾客。于是,李明思考如何营造卖场氛围来改变这个现状,让顾客在卖场内爱上购物(扫码观看相关微课),从而提升店铺销售业绩。

微课:如何让你的顾客在卖场内爱上购物

任务分析

要使进店顾客产生购买冲动,必须营造好卖场内的氛围。超市可在声音、气味、颜色等方面塑造出门店氛围,使那些只是想看看的顾客产生购买欲望。

任务准备

为了更好地达到实训目的,需要做如下准备:

1. 彩铅、铅笔、橡皮;
2. 确保电脑等设备能正常使用;
3. 确保网络正常且稳定。

任务实施

一、熟悉色彩设计中需要考虑的因素

1. 色彩的含义

色彩是人的视觉的基本特征之一,不同波长的可见光引起人们视觉对不同颜色的感觉,形成了不同的心理感受。如玫瑰色光源给人以华贵、幽婉、高雅的感觉;淡绿色光源给人以柔和、明快的感觉;深红色刺激性较强,会使人的心理活动趋向活跃、兴奋、激昂,或使人焦躁不安,等等。

消费者进入卖场的第一感觉就是色彩,精神上感到舒畅还是沉闷都与色彩有关。在卖场内恰当地运用和组合色彩,调整好店内环境的色彩关系,对形成特定的氛围空间能起到积极的作用。在对店内进行空间色调处理时,应把握好色泽的类别、深度和亮度。

按照不同感受,颜色常分为暖色调和冷色调。暖色调主要有红色、黄色和橙色,而冷色调有蓝色、绿色和紫色。总体上暖色调给人一种舒适、随意的感觉;而冷色调给人一种比较严肃、正式的感觉,使人不太容易接近。然而,只要应用得当,冷、暖色调均可创造出诱人的商业氛围。例如,对于狭长的店堂来说,把两侧墙壁涂成冷色,里面的墙壁涂成暖色,就能给人以店堂宽敞的印象。相反,对于短宽的店堂来说,把两侧的墙壁涂成暖色,把里面的墙壁涂成冷色,能给人以店堂变大的印象。为了更好地运用色彩营造卖场气氛,下面将有关色彩的具体含义罗列如下:

红色——象征热情、喜庆、光荣、正义和力量; 绿色——象征和平、生命和青春;
紫色——象征高贵、威严和神秘; 黄色——象征和谐、宗教和信仰;
黑色——象征深沉、神秘、寂静、悲哀、压抑; 蓝色——象征平静、纯洁;
青色——象征深远、沉着、虔诚; 白色——象征纯洁、朴素、无邪气、信实;
灰色——象征平凡、朴实、困苦; 金银色——象征富贵和华丽;
咖啡色——象征坚实、含蓄; 银色——象征纯洁。

案例:生活中色彩的应用

案例 3-5

生活中色彩的应用

扫码查看案例,并分析。

知识链接 3-1　　中国传统色彩文化的内涵

在中国古代文化中,每一种颜色都有其特定的象征意义和寓意。

(1)红:代表着喜庆、幸福、吉祥和热情。在中国传统文化中,红色往往和庆祝、祝福、传统节日等密不可分。所以,春节期间,人们往往张贴红色的春联,挂上红色的灯笼、红色的中国结,来彰显过节的喜庆。

(2)黑色:代表着悲痛、哀思和哀悼。在古代中国,人们往往会穿戴黑色的服饰或系上黑色的头绳来表示哀思。

(3)白色:代表着纯洁、清白、高雅和平和。在中国传统文化中,白色往往象征静谧和安宁,被视为非常神圣的颜色。

(4)蓝色:代表着自由、清爽和宁静。在古代中国,蓝色往往是相对低调的颜色,但是其所代表的意义却非常深远。

(5)黄色:被认为是帝王色,给人崇高、高贵又威严的感觉。

除此之外,中国传统色彩文化还包括了绿色、紫色等多种颜色,每一种颜色都有着自己独特的象征意义和寓意。

测一测 3-5

2. 超市中色彩的运用

色彩在超市中主要有两大作用,一是营造气氛。例如,过春节时,一般超市选用大红色作为主色调,传达喜气洋洋的感觉;在果菜区用绿色作为辅助色,给人以新鲜的感觉;在百货区用黄色,营造积极的氛围;在收银台用金色,象征着荣华富贵。二是起到指示作用,为顾客提供信息,帮助顾客找到自己想要的东西。例如,指示生鲜蔬果,使用绿色;指示牛肉猪肉,使用红色;指示水产,使用蓝色。这样,顾客一眼看到就明白,看颜色就能找到方向。

3. 顾客文化及年龄对色彩的偏好

文化水平较低或经济不发达地区的顾客偏爱比较鲜艳的颜色,尤其是纯色,配色也多为强烈的对比色调;经济发达或文化教育水平较高的国家或地区的顾客则对相对富丽、柔和的色调或浅淡的中间色有兴趣。

在一定文化水平下,不同年龄段的人,对色彩的兴趣偏好也不尽相同,具体见表 3-4。

表 3-4 年龄与色彩偏好对比表

年龄段	偏爱的色彩
幼儿期	红色、黄色(纯色)
儿童期	红色、蓝色、绿色、黄色(纯色)
青年期	蓝色、红色、绿色
中年期	紫色、茶色、蓝色、绿色
老年期	茶色、深灰色、暗紫色

知识链接 3-2　彩虹色营造卖场气氛的注意事项

扫码进行拓展性阅读。

阅读:彩虹色营造卖场气氛的注意事项

4. 如何运用色彩提高商品销售业绩

通过不同商品独特的颜色搭配,顾客更易辨识商品,对其产生亲近感。暖色系的货架一般放食品;冷色系的货架放清洁剂;色调高雅、肃静的货架上,可放化妆用品等。这种商品的色彩倾向性,也可体现在商品本身、销售包装及其广告上,如玩具和儿童文具多采用鲜艳活泼的对比色调。

二、运用色彩营造卖场气氛

李明结合传统文化色彩的含义,考虑色彩设计中的相关因素(具体实操请扫码观看相关案例视频),运用彩铅在图 3-9 中标注卖场各区使用的色彩,并标注说明运用色彩设计营造卖场气氛的设计理念:

运用色彩设计营造卖场氛围的设计理念:_____

_____

案例视频:跟着镜头看传统配色的古为今用

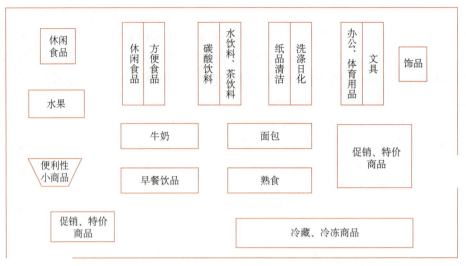

图 3-9　李明超市的卖场布局图

三、熟悉卖场背景音乐选择的注意事项

卖场内部的声音对顾客的购物情绪有着很大的影响，因此，超市必须做好对声音的设计工作，为顾客营造一个良好的购物氛围。

1. 音乐的选择

根据一项调查研究，美国有 70% 的人喜欢在有音乐播放的门店购物。在超市里播放柔和而节拍慢的音乐，会使销售额增加 40%，快节奏的音乐会使顾客在门店停留的时间缩短而购买的商品减少。所以，一般情况下，卖场背景音乐宜采用优雅轻松的轻音乐，音乐选择一定要结合商店的特点和顾客的特征，以形成一定的店内风格，适应顾客一定时期的心态。如在炎热的夏季，卖场播放舒缓悠扬的乐曲，能使顾客在炎热中感受到清新和舒适；在卖场进行大拍卖时，播放一些节奏较快的、旋律较强劲的乐曲，使顾客产生不抢购不罢休的心理冲动。

2. 背景音乐设计注意事项

（1）注意音量高低的控制。既不能影响顾客用普通音量说话，也不能被店内的噪声所淹没。

（2）音乐的播放要适度。如果音乐给顾客的影响过于嘈杂，使顾客产生不适感或注意力被分散，甚至厌烦，不仅达不到预期效果，而且适得其反。

（3）音乐的播放要适时。时间控制在一个班次播放两小时左右。

知识链接 3-3　　　　**超市卖场促销气氛烘托的两个"面"**

请扫码进行拓展性阅读。

四、选择卖场背景音乐，营造卖场气氛

请上网搜索适合以下卖场场景需要的卖场背景音乐素材，并将对应的音乐曲名填

入表3-5。

表3-5 卖场不同场景背景音乐选择

卖场场景	选择背景音乐
卖场营业时间	
卖场结束营业	
卖场春节促销期间	

五、熟悉气味对销售的影响，运用气味设计营造卖场气氛

卖场中的气味大多是和商品相关的，不少顾客正是以卖场散发的气味来判断其商品的质量状况。和声音一样，气味也有积极的一面和消极的一面。

1. 气味的正面影响

气味正常，会吸引顾客购买这些商品。人们的味蕾会对某些气味作出反应，只是凭借嗅觉就可嗅出某些商品的滋味，例如巧克力、新鲜面包、橘子、玉米花和咖啡等。气味对增进人们的愉快心情也会有帮助。花店中花卉的气味，化妆品柜台的香味，面包店的饼干、糖果味，蜜饯店的奶糖和硬果味，零售店铺礼品部散发香气的蜡烛，皮革制品部的皮革味，烟草部的烟草味，均是与这些商品协调的，对促进顾客的购买是有帮助的。

💡 **案例 3-6**

"心机"香味吸引客流

扫码查看案例并进行分析。

案例："心机"香味吸引客流

2. 气味的负面影响

正如有令人不愉快的声音一样，也有令人不愉悦的气味。这种气味会把顾客赶走。如果卖场气味异常，那么，商品的销售是不会达到预期的。令人不愉快的气味，包括有霉味的地毯，吸纸烟的烟气，强烈的染料味，啮齿类动物和昆虫的气味，残留的尚未完全熄灭的燃烧物的气味，汽油、油漆和保管不善的清洁用品的气味，洗手间的气味等。邻居的不良气味，也像外部的声音一样，会给零售店铺带来不好的影响。这些气味不仅令人不愉快，与零售店铺的环境、气氛也不协调。例如，医生诊室很浓的药品气味飘入面包店。

3. 消除不良气味

常见的消除不良气味的方法有：(1) 合理进行卖场的通风设计；(2) 采用空气过滤设备；(3) 定期释放一些芳香的气味；(4) 加强对商品的检查，防止商品发霉腐烂，散发异味；(5) 防止商品串味，例如，不要把香皂和茶叶放在一起。

4. 运用气味营造卖场气氛的具体措施

思考运用气味营造卖场气氛的具体措施，填入表3-6。

表 3-6　运用气味营造卖场气氛的具体措施

项目	具体措施
在卖场中运用气味正面影响营造卖场气氛的措施	1. 2. 3.
在卖场中消除气味负面影响营造卖场气氛的措施	1. 2. 3.

 任务评价

通过学习本任务的操作,学员扫码获取卖场春节气氛营造虚仿程序的下载链接,在电脑端打开链接并下载、解压、安装(具体可查看压缩包内的操作指示),完成卖场春节气氛营造的虚仿小实训,并在课堂上分享设计方案及效果。综合互评及教师的点评,学员检测自己对所学内容的掌握情况。

表 3-7　营造卖场气氛的评价表

评价内容	分　值	评　分
1. 熟悉色彩设计中需要考虑的因素	10	
2. 结合中国传统文化中色彩内涵,运用色彩营造卖场气氛,提升商品销售业绩	40	
3. 熟悉卖场背景音乐选择的注意事项,合理选择背景音乐,营造卖场气氛	25	
4. 熟悉气味对销售的影响,合理运用气味设计营造卖场气氛,提升卖场销售业绩	25	
总　　分	100	

 任务拓展训练

1. 适合于营造门店周年庆的传统色有哪些,该如何设计?
2. 卖场适逢周年庆促销,店长该如何营造卖场气氛?

任务四　制作排面

 学习目标

1. 熟悉商品配置表的形式和内容及陈列的原则;
2. 熟悉商品配置表制作流程,制作商品配置表;
3. 熟悉商品排面制作流程,制作排面;
4. 培养数字化素养,运用数字工具提升工作效率。

项目三 布局与陈列

情景导入

李明的超市面积100平方米,经营1 000~1 200种单品,在新店开业前,他要将这些商品陈列上架。上架时场面一片混乱,有时不知道商品该放哪个位置,李明也没有提前做好规划,放好了又经常换位置,也不知将单品如何陈列上货架才最为合理。

任务分析

在商品排面陈列前,需要根据整体规划和商品特征、货架大小等情况设计商品配置图;然后,根据图表将商品陈列到相应的货架上。在进行商品排面陈列时需要了解商品陈列的原则、陈列具体要求等,并选择合适的陈列方法,耐心、细致地进行商品陈列。

任务准备

为了更好地达到实训目的,需要做如下准备:
1. 超市商品清单;
2. 货架信息;
3. 电脑或手绘工具。

任务实施

一、熟悉商品配置表的形式和内容

商品配置表有两种形式,一是表格式商品配置表,二是图式商品配置表。表格式商品配置表是以表格的形式展示商品的基本信息和陈列位置,是以商品分类为基础设计的,能够用较小的空间容纳较大的商品信息。只是看起来比较复杂,不够直观,适合设计整个门店所有商品陈列的工作人员使用。图式商品配置表是以平面图的形式展示商品的陈列位置信息,包含商品名称、规格、陈列货架层、排面数、售价等,一个货架一张平面图。陈列时只需按照图示将商品陈列到对应位置即可,比较直观、具体,易于陈列,但画起来工作量较大,适合负责理货上架的人员使用。

测一测 3-6

二、熟悉商品陈列的原则

1. 显而易见的原则

要使顾客一眼看到并看清商品,必须注意陈列商品的位置、高度、商品与顾客之间的距离以及商品陈列的方式等。例如,所有陈列商品须正面朝外,商品的价格标签与商品对应,位置正确(扫码观看微课)。

2. 伸手可取的原则

商品陈列在做到显而易见的同时,还必须使顾客自由方便拿到手。如商品与上隔板之间应留有3~5厘米的空隙,方便顾客拿取。同时,考虑顾客身高,不要把商品放到顾客无法拿到的位置。

微课:陈列的视觉设计原理

3. 丰满陈列的原则

货架上的商品必须要放满陈列，每一个货架至少陈列 3 个品种，以保证量感，避免顾客看到货架层板及货架后面的背板。

4. 分区定位陈列

图表：熟食、冷冻水产的 LED 分区说明

分区定位陈列，就是要求每一类、每一个品项都必须有一个相对固定的陈列位置，商品一经配置后，商品陈列的位置和陈列面尽量不要变动，除非出于某种营销目的而修改陈列的位置。在分区定位时要注意把相互影响大的商品货位适当分区，如易串味的食品、熟食制品与生鲜食品、化妆品与烟酒、茶叶、糖果饼干等（扫码查看分区定位陈列图例）。

5. 购物者购买决策树原则

购物者在选择商品的过程中，其思维模式是有先后顺序的，这称为购物者购买决策树。在对商品进行陈列时，要遵循购买决策树，才能使顾客容易进行商品的挑选和比较。如洗发护发产品，根据购物者购买决策树的原则陈列时，首先，应将商品按照品牌来进行划分，如飘柔、海飞丝、多芬等；其次，在品牌内再根据功能分类，如去屑、去油、滋养、黑亮等；再次，同一功能的商品根据价格进行分类陈列，如高价位的滋润去屑，中价位的茶树长效柔顺去屑，低价位的焗油去屑；最后是商品的包装，如飘柔人参滋养洗发露 200 毫升、400 毫升、750 毫升等。

6. 先进先出原则

即先入库的商品先卖出。因此，在进行陈列时，需要注意查看商品保质期，将新补货的商品放到后面或下面。

素养课堂

增进民生福祉：HG 超市保质期检查系统助力商品保质期管理数字化

二十大报告指出，要增进民生福祉，提高人民生活品质。食品安全一直是消费者关心和关注的重要问题。随着生活水平的不断提升，消费者食品安全意识和维权意识也不断提高。作为民生行业的超市，及时发现和处理过期食品就是食品安全的重要环节。

为了让店员脱离繁琐的保质期重复检查工作，提高保质期管理的数字化，实现更加科学高效的商品保质期管理，HG 超市率先在全门店推广使用盛和"兜便利"小程序中的保质期检查功能。该功能操作简单，实用性强，店员使用手机即可完成商品保质期录入和检查工作。

"兜便利"保质期检查功能的使用，大大提高了店员的保质期管理工作效率。原本需要 3 小时才能完成的工作，现在仅需一个小时即可完成，避免了因工作繁忙导致未能及时下架临期商品而造成的经济和信誉损失。

目前，HG 超市使用保质期检查功能检查商品的人日均 SKU 数高达 120 余个，已加入监控保质期的 SKU 数已达 13 000 余个。保质期检查功能因全面的商品关键信息展示、人性化的交互设计、及时的消息推送，广受店长好评。

资料来源：改编自 CCFA2022 中国零售数字化创新案例集。

7. 关联陈列原则

超市的商品陈列强调商品之间的关联性。关联陈列的目的是使顾客在购买了某一商品后，可以顺便购买陈列在旁边的具有一定关联性的商品（扫码查看关联陈列图例）。例如，在陈列面包旁边也可以同时陈列果酱、牛奶。关联陈列法可以使整体陈列更生动，带动关联产品的销量，提高客单价。

图表：三文鱼与日式芥末、鸡尾酒的关联陈列

8. 同类商品垂直陈列的原则

相同功能用途、同一品牌不同规格型号商品垂直陈列到货架上，从而使其他品牌的商品享受到货架段位的平均销售利益。如果商品畅销程度差不多，可以用垂直陈列，以便无论哪一种商品群，都会有一部分被陈列在黄金区域，都有被顾客浏览的几率。如图 3-10 所示，虚线圈代表顾客的视线范围，ABC 代表不同的商品，长方形代表商品摆放的位置。

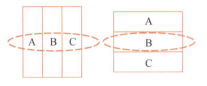

图 3-10　垂直陈列和横向陈列的差异

测一测 3-7

9. 安全稳定原则

商品陈列一定要遵守安全性原则，排除危险陈列，降低对顾客产生伤害的风险。在陈列时，一般根据商品的重量自上而下进行陈列，商品越重越往下放。对玻璃容器的商品，如调料、酱菜、水果罐头、咖啡、乳品等，要采取安全措施，设置隔护栏。

三、制作商品配置表实操演示

通过学习，李明知晓了在陈列前需制作商品配置表，并通过以下步骤完成商品配置表的制作（扫码观看实操视频）。

实操视频：商品配置表的制作与修正

1. 第一步：收集商品资料

在制作商品配置表之前，李明准备好要上架的商品清单，包括规格、售价、陈列单位等，如表 3-8 所示。

表 3-8　超市将要陈列的商品资料

商品代码	品名	规格	售价	单位
12001	美汁源果粒橙	450 毫升	3.5	瓶
12002	美汁源 C 粒柠檬	450 毫升	3.5	瓶
……	……	……	……	……
22001	统一巧面馆老坛酸菜	袋装	3.5	袋
……	……	……	……	……
32001	蒙牛高钙低脂纯牛奶	250 毫升	3.5	盒
……	……	……	……	……

2. 第二步：制作商品平面配置图

李明根据商品的关联性、需求特征、能见度等因素绘制商品平面配置图，如图 3-11 所示，这样可以把握商品的整体分布情况。

图 3-11 李明超市的商品平面配置图

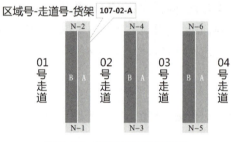

图 3-12 超市中的货架编号

3. 第三步:给货架编号

李明按照一定规律将卖场中的货架编号。如图 3-12 所示,按照区域号—走道号—货架的方法给这个货架编号为 107-02-A,编号代表的位置是超市编号为 107 区域的 2 号走道 A 面货架。

4. 第四步:绘制出货架上的商品配置具体位置

为了更加直观展示商品配置的具体位置,李明决定绘制图式商品配置表。在绘制图式商品配置表时,只需把货架画成平面图,把商品信息直接填写到平面图上的相应位置即可,如图 3-13 所示。

货架号:107-02-A									
150	美汁源爽粒葡萄450 ml 4瓶 3.5	康水蜜桃 450 ml 3瓶 3	统一蜜桃多 450 ml 3瓶 3	康师傅水晶葡萄450 ml 3瓶 3	康师傅冰红茶450 ml 3瓶 3	康师傅绿茶 500 ml 3瓶 3	康师傅茉莉蜜茶500 ml 2瓶 3	三得利拿铁 2瓶 4.5	
120	美汁源热带果粒450 ml 4瓶 3.5	康师傅鲜果橙 450 ml 3瓶 3	娃哈哈水蜜桃汁500 ml 3瓶 3	统一水晶葡萄500 ml 3瓶 3	冰红茶 500 ml 3瓶 2.8	统一冰绿茶 500 ml 3瓶 2.5	康茉莉清茶 500 ml 3瓶 3	娃呦奶原500 g 2瓶 4	娃呦奶茉500 g 2瓶 4
90	美汁源果粒橙 450 ml 3瓶 3.5	统一鲜橙多 450 ml 3瓶 3	农夫果园 500 ml 3瓶 4.5	娃哈哈晶莹葡萄500 g 3瓶 2.8	娃哈哈蓝莓冰红茶500 ml 3瓶 3	统一绿茶 500 ml 3瓶 2.8	三得利乌龙茶低糖500 ml 3瓶 3.5	统一晴英伯 2瓶 4	统一晴英伯 1瓶 4
60	美汁源C粒柠檬450 ml 4瓶 3.5	康师傅芒果多 450 ml 3瓶 3	康师傅红葡萄 500 ml 3瓶 3	统一冰糖雪梨500 ml 3瓶 3	统一冰红茶 500 ml 3瓶 2.8	娃哈哈水果绿茶500 g 3瓶 3	三得利乌龙茶无糖500 ml 3瓶 3.5	三得利拿铁 2瓶 4.5	统一英伯 1瓶 4
30	康师傅酸枣饮品450 ml 3瓶 8	康师傅梅汤 500 ml 4瓶 3	康雪梨 2瓶 3		康师傅冰红茶11 4瓶 5		统一冰红茶11 4瓶 5		

图 3-13 图式商品配置表

具体步骤：(1)画出货架并标注高度(图左边的数字)；(2)填写货架编号；(3)将商品名称、规格、排面数、价格等信息画到对应的位置。

 **绘制表格式商品配置表**

扫码进行拓展性阅读。

阅读：绘制表格式商品配置表

四、制作排面实操演示

在制作商品排面时，李明直接对照着配置表，把相应数量、规格的商品按照一定的原则放到相应的位置(扫码观看实操视频)。

1. 第一步：做好陈列前的准备

(1) 准备好陈列道具。李明根据需要陈列的商品，确定不同类型的货架和配件来进行商品陈列，以达到陈列的效果。

(2) 准备好商品配置表。根据商品配置表进行排面陈列。

(3) 准备好即将上架的商品。李明确定陈列的商品的类别、尺寸、形状、颜色、性能、存货量等详细资料，并把商品从仓库中运送到货架旁边。

(4) 清理空货架。李明将之前的商品下架，同时把价签拿下来。如果商品类别有变化，也要把分类的标志取下来。清理空货架后，李明用抹布擦货架，保持清洁。

(5) 调整货架层高。李明根据商品的高度，加上方便拿取的空间来估算，一边用商品试着摆放，一边调整层高。

实操视频：如何进行排面陈列

2. 第二步：上架商品

商品上架时，李明首先查看商品生产日期，遵循先进先出和丰满陈列等原则，根据商品配置表上的商品和排面数由里到外依次摆放，并注意排面整齐。对于货量不多的商品，李明将商品靠前陈列，并在商品背后用假底做支撑。

3. 第三步：放上价签

商品上架后，李明放上了新的标签(扫码观看电子价签功能)。

动画：电子价签功能介绍

盒马鲜生使用电子价签

扫码查看案例。

案例：盒马鲜生使用电子价签

4. 第四步：检查

查看商品，是否正面朝外；查看价签，是否与商品一一对应。对于不符合要求的地方，李明进行了调整。

 任务评价

通过学习本任务的操作，请学员扫码获取制作排面的情景材料并完成实训，检查自己是否掌握了所学内容,如表 3-9 所示。

表 3-9 制作排面评价表

评价内容	分 值	评 分
1. 熟悉商品配置表的形式和内容及陈列的原则	15	
2. 熟悉商品配置表制作流程,制作商品配置表	15	
3. 熟悉商品排面制作流程,制作排面	30	
4. 培养数字化素养,运用数字工具提升工作效率	40	
总　　分	100	

图表:陈列实景图

 任务拓展训练

扫码查看陈列实景图,制作表格式商品配置表。

任务五　优化排面

 学习目标

1. 掌握业绩分析的五大指标内涵,能够精准计算;
2. 分析业绩数据,优化排面;
3. 分析商品相关性,进一步优化商品排面;
4. 培养精益求精的工匠精神,深入掌握优化陈列空间的原则,并在实践中不断反思和改进。

 **情景导入**

在门店的运营过程中,超市店长李明发现商品配置并不是永久不变的,必须根据市场和商品变化做出调整。否则,畅销的商品排面不足,而滞销商品却占用货位。然而,调整排面比例结构,进行排面优化,该如何开展呢?

 任务分析

通过对商品业绩的五类指标进行分析,掌握商品的销售占比、毛利占比、排面占比等,结合商品排面设计的基本要求,缩减滞销品排面,甚至下架,增加畅销商品的陈列排面;依据陈列策略及商品的相关性分析调整其位置和货架上的段位,优化商品排面,形成新的配置图。

 **任务准备**

为了更好地达到实训目的,需要做如下准备:

1. 商品销售数据信息；
2. 商品配置图；
3. 确保电脑等设备能正常使用。

任务实施

一、掌握业绩分析的五大指标

测一测 3-8

李明对原来的商品配置表进行修正，就要分析商品在货架上摆放的位置和比例是否合理，不同商品所占的空间位置同他们的综合业绩占比是否成正比，根据分析考虑如何进行商品配置的调整和货架空间的优化。

门店需要对销售情况进行统计分析，通过 POS 系统，每月检视商品的销售状况，了解哪些商品畅销，哪些商品滞销，并讨论畅销及滞销的原因。要清晰掌握商品的业务情况，可以从以下五大指标进行分析。

1. 销售占比

销售占比指单品销售收入额占所有商品销售收入额的比例，即销售结构占比＝单品销售额/总销售额×100％。如超市中，怡宝 550 毫升纯净水一天的销售额是 240 元，而所有瓶装水一天中销售额是 12 750 元，240÷12 750×100％＝1.9％，计算可知，怡宝 550 毫升纯净水在所有瓶装水中的销售占比 1.9％。

2. 商品毛利率

商品毛利率即毛利与销售价格的百分比，其中，毛利是销售价格和进货价格之间的差额，即毛利率＝(销售价－进货价)/销售价×100％。如某商品进价是 20 元，售价是 25 元，则其毛利率为(25－20)/25＝20％。

3. 毛利占比

指单品所获毛利占所有商品所获毛利的比例，即毛利占比＝单品毛利额/总毛利额。如某类商品总毛利 1 000 元，其中某商品毛利 200 元，则其毛利占比为 200/1 000＝20％。

4. 毛利贡献度

图表：某超市各部门商品毛利贡献度汇总表

指将销售结构比乘上商品毛利率所得的结果，即毛利贡献度＝销售结构比×商品毛利率。在贡献度里，数额越大，即表示该类商品是此超市的主力商品。例如，某超市各部门商品毛利贡献度汇总表所示(扫码查看)，该超市日配、一般商品是这个超市的主力商品。

（5）排面占比

是指商品所占排面在总排面中的比例，在排面计算中，我们会以货架的长度作为计量单位。如单个货架长度 120 厘米，货架层数 6 层，所有的瓶装水陈列在两个货架上，因此总排面为 120×6×2＝1 440(厘米)，若怡宝 550 毫升纯净水，所占货架长度为 60 厘米，则怡宝 550 毫升纯净水的排面占比为 60÷1 440×100％＝4.17％。

二、掌握优化陈列空间的原则

优化陈列空间可以分为大调整和小调整。

大调整包括根据季节、品类策略、品牌战略、品类角色的要求进行调整，在大调整中对20%～40%的商品进行调整,一般3～6个月调整一次。

小调整包括根据日常品类管理、新品引进和业绩分析优化组合的要求进行调整,一般2～4周调整一次。

根据业绩分析结果进行陈列空间优化是指淘汰滞销品、调整畅销品、引入新品。具体而言,即缩减滞销品排面甚至下架,增加畅销商品的陈列排面,依据陈列策略调整其位置及在货架上的段位,将新品导入因淘汰滞销品而空置的货架排面,以保证货架陈列的充实。

只有将畅销品、高毛利的商品陈列到货架上,才能让有限空间创造出最大的利润,为了实现这点,应当做到销售占比=毛利占比=排面占比。

三、进行业绩分析,优化同一货架陈列面

1. 步骤一:计算销售占比、毛利占比及排面占比等五大指标

李明对超市中的饮料进行了分析,以放置饮料的其中一列货架为例,货架上共有7个品牌,12个单品,陈列在长120厘米、共6层的货架上。此货架上商品的销售业绩数据如表3-10所示。根据以上计算公式和商品配置图(扫码查看12种商品配置图,获取商品货位长度数据),完成指标计算,计算结果保留两位小数,并填写在表3-10中。

图表:12种单品配置图

例如,芬达橙味汽水330毫升,销售占比=单品销售额/总销售额=1 218÷8 891.15=13.70%;毛利占比=单品毛利额÷总毛利额=121.8÷1 007.59=12.09%;毛利率=(销售价-进货价)/销售价=毛利额/销售金额=10.00%;毛利贡献度=销售结构×商品毛利率=13.70×10.00%=1.37%;在12种商品配置图中,芬达橙味汽水330毫升货位长度60厘米,单个货架总长120厘米,货架共6层,因此该商品排面占比=60÷(120×6)=60÷720=8.33%。根据计算方法,依次计算得到可口可乐经典330毫升、雪碧清爽柠檬味330毫升、北冰洋橘子汽水330毫升三种商品的五个业绩指标结果数据。

表3-10 A超市饮料的相关销售业绩汇总表

商品名称	销量(瓶)	销售金额(元)	销售占比	毛利额(元)	毛利占比	毛利率	毛利贡献度	所占货架长度	排面占比
示例:芬达橙味汽水330毫升	609	1 218	13.70%	121.8	12.09%	10%	1.37%	60	8.33%
示例:可口可乐经典330毫升	1 086	1 411.8	15.88%	108.6	10.78%	7.69%	1.22%	80	11.11%
示例:雪碧清爽柠檬味330毫升	313	406.9	4.58%	67.56	6.71%	16.60%	0.76%	40	5.56%
示例:北冰洋橘子汽水330毫升	2	17	0.19%	1.6	0.16%	9.41%	0.02%	40	5.56%
乌龙茶550毫升	86	86		36.98				40	
元气森林白桃气泡水480毫升	1 320	1 848		254				80	
力量帝维他命水500毫升	137	212.35		20.55				60	
可口可乐经典550毫升	1 121	1 681.5		214.2				80	
可口可乐经典1.5升	487	1 266.2		87.4				80	
银鹭花生牛奶1.5升	1	20.9		1.9				40	
冰红茶2升	25	362.5		45				60	
汇源苹果汁2升	24	360		48				60	
共计	5 211	8 891.15		1 007.59				720	

2. 步骤二:分析商品销售业绩差异,判定商品类型

店长李明根据表3-10计算数据,掌握12种单品的销售业绩。现根据业绩差异进行畅销主力商品及滞销商品判断,以容量为330毫升的饮料为例。

在销量方面:可口可乐经典330毫升销量最好,达到1 086瓶,销售金额高达1 411.8元,其次是芬达橙味汽水330毫升及雪碧清爽柠檬味330毫升,销量最差的是北冰洋橘子汽水330毫升,只有2瓶,销售金额仅为17元。因此,可以确定可口可乐经典330毫升为畅销品,北冰洋橘子汽水330毫升为滞销品。

在毛利方面:毛利额及毛利贡献度最高的是芬达橙味汽水330毫升,其次是可口可乐经典330毫升、雪碧清爽柠檬味330毫升。毛利额及毛利贡献度最低的是北冰洋橘子汽水330毫升。因此,可以确定芬达橙味汽水330毫升、可口可乐经典330毫升是高毛利商品,北冰洋橘子汽水330毫升是低毛利商品。

通过销量和毛利综合分析,芬达橙味汽水330毫升、可口可乐经典330毫升销量高且毛利贡献度大,是畅销主力商品,北冰洋橘子汽水330毫升销量低且低毛利率,属于需要淘汰的滞销商品。按此思路,依次分析了容量在480～550毫升、1.5～2升的饮料的业绩差异,判定商品类型,并将分析结果填写在表3-11中。

表3-11 商品类型分析

商品	商品类型	商品	商品类型
示例:芬达橙味汽水330毫升	畅销主力商品	示例:可口可乐经典330毫升	畅销主力商品
示例:北冰洋橘子汽水330毫升	滞销商品	示例:雪碧清爽柠檬味330毫升	一般商品
乌龙茶550毫升		可口可乐经典1.5升	
元气森林白桃气泡水480毫升		银鹭花生牛奶1.5升	
力量帝维他命水500毫升		冰红茶2升	
可口可乐经典550毫升		汇源苹果汁2升	

3. 步骤三:调整商品排面占比

根据业绩分析结果进行陈列空间优化,遵循销售占比=毛利占比=排面占比原则,从而进行排面的缩减或增加。将畅销品、高毛利的商品陈列到货架上,才能让有限空间创造出更大的利润(具体实操请扫码查看微课,掌握陈列面优化原则在陈列调整中的应用)。例如,畅销品芬达橙味汽水330毫升,其销售占比13.70%、毛利占比12.09%、均高于排面占比8.33%,三个指标不均衡,因此在原排面基础上,适当增加排面40厘米,调整后排面占比13.89%,匹配销售占比;滞销品和低毛利的北冰洋橘子汽水330毫升,其销售占比0.19%、毛利占比0.16%,均远低于排面占比5.56%,建议减少陈列空间,仅保留20厘米,如后期销售持续低迷,建议进行下架;销售一般的雪碧清爽柠檬味330毫升,销售占比4.58%、毛利占比6.71%、排面占比5.56%,销量占比低于排面占比,但毛利占比高于排面占比,可稍微增加排面。

微课:如何根据商品销售业绩优化陈列面

店长李明据此思路,根据表3-10和表3-11的数据结果,对其他商品进行分析,并将结果记录于表3-12。

表 3-12　A 超市饮料陈列排面调整表

商品名称	销售占比	毛利占比	毛利贡献度	排面占比	建议	调整后排面	调整后排面占比
示例:芬达橙味汽水 330 毫升	13.70%	12.09%	1.37%	8.33%	增加排面	100	13.89%
示例:可口可乐经典 330 毫升	15.88%	10.78%	1.22%	11.11%	增加排面	90	12.5%
示例:雪碧清爽柠檬味 330 毫升	4.58%	6.71%	0.76%	5.56%	适当增加排面	50	6.94%
示例:北冰洋橘子汽水 330 毫升	0.19%	0.16%	0.02%	5.56%	减少排面	20	2.78%
乌龙茶 550 毫升							
元气森林白桃气泡水 480 毫升							
力量帝维他命水 500 毫升							
可口可乐经典 550 毫升							
可口可乐经典 1.5 升							
银鹭花生牛奶 1.5 升							
冰红茶 2 升							
汇源苹果汁 2 升							

4. 步骤四:调整商品陈列位置

结合相关陈列策略,李明对商品的陈列位置进行调整。例如,大包装的陈列在下端,商品应按品牌进行垂直陈列,重点商品陈列在黄金位置,即容量 330 毫升规格的饮料在第六和第五层;根据品牌,可口可乐商品从最上面第六层到最下面第一层在垂直线上;根据销售业绩,将畅销及高毛利贡献度的可口可乐品牌商品陈列在货架的右侧,销量一般的雪碧、销售最差的北冰洋品牌产品陈列在货架边缘等。

微课:排面优化——基于商品相关性分析

接着,李明通过商品相关性分析(扫码查看微课,掌握商品相关性分析原理、计算公式与操作步骤),对个别商品的位置进行了微调,将大概率同时会被购买的商品尽量摆放在一起,提升商品的关联购买。如,以畅销及高毛利贡献度的可口可乐 330 毫升商品为基准,分析其与元气森林白桃气泡水 480 毫升、乌龙茶 550 毫升的商品相关性,根据相关性样例中分析结果,可口可乐 330 毫升与元气森林白桃气泡水 480 毫升相关程度更高,在优化陈列位置时,可以将可口可乐品牌饮品与元气森林品牌饮品放置在相邻的位置。

阅读:商品相关性计算分析样例

据此思路,分析饮料容量在 480~550 毫升和 1.5~2 升规格商品的相关性,并将计算结果填写在表 3-13 中(扫码查看商品订单数据、商品相关性计算分析样例,获取饮料商品订单原始数据,查看商品相关性分析样例)。

图表:商品订单数据

表 3-13　相关性分析结果表

商品名称	订单总数	元气森林白桃气泡水 480 毫升订单总数	商品订单数	两种商品同时订购订单数	支持度	置信度
可口可乐经典 1.5 升						
冰红茶 2 升						

阅读:配置图调整示例

李明结合表 3-13 及陈列调整策略修改原有的配置图(扫码查看配置图调整示例,

掌握配置调整思路),并将结果填写在表3-14中。

表3-14 调整后的配置图

货架长度		20厘米	20厘米	20厘米	20厘米	20厘米	20厘米
六层	品名						
五层	品名						
四层	品名						
三层	品名						
二层	品名						
一层	品名						

案例 3-8

美宜佳：十六般法则把脉货架陈列

扫码查看案例，并进行分析。

案例：美宜佳：十六般法则把脉货架陈列

 任务评价

通过学习本任务的操作，请学员检查自己是否掌握了所学内容，如表3-15所示。

表3-15 优化排面诊断及改进评价表

评价内容	分 值	评 分
1. 掌握业绩分析的五大指标内涵，能够精准计算	15	
2. 分析业绩数据，优化排面	15	
3. 分析商品相关性，进一步优化商品排面	55	
4. 培养精益求精的工匠精神，深入掌握优化陈列空间的原则，并在实践中不断反思和改进	15	
总　　分	100	

 任务拓展训练

结合对商品相关性内容的学习，根据日用品区域货架商品的历史订单数据（扫码获取订单数据），进行夏士莲修护焗油洗发水与力士恒久嫩肤沐浴露、强生婴儿牛奶霜三种商品关联性分析，设计三种商品陈列位置远近布局，并思考商品相关性还可以在超市业务中的哪些环节发挥作用呢？

图表：日用品区域货架商品的历史订单数据

任务六　制作堆头

学习目标

1. 理解POP海报的含义、作用及类型；
2. 掌握主题陈列方法，创新场景陈列方式，提升顾客场景体验；
3. 熟悉堆头制作流程，制作创意堆头；
4. 熟悉POP海报制作流程，制作美观实用的POP海报。

情景导入

金秋十月，硕果累累，李明决定开展针对水果的促销活动。为了使活动氛围更加浓厚，他决定制作几个促销堆头并绘制相应的促销海报，但他不知道应该怎样设计堆头和制作POP海报。

任务分析

在进行堆头陈列时，首先应选择合适的主题，配合陈列方法，将商品最美的一面展现出来，激发顾客的购买欲望。同时，还应通过POP海报做好促销宣传、商品介绍或活动介绍等。

任务准备

为了更好地达到实训目的，需要做如下准备：
1. 需要制作堆头的商品、工具及装饰物等；
2. 放置堆头的场地；
3. 海报纸、马克笔。

任务实施

一、熟悉堆头陈列的方法

思政微课：超市主题陈列引领家国情怀

堆头是商家为了展示自己的商品或公司形象而推出的一种独特的陈列方式，是现代商超主要的促销阵地，也是最能突出商场形象的重要标志。堆头经常采用主题陈列或场景陈列的方式（扫码观看微课）。

主题陈列是指结合某一重大事件或节日，采用各种艺术手段、宣传手段、陈列用具，集中陈列有关的系列商品，以渲染气氛，吸引消费者注意，营造一个利于某类商品销售的特定环境。必要时，配以集束照明的灯光，使大多数顾客能够注意到，从而产生宣传推广的效果。

场景陈列指利用道具、背景、装饰件、商品和文字等，构成一定的生活场景，给人一种生活气息很浓的感受，同时，形象地说明了商品的用途，从而指导消费趋势，加快商品的销售速度。

素养课堂　创新是第一动力：步步高社区超市的场景式陈列

案例视频：步步高超市第五代店有什么不同

场景陈列是主题陈列的创新形式。党的二十大报告指出，"坚持创新是第一动力"。步步高超市湖南湘潭解放路店打破传统超市格局，以"我们的生活需要什么样的超市"为唯一标准，进行场景化陈列创新，打造出"鲜果零食""一日三餐"和"日杂百货"三大主题生活场景。

"鲜果零食"主要针对年轻群体，以专卖店视觉风格进行打造，不仅方便快捷，更能提升顾客购物体验，如图3-14所示；"一日三餐"主打加工服务，为顾客提供优质食材，营造一种烟火气息，让顾客不仅能享受到更多的美味，更能体验多彩的生活方式，如图3-15所示；"日杂百货"重点做齐五金小工具、应急商品等生活便利性产品，满足顾客便利性需求，如图3-16所示。

图3-14　"鲜果零食"实景展示

图3-15　"一日三餐"实景展示

图3-16　"日杂百货"实景展示

在陈列方面,四周布置高货架,提升陈列坪效,中间利用特殊陈列打造美陈点;加工服务区利用四合院形式打造生活场景,增强互动服务,提升购物体验。场景化陈列大大提升了品类关联性,使陈列效益大幅提升30%以上。

主题生活场景的布局,服务了社区不同客群的差异化需求,明显提升了品类的专业化能力,实现了销售和客流的翻倍增长。

资料来源:改编自2022CCFA超市创新案例集。

二、了解POP海报的含义、作用及类型

1. POP海报的含义及作用

测一测3-9

POP的全称是point of purchase,POP海报的中文意思是卖场海报。需要张贴POP海报的商品种类有新商品、推荐商品、广告商品(划算、流行、大众媒体介绍)、应季商品、需要说明的商品(特征、多功能、提案、比较)。虽然海报不说话,但它能介绍商品,吸引顾客购买,所以又被称为沉默的导购员。

2. POP海报的类型

海报有各种形式。从材质来看,有小黑板和海报纸,有的还以LED灯来制作海报。从制作方法来看,海报有纯手绘、半手绘和纯电脑印制的海报。半手绘是指海报的背景是印刷的,但可以用手绘在上面写字或价格。

案例:POP海报在盒马鲜生海鲜产品中的标识作用

案例3-9

POP海报在盒马鲜生海鲜产品中的标识作用

扫码查看案例,并进行分析。

实操视频:促销的主阵地——堆头

三、制作堆头实操演示

通过学习,李明决定通过以下步骤制作一个芒果堆头,以促进芒果销售(扫码查看实操视频)。

1. 准备好商品、陈列工具及场地

陈列小组经过沟通发现,芒果具有易损耗、不耐压、不耐摔、颜色艳丽与不易堆放的特点。为了减少芒果被压坏或摔坏造成的损耗,李明决定采用空篮子做堆头架子,同时简化堆头形状,并使用防滑垫。

2. 布置打底/支架

阅读:哪些工具可以用作打底或支架

打底和支架主要起着支撑的作用,李明决定采用空的塑料篮子做支架(扫码查看相关材料信息)。具体步骤如下:

(1)步骤一,估算便于顾客拿取的高度,根据这个高度计算篮子的数量,并把篮子整齐地堆放起来。

(2)步骤二,用假底陈列减少芒果的层数,防止层数过多压坏芒果。如用柔软有弹

性的白色塑料泡沫，可以对芒果起到缓冲的作用。

（3）步骤三，铺上防滑垫，增大商品与打底篮子的摩擦，防止芒果从堆头向四周滑落。

3. 堆放商品

堆放商品的时候，李明尽可能让四面来的顾客都能看到堆头好的形象，挑选优质商品，将有斑点、过于损耗的芒果，拣出来放在打折区。保持芒果有一定的倾斜度，可以形成从堆头顶端发散到周围的花一样的形状。

4. 放置装饰物

在商品堆好后，可以放一些装饰物让堆头更加美观，突出主题（扫码获取相关材料信息）。李明的芒果堆头只要简洁装饰即可，因此选择写着促销价格的POP海报为装饰，让顾客一眼就能看到促销价格，被优惠价所吸引。

阅读：哪些东西可以用作装饰物

四、制作POP海报实操演示

芒果堆头制作好之后，李明决定以手绘方式制作一个POP海报。李明准备好海报纸和马克笔，通过以下步骤绘制海报。

1. 步骤一：明确主题

制作海报之前需要明确海报的主题是什么、制作海报的目的是什么，以及希望达到什么效果。海报的主题有新品推介、标示价格、促销活动说明以及产品使用说明等（扫码查看图片）。本次堆头陈列是针对水果的促销活动，因此，李明决定将芒果堆头POP海报的主题确定为"特价促销"。

图表：主题为新品推介、促销活动说明、产品使用说明的海报

2. 步骤二：确定海报的风格

风格的确定会决定海报的色彩、卡通形象、字体等设计。不同的海报可以呈现不同的风格，例如热闹鲜艳的风格，用对比色红黄为主色，绿蓝紫为点缀，高亮度，高饱和度；清凉惬意的风格，用浅绿色为主色（扫码查看图片）。本次芒果堆头POP海报的主题是"特价促销"，适合热闹鲜艳的风格，以红橙黄为主色，黑色点缀。

图表：热闹鲜艳风格、清新惬意风格、清晰简洁风格的海报

3. 步骤三：设计文字内容

海报内容可以用FABE原则进行设计，即商品的特色，相对于其他商品的优势，能够给顾客带来的利益，有充分的证据。本次芒果堆头POP海报的主题是特价促销，因此，海报文字可以确定为夸张的POP海报字体"惊爆价"和促销价格"6.99元/500克"。

4. 步骤四：书写文字

标题一般用各种艺术字体，李明上网搜集素材，将重要的文字加大字号，用醒目的颜色，放在居中的位置，如图3-17所示。

5. 步骤五：装饰文字

文字经过装饰后可以更加美观，尤其是标题，可以用装饰将其突出展示。在文字笔画的内部，可以表现出纹理、质感、高光。在文字的周围，可以用其他颜色做阴影，画花纹，衬托文字。李明的海报只是简单给文字上色，并给"惊爆价"画上黑色的阴影，如图3-18所示。

图 3-17　海报文字的书写　　图 3-18　装饰文字

6. 步骤六：画插图

写好文字后，可以选择与主题吻合的插图，让画面更加丰富，也能吸引顾客的注意。李明此次设计的是芒果的促销堆头 POP 海报，因此在海报左下角画上两个芒果，并在"惊爆价"周围画上闪电，如图 3-19 所示。

7. 步骤七：画边框

海报应当是一个封闭空间，李明把文字、插图都归纳到一处，边框留一些缺口，形成一种自然美，如图 3-20 所示。

图 3-19　画上插图后的效果　　图 3-20　绘制完成的 POP 海报

知识链接 3-5　电子海报的制作步骤

一般来说，制作电子海报的步骤如下：

（1）确定主题和目标：明确海报的主题和目标，例如宣传活动、产品推广、品牌宣传等。

（2）收集素材：收集与主题和目标相关的图片、文字、图标等素材。

（3）选择模板：选择适合电子海报的模板，可以根据主题和目标选择相应的模板，也可以自定义模板。

（4）编辑文字：在海报上添加所需的文字内容，调整字体、大小、颜色等样式，确保文字清晰、易读、具有吸引力。

（5）设计版式：根据需要设计海报的版式，包括布局、色彩搭配、排版等，使海报具有吸引力和美观性。

(6)添加图片：将收集的素材图片添加到海报中，调整大小和位置，确保图片清晰、美观、符合主题。

(7)完善细节：根据需要添加背景、线条、形状等元素，以增强海报的美观度和可读性。

(8)导出和分享：完成海报制作后，将其导出为图片格式（如 JPEG、PNG 等），并分享给需要的人群。

制作电子海报需要一定的设计和编辑技巧。如果对设计方面不太熟悉，可以借助一些海报制作软件或在线工具，这些工具可以快速制作美观的电子海报（扫码观看实操视频）。

实操视频：如何用可画制作电子海报

 任务评价

通过学习本任务的操作，请学员制作一个薯片堆头，并绘制 POP 海报。依据表格检查自己是否掌握了所学内容，如表 3-16 所示。

表 3-16 制作堆头评价表

评价内容	分　值	评　分
1. 理解 POP 海报的含义、作用及类型	10	
2. 掌握主题陈列方法，创新场景陈列方式，提升顾客场景体验	10	
3. 熟悉堆头制作流程，制作创意堆头	40	
4. 熟悉 POP 海报制作流程，制作美观实用的 POP 海报	40	
总　　分	100	

 任务拓展训练

案例：步步高超市的文化与情感陈列

1. 中秋佳节即将来临，请你为月饼礼盒堆头绘制一份电子海报。
2. 扫码查看案例：步步高超市的文化与情感陈列，并进行案例分析。

项目四 定价与促销

▲ 项目说明

　　合适的定价与促销策略是推动超市品牌成功的重要方法之一。在竞争激烈的新零售市场,越来越多的零售实体倾向于利用促销策略来推动短期盈利目标。不断优化定价与促销策略,可助力新零售实体平衡价格与利润之间的关系,量化风险与机会,以数据驱动策略实现销售潜力最大化。

　　本项目有3个任务,分别介绍了制定价格、策划促销活动和实施促销活动。

▲ 项目目标

【知识目标】

　　1. 理解超市商品定价的影响因素及促销的内涵与目的,明确促销活动实施过程中的关键要素;

　　2. 掌握超市商品价格带的制定方法、商品定价方法和策略、调价的时机与策略、超市常见促销方式、超市促销活动效果评估的关键指标及方法;

　　3. 熟悉促销品选择的标准及促销活动策划的步骤。

【技能目标】

　　1. 对商品进行初始定价并及时根据市场变化调整价格;

　　2. 创新促销方式,并撰写可执行且有创意的促销活动方案;

　　3. 通过关键要素核查发现问题,并精准计算促销效果评价关键指标,灵活运用评估方法对促销效果进行综合评估。

【素养目标】

　　1. 培养"以人为本"的精神,关注重点民生商品,增强社会责任感;

　　2. 培养数字分析素养,通过数据分析发现问题,并提出可行的创新型解决方案;

　　3. 形成社会责任与担当意识,在评估促销效果时不仅关注经济效益,更注重核心价值观、正能量的传播等社会效益。

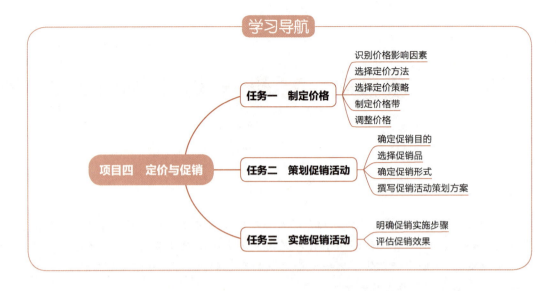

任务一　制 定 价 格

　学习目标

1. 理解超市商品定价的影响因素；
2. 掌握超市商品价格带的制定方法,制定价格带；
3. 掌握定价方法和策略及调价的时机与策略,对商品进行初始定价,并及时根据市场变化调整价格；
4. 培养"以人为本"的精神,引导学生关注重点民生商品,增强社会责任感。

李明经营超市需要根据顾客需求不断优化商品结构,引进新产品。在新产品进入超市时,该如何定价？面对激烈竞争,又该如何调整价格获得顾客满意,赢得市场竞争优势？

　任务分析

商品定价是零售竞争中最重要的因素,消费者对商品价格的变动也最敏感,对企业经营起着决定性的影响。首先,要识别零售商品定价影响因素,选择科学的定价方法和策略,为超市建立价格带,确定商品初始价格,根据营销节点、竞争态势和外部经济环境变化,不断调整价格。

　任务准备

为了更好地达到实训目的,需要做如下准备：
1. 超市商品成本核算表；

2. 市场环境分析报告；
3. 超市某些商品的竞争者价格走势图及供应商成本价格走势图。

任务实施

一、识别定价影响因素

超市在对零售商品进行定价时，要综合考虑多种因素，如定价目标、市场需求、成本、竞争对手的价格及国家政策法规等。

1. 定价目标

定价目标是指超市在制定特定水平的价格时，期望该价格水平所产生的销售效果、所达到的预期目的和标准。定价目标是超市进行价格决策的主要因素，定价目标越明确，制定价格时就越容易。定价目标取决于企业战略，同一超市在不同的时期，不同的市场条件下，都有可能有不同的定价目标。超市定价目标主要有生存目标、获取利润、提高市场、防止竞争等。

2. 市场需求

商品价格的高低，最终取决于市场的供求关系。市场需求是企业定价策略的导向。超市要确定商品价格，必须了解市场需求的变动。微观经济学认为，价格是影响需求的主要因素；但在这种决定关系中还存在着一些非价格的因素。非价格因素主要有收入、替代品价格的变化、消费者偏好等。

当商品价格变化时，消费者的购买数量会做出何种反应？我们常用需求价格弹性来衡量。需求价格弹性是指因价格变动而引起的需求量的相应变动率，反映了需求变动对价格变动的敏感程度。影响需求价格弹性的因素包括产品的用途、替代品的数目及替代程度、消费者在这一商品上的消费支出占总消费支出的比重、消费者改变购买和消费习惯的难易程度、价值的取向或偏向。

3. 成本

在很大程度上，市场需求决定着超市为商品制定价格的最高限，而成本则是最低限。超市制定的价格，应尽可能覆盖所有的成本，包括固定成本、变动成本等。固定成本是指在短期内不随商品销售量变化而变化的成本，如资产折旧费用、超市管理人员工资等。变动成本是指在上述的同一时期内，随商品的销售量变动而呈正比例变化的成本，例如产品包装费用、理货员的工资、收银员的工资、POP促销费用、商品陈列费用以及其他销售费用等。

4. 竞争对手的价格

在有明确的定价目标后，市场需求决定了价格的最高限，成本决定了价格的最低限，制定商品价格时还应该考虑竞争对手的价格。竞争对手的价格以及它们对本企业价格变动所做出的反应也是超市定价时应考虑的一个重要因素。超市必须对每一个竞争者的商品价格状况及其产品质量情况有充分的了解。这可以通过以下几种方法来实现：①派市场调查人员了解行情，比较竞争者所提供的商品质量和价格；②获取竞争者的价格表并购买竞争者的商品，然后进行比较研究；③企业还可以向顾客了解他们对于竞争对手所提供的产品的价格和质量的看法。

超市可以把了解到的竞争者的价格和产品情况作为自己定价的基点。如果企业所经营的产品与主要竞争者的产品相类似,那么,超市必须根据自己的市场定位来制定价格策略,以避免在竞争中被淘汰。

5. 国家政策法规

商品定价应当遵守法律、法规,执行依法制定的政府指导价、政府定价和法定的价格干预措施、紧急措施。在销售、收购商品和提供服务,应当按照政府价格主管部门的规定明码标价,注明商品的品名、产地、规格、等级、计价单位、价格,或者服务的项目、收费标准等有关情况。

超市在制定价格时,除了要考虑以上几方面的因素外,还应考虑市场购买心理,如消费者的价值观念、消费者的质量价格心理、消费者的价格预期心理和消费者对价格变动的反应心理等因素。

案例 4-1

案例:探访无人超市——价格不便宜,棒棒糖比超市贵5.7元

探访无人超市——价格不便宜,棒棒糖比超市贵 5.7 元

扫码查看案例并分析。

李明学习了超市定价影响因素,召集运营人员一起对拟进入超市的新产品价格的影响因素进行分析,结果记录填写在表 4-1 中。

表 4-1　识别定价影响因素

定价影响因素	讨论结果
定价目标	
市场需求	
成本	
竞争对手的价格	
国家政策法规	
其他因素	

素养课堂　超市促销主打"民生牌"　销量淡季不淡

"卫生纸、食用油都便宜了不少!"眼下,许多超市促销瞄准市民刚需。(2023年)8月10日,记者走访多家超市发现,米、面、油、卫生纸、酱油等各类"刚需"商品占据各超市促销主要位置,多家超市扩大消费群体,主打"民生牌"促使淡季销量稳中有升。受访商家丁先生表示,生活用品和食品等家庭必需品受众广,促销效果明显,走货特别快。

"34.9元一提的卫生纸促销价19.9元,一起买了6提囤着。"市民徐女士表示,这个品牌的卫生纸这么大力度的促销还是挺少见的,所以多囤了一些,给父母也带了份。每

次逛超市时,自己常吃的大米、花生油,常用的卫生纸品牌打折,都会及时"下手"囤货,买到就等于赚到。

随后记者走访多家超市发现,各家超市促销的商品中,都少不了食用油、大米、卫生纸等家庭必需品的"身影"。一些摆在显眼位置的促销爆款,工作人员需要时常补货。一些商家表示,人们消费越来越理性,能吸引消费者重复购买囤货的商品大多是必需品,所以,眼下各家超市活动都少不了通过这些商品提升人气,拉动超市淡季销量。

党的二十大报告中提出,增进民生福祉,提高人民生活品质。必须坚持在发展中保障和改善民生,鼓励共同奋斗创造美好生活,不断实现人民对美好生活的向往。超市这种惠民生、暖民心举措,让百姓感觉到以人民为中心的发展就在身边。

资料来源:鞍山全媒,有删改。

二、制定商品品类价格带

商品的价格带是指一种同类商品或一种商品类别中的最低价格和最高价格的差别。价格带的宽度决定了超市所面对消费者的受众层次和数量。新进入超市品类该如何制定价格带呢?

1. 步骤一:确定每个小分类的最高价和最低价

在做价格带的时候,需要参考竞争对手和行业标杆。在商圈的某个小分类中,最低价一定要比竞争对手还要低;小分类的最高价,原则上一定要高于同级别的竞争对手,但是要根据顾客的消费能力设定。

2. 步骤二:计算价格带区间

假设某超市洗发水最高价 80 元,最低价 5 元,低价格带的区间计算方法是 $(80-5) \times 20\%$,结果是 15 元。中间价格带的区间的价格上限是多少?这个值根据商圈的情况可以算出为 37.5 元 $[(80-5) \times 50\% = 37.5$ 元$]$。用这种方法,把高中低价格带做一个框定,每一级的价格带,都有一个最低价和最高价,低价格带 5~15 元,中间价格带 15~37.5 元,高价格带 37.5~80 元。

李明带领同事实地调查,以超市洗面奶品类产品初拟价格带的微调切入,结合实地调查结果对其微调,其结果记录填写在表 4-2 中。

表 4-2 洗面奶价格带制定

竞争对手洗面奶价格带	
超市现价格带	
价格带分析调整后最高价	
价格带分析调整后最低价	
计算价格带区间	

实操视频:美的官方旗舰店8月聚划算活动价格带分析

备注:1. 请扫码学习实操视频后,完成表 4-2。

2. 因教材篇幅所限,其他品类初拟价格带的微调,均可参照此例,故在此不再赘述。

三、选择定价方法

定价方法是超市在特定的定价目标指导下,依据对价格影响因素的分析研究,运用价格决策理论,对产品价格水平进行计算决定的具体方法。零售商品的定价方法主要有成本导向和竞争导向两类。

1. 成本导向定价法

成本导向定价法是以产品单位成本为基本依据,再加上预期利润来确定价格的成本导向定价法,是中外企业最常用、最基本的定价方法。以成本为基础的定价方法,只关注企业成本状况而不考虑市场需求状况,需要考虑的成本主要包括变动成本、固定成本等全部成本费用。

以成本为基础的定价方法分为全部成本费用加成定价法、目标利润定价法等,基本原理为:价格=单位成本+单位税金+单位利润=单位成本+价格×税率+单位利润。

2. 竞争导向定价法

竞争导向定价法是企业通过研究竞争对手的生产条件、服务状况、价格水平等因素,依据自身的竞争实力,参考成本和供求状况来确定商品价格。具体形式主要有随行就市定价法和差别定价法。竞争导向定价法优点在于考虑产品定价在市场上的竞争力,但是过分关注在价格上的竞争,容易忽略其他营销组合可能造成产品差异化的竞争优势;容易引起竞争者报复,导致价格战,使企业毫无利润可言。

李明计划为超市中水果类、干果类、方便面类、化妆品类、饮料类商品进行定价,与同事一起就定价方法进行探讨,结果记录填写在表 4-3 中。

表 4-3 选择定价方法

商品品类	定价方法	理由
水果类		
干果类		
方便面类		
化妆品类		
饮料类		

探讨之后,李明结合门店现状,准备采用操作比较简单的成本加成定价法确定价格,于是,他收集商品采购、运输、储存、营销、管理费用等数据,并将结果记录在表 4-4 中。

表 4-4 成本加成法

费用	研究结果
采购成本	
运输成本	

(续表)

费用	研究结果
储存成本	
管理费用	
销售(营销)费用	
其他	
加成比率	
商品价格	

四、确定定价策略,并进行商品的初始定价

1. 心理定价策略

心理定价策略是依据消费者的购买心理来修改价格,主要有以下几种形式:尾数定价策略、整数定价策略、声望定价策略、习惯定价策略和招徕定价策略。

尾数定价策略是指保留价格尾数、采用零头标价,将价格定在整数水平以下,使价格保留在较低一级档次上。尾数定价策略通常适用于基本生活用品,如将价格定为19.80元,而不是20元。

整数定价正好与尾数定价相反,就是在调整产品价格时采取合零凑整的办法,把价格定在整数或整数水平以上,给人以较高档次产品的感觉,以显示产品具有一定的质量,如将价格为1 000元或1 050元,而不是990元。整数定价多用于价格较贵的耐用品或礼品等。

声望定价策略是指针对消费者"便宜无好货、价高质必优"的心理,对在消费者心目中享有声望,具有信誉的产品制定较高价格。声望定价技巧,不仅在零售商业中应用,而且在餐饮、服务、修理、科技、医疗、文化教育等行业也被广泛运用。

习惯定价策略是指按照消费者的习惯性标准来定价。一般用于日常消费品定价。

招徕定价策略是指将产品价格调整到低于价目表的价格,甚至低于成本费用,以招徕顾客并促进其他产品的销售。例如,有的超级市场和百货商店大力降低少数几种商品的价格,特别设置几种低价畅销商品,有的则把一些商品用处理价、大减价来销售,以招徕顾客。

2. 折扣定价策略

折扣定价是在正常价格的基础上给予一定的折扣和让价。采用这种定价策略是为了鼓励消费者购买。常用的折扣定价策略有以下几种:数量折扣、会员折扣、限时折扣和季节折扣。

数量折扣是指按购买数量的多少,分别给予不同的折扣,购买数量愈多,折扣愈大。适合于不宜一次大量购买易变质的产品,如食品、蔬菜、水果等。

会员折扣定价策略是指消费者只需缴纳少量费用,或达到一定购买量,即可获得会员资格,成为超市的会员。会员可享受超市的会员价格,购物时可以享受比非会员更多

的折扣,如盒马会员、山姆会员等。

限时折扣定价策略是指在特定的营业时段对商品进行打折,以刺激顾客的购买欲望。例如,有些超市在每晚关门前的一小时内,将当天未售完的面包、蔬菜等商品打折销售。

季节折扣是零售商为了平衡各季节的销售,对一些季节性商品进行折扣销售的策略。例如,有些超市在夏季以 1～3 折的价格销售皮装、大衣等冬令服装;在冬季则以低价销售电风扇等夏令用品。

案例 4-2

亚马逊进一步整合全食超市

扫码查看案例并分析。

案例:亚马逊进一步整合全食超市

3. 新产品定价策略

新产品定价策略是超市价格策略的一个关键环节,它关系到新经营产品能否顺利进入市场,并能否为以后占领市场打下良好的基础。企业在推出产品时,主要有市场撇脂定价、市场渗透定价两种定价策略可供选择。

市场撇脂定价策略是指在新产品初上市时,把产品的价格定得很高,以攫取最大利润,有如从鲜奶中撇取奶油一样。根据实践经验,在以下条件下可以采取市场撇脂定价策略:①市场有足够的购买者,他们的需求缺乏弹性,即使把价格定得很高,市场需求也不会大量减少。②高价使需求减少一些,单位成本增加一些,但这不至于抵消高价所带来的利益。③在高价情况下,仍然独家经营,别无竞争者。有专利保护的产品就是如此。④某种产品的价格定得很高,使人们产生这种产品是高档产品的印象。

市场渗透定价策略是指超市把新产品的价格定得相对较低,以吸引大量顾客,提高市场占有率。企业采取市场渗透定价策略须具备以下条件:①市场需求对价格极为敏感,低价会刺激市场需求迅速增长;②企业的生产成本和经营费用会随着生产经营经验的增加而下降;③低价不会引起实际或潜在的竞争。

案例 4-3

苹果新品定价带来的启示

扫码查看案例并分析。

案例:苹果新品定价带来的启示

4. 差别定价策略

差别定价策略是指企业按照不同的价格把同一产品或劳务卖给不同的顾客,包括顾客细分、产品式样、地点、时间定价策略。

顾客差别定价指企业按照不同的价格把同一种产品或劳务卖给不同的顾客。产品形式差别定价指企业对不同型号或形式的产品分别制定不同的价格。时间差别定价指企业对于不同季节、不同时期甚至不同钟点的产品或服务分别制定不同的价格。地点差别定价指企业对于处在不同位置的产品或服务分别制定不同的价格。如月饼在中秋节前后的价格是天壤之别。火车卧铺从上铺到中铺、下铺,价格逐渐增高,这就是地点差别定价。对不同花色、品种、式样的产品制定不同的价格。自来水公司根据需要把用水分为生活用水、生产用水,并收取不同的费用。

李明根据定价策略,结合定价方法,在调研的基础上,为拟优化的商品制定初始价格,结果记录在表 4-5 中。

表 4-5　商品初始定价

商品品类	定价策略	商品名称	商品规格	商品初始定价
水果类				
干果类				
方便面类				
化妆品类				
饮料类				

五、调整商品价格

超市处在一个动态的市场环境中,产品价格的制定与修改都不是一成不变的。必须根据市场环境的变化,不断地对价格进行调整,发动价格进攻战略。价格进攻战略包括两种情况:一是根据市场条件的变化主动调价,即主动变价战略;二是针对竞争对手的价格变动进行的调价,即应对变价战略。但无论是主动变价还是应对变价,超市所面临的价格变动方向都是两个:提价或降价。

1. 步骤一:分析价格调整的原因

成本上升、需求上涨、定价目标调整等是提价的主要原因。商品过时、商品处于销售淡季、商品质量有瑕疵、需求减少或销售萎缩、竞争者降价、商品成本下降等原因造成降价。

2. 步骤二：确定提价或降价策略

超市可以通过在价格不变的情况下减少成本；与供应企业协商，改变商品而价格不变；分类商品提价；提高商品的认知价值等策略来提高价格。降价时要明确降价目的，是为了应付竞争，还是让利顾客，或者是商品的低价处理；选择合适的降价时机和合理的持续时间；确定合适的降价幅度。

今年中秋节前，离李明超市不到 1 公里的地方新开了一家超市，正在举行开业酬宾促销活动，月饼礼盒优惠力度挺大。李明决定调整月饼礼盒的价格（扫码阅读资料），完成月饼价格调整分析，将结果记录在表 4-6 中。

阅读：月饼价格调整背景资料

表 4-6 某款月饼价格调整分析

月饼价格变动趋势（绘制折线图）	
价格调整原因	
使用的调整策略	

 任务评价

通过学习本任务的操作，请学员检查自己是否掌握了所学内容，如表 4-7 所示。

表 4-7 制定价格学习评价表

评价内容	分　值	评　分
1. 理解超市商品定价的影响因素	20	
2. 掌握超市商品价格带的制定方法，制定价格带	40	
3. 掌握定价方法和策略及调价的时机与策略，对商品进行初始定价，并及时根据市场变化调整价格	20	
4. 培养"以人为本"的精神，关注重点民生商品，增强社会责任感	20	
总　　分	100	

 任务拓展训练

案例 4-4

盒马山姆大打价格战

近日，阿里旗下的盒马生鲜与沃尔玛旗下山姆会员商店在一款榴莲蛋糕上开启了价格战,两大零售商之间的"战火"引发了外界的普遍关注。盒马和山姆"你降一块,我降一块"的价格战,从榴莲千层打到奶油西瓜,从线下打上热搜。

目前,盒马与山姆的"战火"还在逐渐扩大。8月21日,继上海、北京之后,盒马在杭州、成都等13个城市推出"移山价"。应声前来参战的美团、大润发等品牌也相继推出了"拔河价""不吵价",愈演愈烈的商战引发了热议。

资料来源:根据钛媒体APP、每日经济新闻等整理。

思考:在消费者需求不断变化的今天,如何应对价格战?

任务二 策划促销活动

学习目标

1. 理解促销的内涵及目的;
2. 熟悉促销品选择的标准;
3. 掌握超市常见促销方式,进行促销方式创新;
4. 熟悉促销活动策划的步骤,撰写可执行且有创意的促销活动方案。

情景导入

国庆节马上就要到了,李明想针对国庆节策划一个促销活动,来扩大销售量,提升超市在社区的影响。那么,选择什么主题来配合国庆黄金周,以何种促销方式,用什么促销商品来吸引顾客?

任务分析

策划促销活动,撰写促销活动方案,需要确定促销目标,制定促销主题,选择促销时机、促销商品、促销方式、促销媒体,制定促销预算,进行促销效果评估。超市需要根据企业的环境特点及商圈顾客特点来策划促销活动。

任务准备

为了更好地达到实训目的,需要做如下准备:
1. 超市年度营销主题;
2. 超市库存盘点记录。

任务实施

一、学习促销内涵及目的

促销活动目的即对市场现状及活动目的阐述。只有目的明确,才能使促销活动有

测一测4-2

的放矢。零售促销是零售商为扩大、占领市场,培育顾客忠诚度而向目标顾客群传递企业经营愿景、产品/服务等企业相关信息,促进销售的一系列活动。为了使促销活动达到预期的目标,在促销活动开始之前,针对促销商品,超市门店需要进行促销调研。常见的调研方法有典型调研、抽样调研、问卷调研和访谈法等。门店可以根据需要采用不同的调研方法对促销目标、竞争对手、促销方式、促销时机进行调研。对竞争对手的调研包括竞争对手的商品质量、价格、陈列、来源等。

动画:花样促销为哪般

要对整个促销活动进行有效的管理,营销人员必须预先确定促销目标,这应当是零售商店营销活动战略计划的自然结果。门店的促销目标就是通过各种有效的促销工具,通知、劝说和提醒顾客,从而提高销售业绩。因此,所有促销目标,归根到底是要提高零售商店的经营效果,而这正是零售商店促销战略计划所要达到的目标(扫码观看相关动画,了解促销的目的)。

(1)以清库存为目的的促销活动

超市里的一些商品一旦超过了特定的时间点,就会变得难以卖出或根本无法继续销售了,这时就需要通过促销,把这类商品在过期前处理掉。如生鲜类、奶制品、果蔬类等具有时效性的商品,棉被、电风扇、冰激凌等具有季节性的商品,要经常进行清库存的促销活动。

(2)以提升销量为目的的促销活动

超市为了把控经营状况,会对超市里的每种商品做一个季度和年度销量计划。当商品即将无法达到目标计划时,就需要通过促销活动加快商品卖出。

(3)以新品上市为目的的促销活动

超市里商品的大结构虽然不会经常改变,但难免会有需要配合厂家推出新商品的情况。这时,我们就需要利用促销,让更多顾客知道新产品上架的事情,并激发他们的兴趣。比如原有的商品出了新品种(如巧克力出了新的口味),全新的品牌进驻超市等,都需要促销打开市场。

(4)以提升知名度为目的的促销活动

超市想要提高销量,挖掘更多顾客,首先要扩大超市的知名度。尤其是新开业的超市,就要通过这样的促销来提升自身的知名度,让更多人知道这家超市的存在。

二、熟悉促销商品选择标准

顾客的基本需求是能买到价格合适的商品,所以促销商品的品种、价格是否具有吸引力将影响促销活动的成败。一般说促销商品有以下选择:节令性商品、敏感性商品、众知性商品、特殊性商品和引进新品。其中,节令性商品是指在生产、收购和销售上有显著季节性特点的商品,如农副产品、夏凉商品、冬令商品等。敏感性商品是指像大米、鸡蛋等一般必需品,消费者易感受到价格的变化。选择这类商品作为促销商品,可采用折扣促销方式,低价吸引更多顾客。众知性商品是指品牌知名度高、市场上随处可见、容易取代的商品。特殊性商品主要指超市自制的特色品类、自有品牌或本地商圈无可比较的商品,这类商品的促销主要体现其稀缺性,价格不宜太低但要注意品质保证。引进新品的爆款打造并不是单纯依靠低价,而是要首先取得供应商的大力支持打开市场,可以考虑与集客力强的商品配合做关联性主题营销,产生联动带货效应。

各类促销商品的占比应充分考虑促销背景,一般情况下,30%左右商品是敏感性商品,应季商品的促销要占到整个促销单品的一半以上,新品尽量不要超过5%,可以面向会员保证有10%左右的促销单品。剩下的可以考虑特殊性商品或者滞销商品等。

李明根据库存相关数据选择促销商品(扫码完成动画学习,并查看库存进销存盘点表),结果填写在表4-8中。

动画:促销品的选择

表4-8 促销商品登记表

时间:____月____日

促销品类别	商品名称	数量	原价	活动价	促销费用	促销形式
节令性商品						
敏感性商品						
众知性商品						
特殊性商品						
引进新品						

图表:库存进销存盘点表

三、撰写促销活动方案

有说服力的、操作性强的促销活动方案,是促销实施的基础和成功的保证。一份完整的促销活动方案,需要包括以下内容:活动目的、活动主题、活动方式等。如何撰写促销活动方案?

1. 第一步:确定活动目的

面对即将到来的国庆黄金周,李明决定本次超市促销的目的是:_____。

2. 第二步:制定活动主题

选择什么促销形式和什么促销主题,要考虑活动的目标、竞争条件和环境及促销的费用预算和分配。在确定了促销主题之后,要尽可能艺术化地开展促销活动,淡化促销的商业目的,使活动更接近于消费者,这样才能打动消费者。

根据促销目的,制定合适的促销主题,可以使顾客更清楚地了解促销的原因,赢得顾客的好感。大多数门店会选择开业、周年庆、竞争、节假日来作为促销主题。促销主题的选择应把握两个字:一是"新",即促销内容、促销方式、促销口号要富有新意;二是"实",且简单明确,顾客能实实在在地得到更多的利益。

促销时间的选择是否得当,会直接影响到促销的效果。促销时机选择得当,不仅会使促销目标得以实现,还可以使得促销活动有机地与门店整体经营战略融合。通常来说,不同的季节、气候、温度,顾客的行事习惯和需求都会有很大的差异,一个良好的促销计划应与季节、月份、日期、天气和重大事件等相互配合(见表4-9)。

表 4-9 某超市促销活动主题

1月	迎春大特卖	7月	欢乐暑假趣味竞赛
2月	冬季大出清及开学用品特卖	8月	开学季换新
3月	妇女节特卖	9月	中秋礼品展与敬师礼品
4月	春假郊游烤肉上市	10月	秋季美食大展
5月	冰夏商品特卖及母亲节——妈妈画像比赛	11月	火锅食品上市
6月	考前补品	12月	冬令进补及圣诞礼物、岁末再见大回馈

表 4-9 所示是某超市全年的促销主题,请结合营销战略、全年节假日、超市周年庆特殊日期等制定促销规划。

根据促销目的,李明制定超市国庆黄金周促销主题为:_____。

3. 第三步:选择促销形式

选择促销形式要充分考虑市场类型、促销目的、竞争情况及每种促销形式的成本效益等各种因素。常见的线上线下促销形式主要有以下几种。

(1)折扣促销。这是一种线上线下都可以使用的促销方式。折扣促销是可以使消费者以低于正常水平的价格获得商品或利益的一种促销形式。它的关键是让消费者知道商品减价多少,以此来决定是否购买某种商品。超市比较常见是数量折扣、会员折扣、限时折扣,如图4-1所示。

图 4-1 折扣促销

> 案例 4-5

天猫无人超市上推出的"情绪营销"是如何实现的

扫码观看动画,并进行案例分析。

(2)赠品促销。赠品促销是最古老也是最有效最广泛的促销手段之一,包括直接赠送、附加赠送等。注意赠品要能激发大家参与,与产品有相关性,使用率要高,如超市方便面促销送饭盒等。赠品促销多是因为迫于市场压力,短时期内为扩大销量而采用的促销行为,如图4-2所示。在线上赠品促销一般使用产品小样及运费险等赠品。

(3)优惠券。优惠券是对消费者购买的一种奖励手段。比如,顾客消费达到一定额度时,给消费者发放的一种再次购物折让的有价凭证,如图4-3所示。通常这种优惠消费券只能在超市指定的区域和规定品类中使用。优惠券同积分兑换类似,主要是为了吸引消费者持续购买,保证超市的客流量。线上体现为满减、满送、满返等不同形式的优惠券。

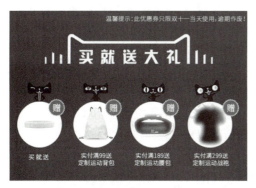

图 4-2 赠品促销

图 4-3 优惠券促销

(4) 抽奖促销。抽奖促销是以一个人或数人获得超出参加活动成本的奖品为手段进行的商品或服务促销,如图 4-4 所示。网上抽奖活动主要附加于调查、产品销售、扩大用户群、庆典、推广某项活动等。消费者或访问者通过填写问卷、注册、购买产品或参加网上活动等方式获得抽奖机会。奖金或奖品要有吸引力,采用金字塔形,一个高价值的大奖,接着是中价位的奖品,最后是数量庞大的低单价的小的奖品及纪念品。奖品选择价值和形式是关键,但要记住抽奖促销最高金额不得超过 5 000 元。抽奖促销短时间内能够激起消费者的参与兴趣,产生良好的促销效果,最好是将抽奖过程公开化。

(5) 捆绑销售。捆绑销售是将两种产品捆绑起来销售的销售和定价方式。实践中捆绑销售产品应选择具有互补性的产品,如图 4-5 所示。也有为了优惠购买、扩大销售量的捆绑。线上主要体现在买送,如买二送一。

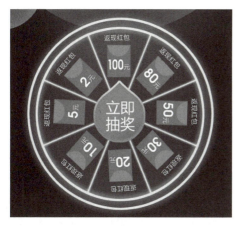

图 4-4 抽奖促销

图 4-5 捆绑销售

(6) 秒杀。所谓秒杀,就是线上发布一些超低价格的商品,所有买家在同一时间网上抢购的一种销售方式,通俗一点讲就是网络商家为促销等目的组织的网上限时抢购活动,如图 4-6 所示。由于商品价格低廉,往往一上架就被抢购一空,有时只用一秒钟。常见形式有一元秒杀(一般都是限量 1 件或者几件,秒杀价格绝对低到令人无法相信也无法抗拒)、低价限量秒杀(低折扣秒杀,限量不限时,秒完即止)、低价限时限量秒杀(低折扣秒杀,限时限量,在规定的时间内,无论商品是否秒杀完毕,该场秒杀都会结束)。

(7) 免费试用(试吃、试饮)。这是适合线下的体验式促销方式。免费试用是指超市或者商家为了打消客户的某些顾虑,为其用户提供的无需支付任何费用就可以使用商品的一种活动。免费试用(试吃、试饮)多用于新产品上市,鼓励消费者消费、购买新产品,让消费者了解新产品,如图4-7所示。越来越多的试用网站正在互联网上兴起,越来越多的商家也选择这种推广平台来树立自己的品牌和形象。

图 4-6 限时秒杀　　　　　　　　　　　图 4-7 免费试吃

(8) 现场展示。现场展示是指将产品陈列在柜台,以给消费者直观感受,达到吸引消费者购买的目的,主要有终端陈列和售点宣传等方式,如图4-8所示。现场展示销售可以给消费者留下最直观的印象,但由于超市卖场场地有限,有时候可能吸引不了消费者的注意和购买热情。现场展示或主题式陈列等多用于季节性商品或节庆用品等,如春季的年货、中秋的月饼、夏季的拖鞋及防蚊用品等。

(9) 人员推广。人员推广是最原始但有时也是最有效的产品促销策略,可以弥补广告与促销信息之间的信息沟通不足的弊病,但促销成本高,管理难度大。人员推广往往同试吃、试用、试饮等方式结合,推销新产品,或阻击竞争对手,扩大市场占有率等。

图 4-8 现场展示　　　　　　　　　　　图 4-9 人员推广

盒马鲜生的促销新花样

盒马推出的"养盒马领福利"促销活动,即把宠物的成长与顾客购买时间、金额以及优惠券等捆绑在一起,既具有娱乐性,又具有激励性。凡在盒马购物的消费者都可以领养一只小盒马,消费者为小盒马选择性别和姓名。

特别值得一提的是小盒马的性别选项是男、女而不是公、母。这样做的好处是赋予了小盒马人性,就如同消费者领养的孩子。中国消费者的消费心理是再苦也不能苦了孩子。即使自己没钱,也要给孩子提供良好的物质条件。有些消费者为了把自己的"小盒马"养好,即使没有特别需要,也会想办法消费。

主人自然盼望小盒马越长越大。小盒马的成长规则:每日成长需消耗1千克,每消费10元,次日8点前会长1千克的体重。小盒马每天都有成长记录。盒马用户规定时间内完成相应的任务内容,即可获得相应的权益。任务包括规定时间内的购买天数,规定时间内的消费总金额,如:消费者连续4天购买到500元就能获得相应的权益。消费天数是为了保障盒马鲜生线上APP的来客数,消费金额则是为了保障客单价,来客数和客单价之积则是门店的销售收入。所谓顾客获得的权益就是盒马鲜生的消费者可以获得促销优惠券。

为了给消费者直观的反映,界面会直接显示针对该消费者的时间和任务的具体要求。盒马鲜生的APP页面突出显示完成任务能够获得的优惠券,优惠券通常比较有吸引力,以期对消费者有巨大的激励作用。

消费者对生活必需品的价格非常敏感,但是消费一旦和娱乐消遣挂钩,消费者对价格的敏感度就会大幅度降低。"养盒马领福利",盒马福利社是盒马鲜生APP的一个重要功能选项,该选项增加了在盒马购物的娱乐性和趣味性,与消费者建立感情联系。

盒马鲜生充分利用感情联系和顾客数据,突破了传统"一对多"的促销方式,设计了一系列"一对一"的精准营销方式,实现了盒马创始人侯毅在盒马筹备期间所说的话:用多维击单维。

资料来源于联商网,有删减。

4. 第四步:确定活动时间和地点

促销活动的时间和地点选择得当会事半功倍,选择不当则会事倍功半。在时间上尽量让消费者有空闲参与,在地点上也要让消费者方便,而且事前要与政府部门沟通好。最好也要深入分析一下促销持续的时间效果。持续时间过短会导致这一时间内无法实现重复购买;持续时间过长,又会引起促销费用过高且市场形不成热度,并降低在顾客心目中的身价。

5. 第五步:选择促销媒体

一个成功的促销活动,需要全方位的广告配合。选择什么广告创意及表现手法?选择什么媒体宣传?这些都影响到受众抵达率和费用投入。门店促销活动因受促销预算、门店规模、商圈等因素的限制,一般很少采用电视、报纸等大众媒体,而常常采用宣传单、POP广告、店内广播等传统媒体以及短视频、小红书及微信群等新媒体。

6. 第六步：确定费用预算

没有利益，促销就没有存在的意义。要对促销活动的费用投入和产出做出预算。确定促销预算的总的原则：因促销而为卖场做出的贡献应当大于促销费用的支出。制定促销预算的常用方法有营业额百分比法、量入为出法、竞争对等法和目标任务法等，见表4-10。

表4-10　四种方法的优缺点

预算制定方法	方法要点	优点	缺点
营业额百分比法	根据年度营业目标的一定比例来确定促销预算，再按各月的营业目标分配到各月	简单、明确、易控制	缺乏弹性，未考虑促销活动的实际需求，可能影响促销效果
量入为出法	根据卖场的财力来确定促销预算	能确保企业的最低利润水平，不至于因促销费用开支过大而影响利润的最低水平	由此确定的促销预算可能低于最优预算支出水平，也可能高于最优水平
竞争对等法	企业按竞争对手的大致费用来决定自己的促销预算	能借助他人的预算经验并有助于维持本超市的市场份额	情报未必确实且每家公司的情况不同
目标任务法	根据促销目的和任务而确定促销活动，再据此确定一年所计划举办的促销活动和每一次促销活动所需要的经费	注重促销效果，视预算较能满足实际需求	促销费用的确定带有主观性，且促销预算不易控制

实操视频：超市怎么做好促销活动

李明扫码观看实操视频后，同营销部门就促销主题、促销品选择及促销活动形式等促销活动方案策划细节进行研讨，结合样例格式（扫码阅读样例），形成了超市国庆促销活动方案，并记录于表4-11中。

表4-11　促销活动方案

阅读：端午节促销策划方案样例

促销活动目的	
促销活动对象	
促销活动主题	
促销活动形式	
促销活动时间	
促销活动地点	
促销活动预算	

 任务评价

通过学习本任务的操作，请学员检查自己是否掌握了所学内容，如表4-12所示。

表 4-12 策划促销活动学习评价表

评价内容	分值	评分
1. 理解促销的内涵及目的	20	
2. 熟悉促销品选择的标准	20	
3. 掌握超市常见促销方式,进行促销方式创新	20	
4. 熟悉促销活动策划的步骤,撰写可执行且有创意的促销活动方案	40	
总　　分	100	

 任务拓展训练

撰写一份元旦线上线下融合新媒体促销活动策划方案。

任务三　实施促销活动

 学习目标

1. 明确促销活动实施过程中的关键要素,通过关键要素核查发现问题;
2. 掌握促销活动效果评估关键指标,精准计算促销效果评价关键指标;
3. 掌握促销活动效果评估方法,灵活运用评估方法进行效果评估;
4. 培养数字分析素养,通过数据分析发现问题,并提出可行的创新型解决方案。

 情景导入

李明拟实施国庆策划方案,该做哪些准备以达到预期促销效果?实施过程中突发状况又如何处理?在实施促销后,如何来评估此次促销活动?

 任务分析

促销活动实施方案是促销实施的基础和成功的保证。在促销活动开始前应充分准备,加强宣传,在执行过程中应注意活动纪律和现场控制,后期要对促销活动进行效果评估。在执行促销活动后,需要对促销活动评估进行业绩评估、促销效果评估、供应商配合状况评估、自身运行状况评估,来了解促销活动效果。

 任务准备

为了更好地达到实训目的,需要做如下准备:

1. 促销活动方案；
2. 超市促销活动前后销售数据。

任务实施

一、实施促销活动

1. 促销实施前的准备

促销活动的实施到位是确保促销活动效果的关键。促销开始前，相关部门要召开促销会议。针对促销活动的方案进行分解，商品部门采购哪些商品，促销部门进行哪些陈列、宣传，运营部门要执行哪些重点，管理部门要配合哪些后勤等。除此之外，在促销活动实施前，还应该特别注意以下事项。

（1）人员方面。加强对促销人员的培训，是门店促销的首要问题。如果促销人员业务素质不高，将给企业的促销带来浪费，而且普通促销人员和高效率的促销人员在促销结果上，也会有很大的不同。

为了有效地做好促销工作，门店服务人员必须保持良好的服务态度，并随时保持服装礼仪的整洁，给顾客留下良好的印象；促销人员必须都了解促销活动的起止时间、促销商品及其他活动内容，以备顾客咨询；各部门主管必须配合促销活动安排适当的出勤人数、班次、休假及用餐时间，以免影响购物高峰期间对顾客的服务。

（2）商品方面。在商品管理方面要注意：要准确预测促销商品的销售量并提前进货，促销商品必须充足，以免缺货造成顾客抱怨，丧失促销机会；促销商品价格必须及时调整；新产品促销应配合试吃、示范等方式，以吸引顾客消费；商品陈列必须正确而且能吸引人，除了应该在促销活动中必须做出的各种端架陈列和堆头陈列外，还要对陈列做出一些调整，以配合促销达到最佳效果。

（3）广告宣传方面。超市促销活动主要靠广告宣传，方法手段不计其数，派发宣传单、海报、横幅、现场活动以及报纸、电视、网络等媒体投放，都是广泛使用的手段。广告宣传的目的是吸引客流量，而且是有效的能达成交易的客流量。因此，广告宣传的投放目标一定要精细，还必须有足够的创意来引起消费者关注。在宣传方面必须注意：确定广告宣传单均已发放完毕，以免滞留卖场逾期作废；广告海报、宣传横幅等应张贴于最佳位置。

（4）卖场氛围布置。卖场氛围可以根据促销活动进行针对性的布置，同时辅之以各类商品的灯具、垫子、隔物板、模型等用品，以更好地衬托商品，刺激顾客的购买兴趣；也可以播放轻松愉快的背景音乐，使顾客感觉更舒适；必要的话，可以适当安排专人在卖场直接促销商品。

根据促销活动方案，李明完成促销前关键事项核检表（扫码观看动画），并记录于表4-13中。

动画：关键事项核检表

表 4-13　促销前关键事项核检表

类别	核检项目	是	否
促销前	促销宣传单、海报是否准备妥当		
	促销人员是否进行培训		
	促销商品是否准备到位		
	相关部门是否做好促销商品变价手续		

2. 促销实施中的控制

促销中，活动现场各环节要安排清楚，有条不紊。具体体现在以下几个方面：

（1）人员到位。销售人员、促销负责人和执行人员要提早到场，再次确认准备工作是否到位，整理广告宣传品、陈列盒标价。当天主管要全程跟进，了解准备不足和方案欠妥之处以调整改善，并对促销人员进行现场辅导。

（2）现场管理。对促销活动现场管理包括礼仪、服装、工作纪律、检核方式、需填表单、薪资以及奖罚制度；主管要不定期地巡场，对现场工作人员是否按岗位职责积极认真工作做出检核打分，并通知当事人。

（3）及时补货。促销期越长，越容易出现断货现象。必须规定销售人员高频回访，检核库存，确保库存安全。

（4）促销宣传。包括店门外醒目的促销信息，货架上促销告知信息，堆头促销区的广告宣传品传达的促销信息，超市促销广播等。

（5）公共安全预防。重视商场促销活动的公共安全预防。应在事前制定充分应急预案，安排足够人员，设计合理程序，防患于未然。

根据促销活动方案，李明完成促销中关键事项核检表，并将核验结果记录在表4-14中。

表 4-14　促销中关键事项核检表

类别	核检项目	是	否
促销中	促销商品是否齐全、量够		
	促销商品是否变价		
	促销商品的宣传是否到位		
	促销商品的陈列是否有吸引力		
	卖场的促销气氛及购物环境是否有诱惑力		
	促销人员的服务是否到位		
	公共安全预防措施是否到位		

二、促销活动效果评估

促销是超市提高客流量、销售额和毛利等经营指标的重要手段，进而实现扩大市场占有率、提高盈利能力、提升品牌知名度、行业地位、培育竞争优势、提高企业市场价值

微课:超市运营都要学的促销效果评估

的最终目的。超市每次促销除了希望在促销期间提高经营指标之外,更重要的是促使经营指标持续增长,以实现促销的最终目的。此外,超市的促销活动每年要进行多次。因此,每次促销活动之后,就必须对本次促销活动的效果进行评估,总结成功的经验,找出教训和不足(扫码观看相关微课)。

通常情况下,如果促销活动的实施绩效为预期目标的95%～105%,则为正常情况;如果达到预期目标的105%以上,则是高标准表现;如果在预期目标的95%以下,则需要在今后的工作中加以改进和提高。

1. 主要评估指标

测一测4-3

销售额是衡量超市行业地位的主要指标,毛利是代表盈利能力的标志。而促进超市销售额增长的途径包括客流量、客单价和成交率的提高。同时,品牌知名度、忠诚度和美誉度既是企业的无形资产,也是保证超市销售额持续增长的基础,这些和广告效果、店内商品和服务的组织有直接关系。因此,超市促销评估的基本指标就是销售额、毛利额、客流量、客单价、成交率、市场占有率、超市的价格、商品质量和服务形象以及促销费用与销售额、毛利、客流量增量的比例等。根据用途、来源和获取方式,这些指标可以分为以下几类。

(1) 促销计划指标。超市一般都有年度促销计划和每次促销活动计划,对某次促销活动的评估一般只涉及本次促销活动计划。一次促销活动的计划中涉及的主要指标和内容除上述基本指标外,还包括促销商品的准备和供应商的配合默契情况,以及促销活动在超市内部的落实和准备情况等内容。这些计划指标的实施结果是衡量促销效果的重要依据。

(2) 内部业绩指标。即促销期间超市所实现的上述基本指标。这些指标一是可以从企业信息管理系统中直接提取,或从企业财务核算中获得,如销售额、毛利额、客流量、客单价、成交率以及广告宣传费用等;二是靠采购人员和门店员工打分评估,如促销商品的准备和供应商的配合默契情况等;三是依据企业管理人员检查考核的结果,如促销活动的在超市内部的落实和准备情况等。

(3) 外部环境指标。外部环境指标是用来评定通过本次促销对企业品牌形象、行业地位、行业影响力的作用。这类指标是需要通过顾客问卷调查和访谈调查来获取,如企业价格、产品质量和服务形象等;二是需要通过实地调查、资料分析、推算等方式得出,如促销期间竞争对手的反映、市场容量和行业动态等。如市场占有率＝某超市的销售额/市场容量,而市场容量就要通过交易量、GDP 增长率等推算出来后,再根据专家预测和经验数据进行验证得出的。

2. 主要评估方法

(1) 同比分析。一般选取今年的促销活动期间和上一年同一个促销活动期间或者其他促销活动期间进行同期比较,比如2022年的"十一"黄金周的7天和2021年的"十一"黄金周的7天进行比较。

(2) 环比分析。选择促销前、促销期和促销后3个相同的时期的数据进行比较。如某超市2023年的"五一"黄金周前后的客流量为:4月24日—28日为38 270人,4月29日—5月3日为68 066人次,5月4日—8日为45 005人次。因此,相对于促销前期,促销期、促销后客流量较促销前分别增长了 29 796 和 6 735 人次。

（3）比率分析。除了数额变化分析外，还需要进行比率分析。一是增长比率分析，如销售额增长百分比的同比和环比分析。二是某指标和另外某些指标间的比率的同比和环比分析，如本超市销售额占整个市场容量的百分比，即市场占有率分析，促销费用占销售额、毛利额增量的比率分析等。

（4）调查法。超市组织有关人员抽取合适的消费者样本进行调查，从而掌握超市促销活动的效果，比如：消费者对促销活动的反映，哪些方面好，哪些方面不足；服务形象等。

（5）观察法。观察法便于操作，且十分直观。它主要通过观察促销活动中的重要细节，来了解超市促销活动的效果。比如：顾客在折价销售中的踊跃程度；优惠券的回收率；参与抽奖及竞赛的人数等。

3. 促销效果评估实操演示

2023 年 10 月 1 日—10 月 7 日，李明超市组织实施了"六周年店庆"促销活动，活动主题是"邀您共享 6 周年的喜悦"。主要内容包括：购物金额达 66 元可以获得赠送的礼物；购物满 666 元可得 60 元的现金折扣券等。下面对促销活动实施效果进行评估。

（1）第一步：收集数据。选取 2023 年 9 月 24 日—9 月 30 日（促销前）、2023 年 10 月 1 日—10 月 7 日（促销中）和 2023 年 10 月 8 日—10 月 14 日（促销后）3 个时间段进行环比分析；选取 2023 年 10 月 1 日—10 月 7 日和 2022 年 10 月 1 日—10 月 7 日用于同比分析。

（2）第二步：计算相关指标。选取客流量、成交率、客单价、销售额、毛利额、广告费与销售额、毛利额和客流量增量的比率、价格形象、商品质量形象和服务形象等（扫码查看相关表格样例）。

图表：促销活动效果评估分析表格样例

（3）第三步：促销效果分析。

① 经营效果分析。通过数据统计计算得出结论，从销售额指标来看，促销期比促销前环比增长 65.89%，说明促销取得了良好的效果，见表 4-15。

表 4-15 促销效果分析表

指标	环比		与去年同比
	促销期比促销前	促销后比促销前	
客流量	26.82%	12.12%	16.26%
成交率	58.08%	22.21%	17.32%
客单价	74.87%	12.26%	8.93%
销售额	65.89%	26.37%	34.41%
毛利率	29.48%	19.87%	5.96%

② 价格形象、商品质量形象和服务形象分析。在店内发放了 100 份顾客问卷，请根

据商店的价格、商品质量和员工服务进行评分。根据问卷汇总结果显示,与上一年黄金周促销期间相比,这3项指标基本没有变化。

③ 广告费与销售额、毛利额和客流量增量的比率分析。如表4-16所示,客流增量广告费表示每增加0.05元客流增加1人,要想提高客流量,需增加广告费,但广告费也不能无限制地增加。销售增量广告费表示每增加21.64元销售额就增加1元广告费。毛利增量广告费表示每增加3.46元毛利就增加1元广告费。边际成本较高,需要谨慎投入广告费用。

表4-16 广告费与销售额、毛利额和客流量增量比率分析

客流增量广告费(元)	销售增量广告费(元)	毛利增量广告费(元)
0.05	21.64	3.46

根据促销活动方案,李明完成促销后关键事项核检表,并将结果记录于表4-17中。

表4-17 关键事项核检表

类别	核检项目	是	否
促销后	过期的海报、宣传单是否撤走		
	商品是否恢复原价		
	商品陈列是否恢复原状		
	卖场的布置是否得到调整		
	营业数据是否达到预期目标		

任务评价

通过学习本任务的操作,请学员检查自己是否掌握了所学内容,如表4-18所示。

表4-18 实施促销活动学习评价表

评价内容	分值	评分
1. 明确促销活动实施过程中的关键要素,通过关键要素核查发现问题	20	
2. 掌握促销活动效果评估关键指标,精准计算促销效果评价关键指标	20	
3. 掌握促销活动效果评估方法,灵活运用评估方法进行效果评估	40	
4. 培养数字分析素养,通过数据分析发现问题,并提出可行的创新型解决方案	20	
总 分	100	

案例 4-6

99公益日呼唤"代言人"

在2017年,腾讯"1元购画"活动刷爆朋友圈,人们开始意识到,公益营销也可以在众多营销形式中脱颖而出,变成现象级的大热案例。随着用户使用习惯的碎片化,社交平台和短视频营销形式的花式崛起也让公益营销的套路开始多变起来。

腾讯99公益日联合华润万家进行了一次捐献活动,同步上线的还有一个名为《为家乡种希望》的线上H5作品,实现线上线下的联动覆盖。2018年8月29日,腾讯公益与华润集团携手,在全国463家华润万家门店上线"捐希望"主题活动,售卖全国各地贫困地区的扶贫相关产品,助力精准扶贫。用户扫描现场二维码即可参与活动H5互动,并直达"家乡公益"平台,用公益行动反哺家乡。在华润万家超市里,99公益日专属"捐希望"货架摆放着来自全国各地扶贫计划产出的"家乡产品"。在异乡超市,买地道的家乡味道。华润置地旗下的深圳万象天地还同步举行"为家乡,种希望"主题活动,打造了"梦幻树屋""守护家乡"等多个专属互动装置,参观者可在此感受到家乡公益特色。

99公益日是腾讯公益联合数千家公益慈善类组织、知名企业、明星名人、爱心媒体,在中央网信办、民政部指导下,响应国家中华慈善日(每年9月5日)的号召,发起的一年一度全民公益活动。《财富》杂志公布2023年"改变世界的公司"榜单,腾讯凭借99公益日上榜。99公益日始于2015年,由腾讯公益联合各方发起,迄今已连续举办9年。数据显示,9月10日刚刚收官的2023年99公益日期间,公众参与人数超过1.2亿,较去年翻了一倍;爱心符号"小红花"互动量超过3亿,公益共创迎来新高潮;公众筹款超过38亿元,接近2/3的善款关注乡村振兴类项目。

资料来源:根据澎湃新闻、新浪新闻等整理

思考:促销效果评估是不是仅关注经济效益?

项目五　预防与控制门店损耗

▲ 项目说明

超市属于微利的行业,而无处不在的商品损耗却在蚕食企业微薄的利润,损耗越大,利润就越少。因此,有效控制损耗就可以直接创造企业的直接利润。

本项目有2个任务,分别介绍了控制商品损耗和处理突发事件。

▲ 项目目标

【知识目标】

1. 理解商品损耗的内涵、类型及突发事件的内涵;
2. 掌握商品损耗产生的原因、商品损耗控制的基本做法、突发事件处理的原则及突发事件应变小组的构成;
3. 熟悉商品损耗原因分析的步骤及卖场常见突发事件的防范与处理流程。

【技能目标】

1. 准确找出商品损耗的原因;
2. 结合新理论和技术对症给出损耗控制的措施;
3. 独立组建应变小组,独立处理卖场突发事件。

【素质目标】

1. 具备创新意识,在学习和实践中提出独特的想法和解决方案;
2. 树立"人民至上,生命至上"的理念,使其成为行动的根本准则和价值追求。

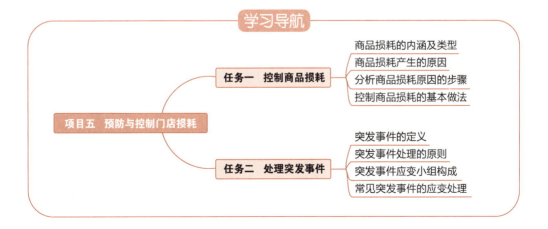

任务一　控制商品损耗

 学习目标

1. 理解商品损耗的内涵及类型；
2. 掌握商品损耗产生的原因；
3. 熟悉商品损耗原因分析的步骤，准确找出损耗原因；
4. 掌握商品损耗控制的基本做法，结合新理论和技术对症给出损耗控制的措施。

 **情景导入**

社区超市开业3个月，生意一直挺红火，但净利润却不太理想。店长李明百思不得其解，仔细核对账本之后，竟发现是因店内生鲜损耗太大所致。这其实是很多超市卖场最为头痛的问题，因为吃掉的是净利润。通常，一个单品的损耗要5个商品的销售利润才能补起来，这对于平均毛利仅有十几个点的超市来说，伤害是极大的。那么，是什么原因造成了损耗？这些损耗有没有办法可以预防和控制呢？

 任务分析

商品损耗一般可以分为自然损耗、人为损耗、意外损耗三种。超市中生鲜占比较大，属于高损耗产品，损耗严重，故而尤其值得关注。据以往经验，门店的损耗大部分还是由于管理不善导致的，所以商品营运的各个环节操作都需要进行有效管理。那么如何有效管理呢？首先要分清商品损耗的类型，熟悉损耗产生的原因；其次依托数据分析结果召开店内损耗控制会议；再次按照损耗原因分析的步骤，找出商品出现损耗的原因，并有针对性地采取措施；最后加强管理，堵塞漏洞，尽量使各类损失减少到最小。

 **任务准备**

为了更好地达到实训目的，需要做如下准备：
1. 超市生鲜盘点结果数据报表；
2. 超市损耗率超标的生鲜商品的进销存系统数据；
3. 确保电脑等设备能正常使用；
4. 确保网络正常且稳定。

 任务实施

一、学习商品损耗的内涵及类型

损耗是指门店接收进货时的商品零售值与售出后获取的零售值之间的差额。损耗商品包括那些看得见损坏的商品、不能出售或折价出售的商品（促销商品不在此内）与看不见的丢失商品，当然也包括由于商品品质等原因售出去后，被顾客退换回来的商品等。

自然损耗，即商品自身造成的损耗，比如水果中有坏果、蔬菜有腐坏等。人为损耗就是因为运输或管理储存不当导致产品损坏，这个一般可控，也是我们需要重点控制的。而意外损耗就是由于意外因素导致的损耗，比如储存措施无法实施、气候原因等。

二、掌握商品损耗产生的原因

（1）因作业错误而造成的损耗。如收银员收到假钞或是理货员陈列方法不当，造成商品因位置不佳而倒塌；抑或是计量人员因业务不熟练或责任心不强计错价，如将1斤价格为5元的精品红富士计价成2元的普通红富士。验收人员在验收过程中没有仔细检查货品数量、包装而导致在运输过程中损坏或变质、过期，无法再次销售的商品。

（2）因偷盗而产生的损耗。这里的偷盗可能是员工禁不起诱惑的监守自盗，又或是防不胜防的顾客偷窃。

（3）因管理不善而造成的损耗。未经批准的打折或降价；产品销路不畅；退货积压过多；商品价签与计算机系统内的价格不太一致。

（4）意外损失而造成的损耗。水灾、火灾、台风和停电造成的商品损耗。

三、分析超市商品损耗原因

超市商品损耗原因分析一般选择从商品营运流程分析切入，依据数据分析结果有针对性地检视营运各环节，对可能造成损耗的原因进行逐一排查，以最终确定损耗的来源。具体操作如下：

步骤一：店长李明查看库存盘点报表数据（扫码查看），对照生鲜损耗控制标准（参考表5-1），确认损耗率超标的商品品类；然后，进一步查看损耗超标生鲜商品的进销存数据（扫码查看）；接着据数据分析结果，找出超市商品中进销存报表存在异常的商品品名及异常点，并将分析结果填写入表5-2。

图表：李明门店的库存盘点报表数据

图表：损耗率超标的生鲜商品的进销存数据

表5-1 超市生鲜各类别毛利率与损耗率对比

序号	分类名称	毛利率	损耗率
1	猪肉	12%	1.5%～2%
2	禽类	15%	2%～3%
3	禽蛋	5%	3%～4%
4	冰鲜水产类	15%	3%～4%
5	蔬菜类	15%	3%～4%
6	水果类	20%	4%～5%
7	面制品	50%	4%～5%
8	豆制品	25%	1%～2%
9	熟食制品	25%	4%～5%
10	面包	50%	4%～5%

表 5-2　进销存数据分析结果

序号	商品编码	商品品名	进销存数据异常点描述

步骤二：店长召集生鲜组、收银组、防损组等相关负责人，召开损耗控制复盘会，针对数据异常的商品，检视其销售前的订货、收货及搬运及后场管理环节，确认是否存在因以下原因而造成的损耗：

（1）订货环节。因忽略商品库存量、天气节假日等因素、市场调查及未及时加减单而造成的订货过量却无法退货或不足，而错失销售机会的损耗。

（2）收货及搬运环节。因收货时未按订单核对商品数量少收，抽检方式不对，如成熟香蕉逐片翻查，鲜活、冰冻商品未及时卸货，易碎商品卸货搬运时未能轻拿轻放，而造成商品机械性损伤产生损耗。

（3）后期管理环节。因库存管理不当，如因商品周转期管理不当，致使商品滞留库中太久；商品码放方式不对，如库存商品堆放层数过高致使底层商品压伤；保鲜/养殖方式错误，如蔬菜筐顶部浇筑冰水未浇透；设备故障未能及时维修，如冷柜制冷效果不佳等，造成商品损坏变质而产生的损耗；因员工违规操作如白菜先切后剥叶而产生的损耗。

步骤三：检视商品销售中的商品上架及销售环节，确认是否存在因以下原因而造成的损耗。

（1）商品上架环节。因未按商品情况陈列、反复调整，上货时未能轻拿轻放，陈列量过多且毫无防护用具、随意陈列等造成的商品机械性损伤而产生的损耗。

（2）商品销售环节。因销售过程中存在诸如定价不合理、打错商品价格标签、未能及时调出次品影响台面商品质量，致使商品价值降低；商品加工不到位，如烤焦的烤鸡；商品滞销；台面下存货过多产生变质及二等商品处理不到位等而造成的销售损失。

步骤四：检视营业结束收摊时，确认是否存在如因商品未挑选分类、未正确保鲜、未向供货商及时退货及未正确报损等未按正确流程收摊而造成商品品质及价值受损。

步骤五：检视是否存在诸如因部门间调拨、领用未及时登账、计量错误、盘点错误、孤儿

微课：超市偷盗与防范

商品处理不及时、内盗外盗(具体实操扫码观看相关微课)及退货商品丢失等其他原因造成的损耗。

检视结束后,将商品损耗原因分析的结果记录在表 5-3 中。

表 5-3 商品损耗原因分析记录表

序号	商品编码	销售前			销售中		营业结束	其他原因
		订货环节	收货搬运环节	后期管理环节	商品上架前	商品销售	收摊环节	

备注:商品在哪个环节出现损耗,就将其具体原因记录在相应的单元格中。

四、制定商品损耗控制措施

1. 熟悉商品损耗控制的基本做法

(1) 销售前商品损耗控制措施。

① 做到以需定进,优化商品结构:订货前采购需定期进行市场调查,及时了解顾客需求的变化;充分考虑天气、节假日等影响销售的因素,通过进销存数字化监控体系及时了解商品销量及库存的变化,做好订货点预测和下单。

② 强化收货作业的规范管理,保证商品货单同行:按照不同品类制定详细的验收标准,要依据商品特性进行抽检;要按商品特性快速卸货,特别是活鲜、冰冻商品,卸货搬运时要轻拿轻放;商品品质、数量验收需要收货人员及商品部专业人员的双方确认。

③ 加强库存管理:库存商品要标好入库日期,定期盘存,确保商品先进先出;库存商品按商品特性及要求码放,不要码放太高;活鲜商品需按生鲜保鲜知识正确养殖,安排专人定时巡查设备,及时解决问题。

④ 强化对于操作标准的专业培训,提升实操能力:建立一套完整的新员工培训机制,确保合格上岗。

(2)销售中商品损耗控制措施。

建立门店上架、理货、陈列、销售的标准化实操手册。按商品特性陈列上架,如冰冻产品采用自动降温处理进行陈列上架;易机械性损伤的商品采用陈列护具;易破损的商品上架时轻拿轻放;时时关注场内商品价签和POP价格的准确性,在成本定价的基础上及时依据市调行情和进销存情况,做好调价使得价格更具竞争性;销售理货时要做到"一理二添三折价四修正"。一理:高峰时快速挑出次差的商品,低峰时把台面商品全部整理一遍,并做好台面清洁;二添:及时添货,将品质佳的商品添入正常台面,随手挑出品质差的商品(有些商品需上架前做挑选,分等级上台面销售);三折价:当台面的优质商品被挑选后,剩余的二等商品需在其有价值的时候降价销售出去;四修正:在销售过程中发现商品无法销售时及时修正销售策略,营业结束后复盘一天的销售情况修正次日的订单、定价和销售策略。

(3)营业结束收摊环节损耗控制措施。

严格按照收摊流程进行收摊;收摊时及时挑出次品,将商品进行分类存放,存放时要注意正确的保鲜方式;对于需要及时退货的供应商商品,及时放入退货区。收摊时对品质和价值受损的商品进行正确报损。

(4)其他原因的损耗控制措施。

①对于店内的商品调拨和领用进行及时登账;②及时盘点,对盘点差异追查到底;③计量称重时,要认真分辨商品;④设置专人管理退货,对于顾客选择收银又不要的孤儿商品及时回收、整理;⑤增加关键场所的监控,加强收银通道管控,提高收银员的防损意识。

人工收银:收银时要例行检查商品是否有夹带,仔细核对数量;避免未付款商品直接出卖场。

自助收银区:一定要安排专人复核,尤其是客流量大的时候要适当地增加复核人员,必要时可以一人一台自助收银机。及时服务顾客,帮助顾客装袋、扫描等(门店其他重点区域的防损措施请扫码进行拓展阅读)。

知识链接 5-1　新理论指导新实践:永辉超市依托供应链优势,将生鲜损耗率降到最低

永辉超市成立以来始终保持高速发展。然而,生鲜业务虽然看起来容易,但做起来难度很大。西南证券的研报数据显示,生鲜行业生鲜损耗率约为20%~30%,而永辉超市生鲜损耗率仅为3%~4%。永辉超市的生鲜损耗率远低于行业水平。永辉超市生鲜损耗率是如何控制的?

1. 源头采购

源头采购是永辉超市在生鲜管理上的一大特色,他们优秀的供应链能力,为消费者提供了便捷的源头采购服务。具体表现在,围绕"品质、品牌、源头"三大核心原则,搭建"源头直采+区域直采+自有品牌"的三重模式,建立全国性生鲜农产品统采和区域直采体系,减少传统模式冗长的流通环节,如图5-1所示。

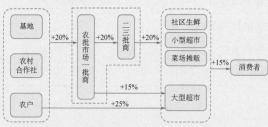

图 5-1　源头直采

通过源头直采的方式,减少中间流通的时间,来"锁住"商品的新鲜度。源头直采还可以避免中间环节加价,从而能做到用良心价赢得消费者的心。

2. 自建前置仓,减少运输成本

传统的连锁超市通常在采购上选择第三方物流平台,第三方物流会受到价格等其他因素的影响,运输成本会比较高。永辉超市通过自建物流,为每个连锁门店提供前置仓,从而减少运输过程中的损耗,来保证商品新鲜度,特别是冷链系统的建设,有效提高了商品的保存期限,提高了生鲜等商品的运输半径。

根据永辉超市财报,截至 2019 年底,永辉超市的物流中心配送范围已经覆盖全国 28 个省区市,在全国已拥有 19 个常温仓、11 个冷链仓,总运作面积 60 万平方米,总作业额达 522.4 亿元。

3. 拥抱智慧零售,实现数字化运营

中共二十大报告指出,紧跟时代步伐,顺应实践发展,以满腔热忱对待一切新生事物,不断拓展认识的广度和深度,敢于说前人没有说过的新话,敢于干前人没有干过的事情,以新的理论指导新的实践。在移动互联网的下半场,身处数字化转型时代却没有互联网基因的永辉,怀着一颗全面拥抱互联网的心,迅速接受了智慧零售的新理念,借助新零售系统的数字化手段打破信息孤岛,实现供应链各环节计划、采购、交付到营销之间无缝连接,提高各环节的协同性,缩短供应链响应时间,确保服务质量和客户购物体验。

永辉超市通过消费场景、新零售大数据以及 AI 技术支持链接上下游,打通下单到采购、仓储、门店的各个环节,实现门店数据化与智能化,从而提高公司整体效率(扫码观看案例视频)。

案例视频:科技永辉,守护新鲜

资料来源:HiShop 新零售,有删改。

思考:永辉超市采用了哪些新理念和新技术降低了生鲜损耗?

2. 制定商品损耗控制措施

店长李明协同参会成员,在综合以上原因分析结果、对照控损的基本做法的基础上,结合现有防损的新理念和新技术,制定了商品损耗控制的具体措施,并记录于表 5-4。

表 5-4 商品损耗控制措施记录表

序号	商品损耗原因		商品损耗控制措施
1	销售前	订货环节	
		收货搬运环节	
		后期管理环节	
2	销售中	商品上架环节	
		商品销售环节	
3	营业结束	收摊环节	
4	其他原因		

任务评价

通过学习本任务的操作,请学员检查自己是否掌握了所学内容,如表 5-5 所示。

表 5-5 商品损耗原因诊断及改进评价表

评价内容	分 值	评 分
1. 理解商品损耗的内涵及类型	10	
2. 掌握商品损耗产生的原因	15	
3. 熟悉商品损耗原因分析的步骤,准确找出损耗原因	35	
4. 掌握商品损耗控制的基本做法,结合新理论和技术对症给出损耗控制的措施	40	
总　　分	100	

任务拓展训练

1. 有哪些 AI 新技术和新方法能有效控制门店高损耗区域的损耗?
2. 互联网高速发展的今天,超市员工盗窃的高科技作案手法有哪些,该如何防范?

任务二　处理突发事件

学习目标

1. 理解突发事件的内涵;

2. 掌握突发事件处理的原则,树立"人民至上,生命至上"的理念;
3. 掌握突发事件应变小组的构成,独立组建应变小组;
4. 熟悉卖场常见突发事件的防范与处理流程,能独立处理。

6月的某天,店长李明所负责的超市所在辖区进行电路检修。李明接到电路老化需要及时更新的通知,没有引起充分重视,结果引发火灾。李明一时不知如何是好,店内乱作一团,商品损耗了不少。火灾发生后,门店被要求停业整改。卖场发生诸如火灾这样的突发事件,我们该如何处理才比较妥当?

超市除正常的营运作业之外,突发事件时有发生,其危害之大是不可估量的。常见的突发事件有火灾、水灾、停电、工伤以及顾客拥挤、意外、遭劫等。超市在经营中要有处置突发事件预案。

为了更好地达到实训目的,需要做如下准备:
1. 确保电脑等设备能正常使用;
2. 确保网络正常且稳定。

一、学习突发事件的内涵

突发事件是指突然发生,造成或者可能造成严重社会危害,需要采取应急处置措施予以应对的自然灾害、事故灾难、公共卫生事件和社会安全事件。根据突发事件造成的危害程度、波及范围、影响力大小、人员及财产损失等情况,将突发事件分为特别重大、重大、较大和一般四级。突发事件具有引发突然性、目的明确性、瞬间的聚众性、行为的破坏性和状态的失衡性等特点。

二、掌握突发事件处理的原则,树立"人民至上、生命至上"的理念

处置突发事件按照:①预防为主,预防为先;②谁在岗,谁负责;谁主管,谁负责;③群防群治,人人有责等原则进行。

 **坚持人民至上、生命至上,把保护人民生命安全摆在首位,全面提高公共安全保障能力**

十九届五中全会通过的《中共中央关于制定国民经济和社会发展第十四个五年规划和二〇三五年远景目标的建议》指出,统筹发展和安全,建设更高水平的平安中国。保障人民生命安全。坚持"人民至上、生命至上",把保护人民生命安全摆在首位,全面提高公共安全保障能力。

三、组建突发事件应变小组

1. 熟悉突发事件应变小组的组织结构及分工

（1）总指挥。由店长担任，负责指挥、协调突发事件现场的作业，掌握全局事态的发展动向并及时向总部汇报发展的状况及解决、处理结果。

（2）副总指挥。由保安经理（主管）担任，负责协助店长指挥，在灾害发生时负责切断电源，避免事态的进一步发展，执行其他各项任务。

（3）救灾组。组长一人，由技术部经理担任。组员主要由技术部员工、义务消防员等组成。主要负责各救灾设施和器材的检修和使用，水源的安排、障碍物品的拆除，以及灾害的抢救等。各项消防设备及器材要编号并由专人负责，避免发生抢用的情形。

（4）人员疏散组。组长一人，由保安领班（主管）担任。组员由广播员、保安员、收银员及各部门的两名员工组成。广播员要及时广播店内的发展状况。首先要沉着，语言和平常一样，不能制造紧张气氛，使局势难以控制。保安员要尽快打开各安全门及收银通道。各部门的疏散员工要尽快正确疏导顾客从安全门出入，同时要警戒灾区四周，以防他人乘机偷盗商品。

（5）财物抢救组。由人事处经理及收银部处经理任组长，全体办公室人员组成。收银员应立即关上收银机，并在保安监护下将现款带回现金办公室。电脑部员工、办公人员应将重要文件、财物带离现场另行保管。

图表：万家超市消防安全疏散示意图

（6）通信医务组。负责对外报案及内外通信联络等任务，须指定专人负责。但报案的命令必须由店长下达。负责伤患的抢救和紧急医护任务。保安部须将商场应变小组的现场人员列成名单送营运部备案，在相应位置注明各组组长姓名；并把防火器材位置图和防火疏散图张贴在店内固定位置，使每位员工在应急事件中都能明确自己的责任。要求员工熟记防火器材位置图和防火疏散图（扫码查看示意图），同时必须每年对员工进行两次应对紧急事件的培训、教育。

2. 确认名单组建突发事件应变小组

（1）总指挥：_____，负责_____
（2）副总指挥：_____，负责_____
（3）救灾组：_____，负责_____
（4）人员疏散组：_____，负责_____
（5）财物抢救组：_____，负责_____
（6）通信医务组：_____，负责_____

四、突发事件处理步骤演示

经过店铺整改学习后，李明发现要将灾害造成的损失降至最低限度，并在事后尽快处理善后工作，加速恢复营业的效率，火灾处理应严格按照以下步骤进行。

1. 步骤一：事前预防

（1）编制应变小组名单，呈送各营运部备案。

（2）由保安部定期保养和检查消防设施、器材。如有问题，及时上报，立即处理。

（3）每年定期应变培训。

（4）保安主管要每天检查疏散通道和安全门是否畅通，安全标志不能被遮掩。

（5）进行防火宣传，建立防火意识，绝对禁止在卖场内吸烟。

（6）下班前检查电源，关闭气罐、抽风机等。

（7）检查电源插座、电线是否老化、破损，如有则及时处理。

2. 步骤二：事中处置

事中处置有以下几步（相关实操微课请扫码观看）。

（1）报警。任何人员发现火灾应及时通知保安，用电话或对讲机向监控室报警时，应讲清如下情况：发生火灾的准确区域和时间；燃料的物质、火势大小；报警人的姓名、身份；是否有人员受伤。在报警后应尽可能地使用现场消防器材进行扑救，如能自救将火扑灭，应保护好现场，等候有关部门或负责人的到来，说明情况。

微课：超市发生火灾如何处理

（2）火警排除/确认。接到报警后监控室人员应迅速派保安到达报警区域。

① 火警的排除。

误报：如系误报应做技术处理，通知监控室复位机器。

谎报：若有人捣乱谎报火警，亦应通知监控室，并报告保安部查找捣乱人员。

② 火警的确认：根据综合超市内的实际情况，暂订三种火警类别。

一级火警系有烟无火；二级火警系有明火初起；三级火警系火势从时间和空间上难以控制。

③ 报告制度。

一级火警：监控室通知保安经理（或主管）到达现场。

二级火警：应通知以下部门及主要管理人员：

白天：店长、财务总监、保安经理/主管、工程部经理；

夜间：当班领班、保安经理（主管）；

节假日：值班经理、保安经理（主管）、工程部经理；

三级火警：控制室通知消防主管、内保主管及工程部，并通知各部门主管、医务人员，同时紧急呼叫店长、副店长或在场最高负责人。

报火警"119"，原则上应由店长下达指令。但在紧急情况下可由副店长、保安总监、保安经理或其他在场最高负责人下达报火警"119"指令，并同时向店长汇报。

（3）灭火。店内发生火灾，监控室为灭火指挥中心。店长、副店长或在场最高负责人在监控室掌握全局，发布指令。内保人员接到监控报警，应迅速派人员将失火区或通道门开启，并保证通道畅通无阻。保安员在未接到通知的情况下，须坚守岗位，疏散顾客，防止无关人员进入火灾现场，防止失窃发生等问题。工程部水、电工及主管接到火灾报警应迅速赶到现场，协助控制火势。监控室和工程部人员共同确保设备正常运转。商场义务消防队员听到消防广播后，应迅速赶到现场（重要岗位的在岗人员要坚守岗位），听从现场指挥调派，协助扑救火灾或疏散客流。重点部位灭火主要靠自动灭火系统。当听到系统第一次响警报时，室内人员应迅速将门窗关好，撤离该室并在门口等候保安人员到来。其他人员在系统第二次报警后,一律不准进入。向"119"报警后,保安部派人员到指定地点引导消防队车辆。灭火、抢险人员进入火灾现场后,可就近走各通道。

测一测5-4

(4)疏散。

办公区:办公人员应立即携带重要文件和物品,根据火势,从最近的门撤出。

仓库区:仓库办公人员应立即携带各类账簿和重要物品,根据火情从就近的通道疏散。

商场区:义务消防队员先从消防门将顾客、各商铺工作人员、促销员等分别疏散;然后,携带好重要物品撤出商场区。

(5)各部门处置火警程序。

各部门应按应变小组的编制,快速行动,各司其职。

监控室:坚守岗位,及时准确通知有关部门及领导,按现场指挥的指令随时做好向"119"报警的准备。

保安部:确认火灾、火场,维持秩序、疏导客流,保证通道畅通并负责引导消防车辆进入。

工程部:赶赴现场进行工程抢险疏散抢救,协助认定火灾性质及配合采取有效措施。配电房、中心机房、消防泵房等重要部位应派人前去看守,在未接到撤离通知前不准私自离开工作岗位。

各商业部门:协助疏散顾客,保证所有顾客安全撤离。

收银处:携带贵重物品、文件和现金撤离到安全现场,尽量避免财产的损失。

办公区:保护重要文件、迅速撤离至安全区域。

医务室:接到通知携带药品,赶赴现场,抢救伤员。

3. 步骤三:善后处置

(1)保安部:负责保护现场不被破坏,并拍摄照片保存证据;迅速查访知情人,查找火灾起因并填写事故调查报告(如表5-6);火灾的初报和续报;经公司领导同意,报公安机关及公司上级。

表5-6 事故调查报告

阅读:李明超市门店火灾事故调查反馈材料

事故名称		发生时间		发生地点	
伤亡人数		抢救负责人		事故发生部门	

事故发生经过:

调查人:　　　　日期:　　　　讲述人:　　　　日期:

现场证据:

调查人:　　　　日期:

事故发生原因分析:

注:扫码阅读事故材料,把表填写完整。

(2)工程部：从技术角度查找火灾起因；检查消防系统的运行情况；收集机器、数据、资料；经请示，领导同意后，及时上报公司上级主管单位。

(3)店长助理：发生火灾后要迅速通知友邻单位，求得帮助。拟定对外公布的有关火灾情况的新闻稿，负责对外宣传，制定恢复营业方案，填写事故管理台账，见表5-7。

表5-7 事故管理台账

发生时间								
发生地点								
事故性质								
事故类型								
直接经济损失								
人员伤亡情况	姓名	性别	年龄	籍贯	工种	职务	伤害程度	

(4)财务部：拍摄灾后现场，估算损失并迅速与保险公司取得联系。

(5)人事部：若有伤亡，应采取措施，妥善处理。

知识链接 5-2　超市火灾之外的其他常见突发事件处理步骤演示

一、意外伤害的处理步骤演示

1. 事前预防

考虑店内的装潢设计和各项设施是否影响顾客行动的安全，尤其是老年人、残疾人、孕妇及儿童等。

电动叉车、高叉车作业一定要谨慎安全驾驶持证操作。

2. 事中处置

顾客如有晕倒或意外伤害，应立刻通知值班经理和保安到场，询问受伤情况，收集周边人员的信息，做好相关的记录（只记录事情的经过，不参加任何评论），以积极的态度及时处理。

如有突发疾病和重大伤害，应立即与随行家属确认并迅速拨打急救电话。等待救护车支援，切勿搬运受伤者。利用相关设备留下现场情况，拍照或摄像。

顾客到医院就医必须有店内人员（值班经理和保安）陪同。

值班经理或部门经理可至监控中心填写紧急提现单,由保安领班或主管开启小保险箱(存放在监控中心),领取现金单(500.00元/张),在保安的陪同下至现金办公室领取现金。

在医院就诊期间保持与医生和当事人的沟通,按医嘱进行必要的检查;结束后保留病历和所有相关的单据、检查报告。将当事人送回后返店内做好情况记录。

如顾客需复诊,由值班经理或相关部门经理和保安带好病历陪同至医院,结束后保留病历和所有相关的单据、检查报告。将当事人送回后返店内做好情况记录。

3. 事后处理

保持与顾客的联系,关心顾客,了解康复状况。善后赔偿事宜(由保安部和店长助理全权处理):给予赔偿医药费、误工费,并视事态发展给予一定的物质补偿,与顾客签订顾客和解书(扫码阅读和解书样例),一次性了结。最后要总结教训。

图表:永辉超市顾客和解书

二、顾客偷盗处理步骤演示

(1) 在认定偷盗之前向顾客表示购买的机会。具体方法:对隐藏商品的顾客说"您要××商品吗?"若在收银台时则说"您是否忘了付款"再一次提醒顾客购买。

(2) 进一步提醒,如提醒后顾客仍无购买的意思,则以平静的声音说"对不起,有些事情想请教您,请给我一些时间。"将其带入特别室,进行处理。

(3) 如是误会了顾客则应郑重致歉,并说明产生误会的原因和经过,希望得到顾客理解;如确认是小偷,则将其扭送公安机关接受处理,并向法院提起民事诉讼,要求偷盗者赔偿。

三、停电处理步骤演示

1. 事前预防

(1) 事先配置足量应急类灯具及手电筒,定期检测并记录。

(2) 安装备用发电设备并定期检测。

(3) 掌握供电单位的停电信息,并做好准备工作。

2. 事中处置

(1) 发生停电时,保安部应立即询问停电原因及停电时间长短。

(2) 启动备用发电机。

(3) 保安措施。

抽调人手赶至收银台。收银员迅速将收银机抽屉锁好。必要时疏散顾客。店长要派人员到收银台附近,防止混乱发生。用诚恳的语言,安抚顾客并请求原谅。由保安主管加强后门、侧门的管理,防止员工的不良行为发生。如备用发电机出现故障,且停电时间较长,则劝告、阻止顾客进入。检查货运电梯内有无人员被关并及时通知技术部。

3. 事后处理

检查场内冷冻食品,避免有变质发生。

四、遭劫处理步骤演示

1. 事前预防

(1) 收银员不可在中途清点现金。

(2) 保安认真解送银包。

(3) 尽可能要求银行上门收款,必须到银行解交时,应由保安陪同。

2. 事中处置

保持镇静,尽可能拖延时间,绝对不可大声呼救或抗拒;应首先考虑人身安全,尽可能记住歹徒的特征。

3. 事后处置

保护现场,不能触摸匪徒遗留的物品;匪徒离开后,将无关的人员、顾客疏散离场,将受伤人员立即送医院就医;不允许外界拍照,暂时不接待任何新闻界的采访,立即报案。

处理完毕后,负责人据实填写抢劫叙述登记表(扫码查看表格样例)。

图表:抢劫叙述登记表样例

任务评价

通过学习本任务的操作,请学员检查自己是否掌握了所学内容,如表 5-8 所示。

表 5-8 突发事件处理评价表

评价内容	分 值	评 分
1. 理解突发事件的内涵	15	
2. 掌握突发事件处理的原则,树立"人民至上,生命至上"的理念	15	
3. 掌握突发事件应变小组的构成,独立组建应变小组	25	
4. 熟悉卖场常见突发事件的防范与处理流程,能独立处理	45	
总　　分	100	

任务拓展训练

阅读:超市突发事件处理预案范本

1. 扫码学习超市突发事件处理预案范例后,编写社区超市遭劫突发事件处理预案。
2. 案例分析

厦门 A 超市发生突发事件　厦门 A 超市称无此事

"厦门 A 超市发生孩子差点被拐的突发事件""营业时间所有出入口封闭""女士结账时孩子失踪""二楼卫生间找到孩子,头发被剃光,衣服被换掉""孩子在 A 超市差点被拐"等消息在网络上喧嚣尘上。相关微博转发量大,关注度高,有不少人信以为真。

记者多方调查核实后发现,厦门 A 超市并未出现此种情况,各种细节全是子虚乌有。本报热线新浪微博第一时间进行了辟谣。

1. 传言

失踪孩子差点被拐?超市全封闭寻人。

当天中午 11 时许,微博上出现了这样一条内容:"前几天厦门 A 超市发生突发事件,营业时间所有出入口封闭。原因是一名女士在结账时孩子突然失踪。及时报警后,孩子在二楼卫生间被找到,头发被剃光,衣服被换掉,人贩子不知所终。"

"孩子失踪""人贩子",最为揪心的字眼和各种详细的过程,让这条微博在半天之内被大量转发和评论。"不知真假,但还是请家长注意",是大多数微博网友选择转发的心态。

记者注意到,不少认证的微博和门户微博也加入到转发队伍中,育儿类论坛和贴吧上也开始讨论这个话题。

2. 查证

厦门A超市表示,未有封闭出口找小孩一事。警方也未接到相关报警。

3. 说法

专家指出,微博时代,涉及安全和生存的消息传播速度尤为迅速,市民的社会参与感是原因之一。

资料来源:《厦门日报》有删改

思考:在自媒体高速发展的今天,如何应对超市突发事件?

项目六　服务门店顾客

▲ 项目说明

随着市场竞争日趋激烈,商品同质化日趋严重,企业之间的竞争更多的是服务的竞争,服务成为现代企业的核心竞争武器。好的服务不仅可以提高产品知名度,更能让顾客感受到贴心和满意,增加顾客黏性。随着消费不断升级,顾客更加注重优质的购物体验。

本项目有3个任务,分别介绍了处理顾客投诉、处理退换货及提升顾客服务体验。

▲ 项目目标

【知识目标】
1. 理解顾客投诉的内涵及类型与顾客体验管理的内涵;
2. 掌握顾客投诉的原因、退换货的处理程序及方式与"峰终定律"原理;
3. 熟悉顾客投诉的程序、退货的形式及标准以及客户体验历程图的绘制方法和步骤。

【技能目标】
1. 根据顾客投诉原因,明确投诉处理责任;
2. 正确耐心处理顾客投诉与退换货;
3. 绘制客户体验历程图,并制定门店峰终的最佳顾客体验方案。

【素质目标】
1. 培养创新意识,鼓励其在学习和实践中提出独特的想法和解决方案;
2. 培养以顾客为先导的服务意识,养成从顾客角度出发思考问题和提供服务的习惯。

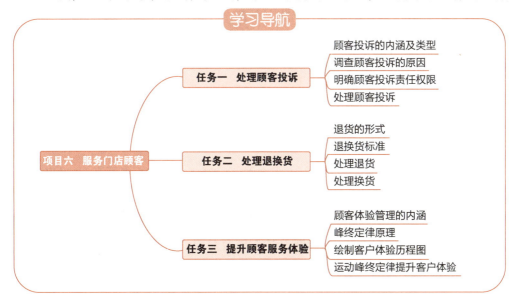

任务一　处理顾客投诉

 学习目标

1. 理解顾客投诉的内涵及类型；
2. 掌握顾客投诉的原因；
3. 根据投诉原因，明确投诉处理责任；
4. 熟悉顾客投诉的程序，以"服务顾客"为先导，正确耐心地处理顾客投诉。

 **情景导入**

近日，李明接到了李女士的投诉。李女士称，在超市购买商品，结账小票上显示的价格明显高于卖场标价，希望李明给个说法。李明发现最近一个月，超市投诉明显增多，大多集中在商品价格过高、商品缺货上，也有部分顾客投诉超市员工服务态度较差，素质有待提高。为此，李明召集全体超市员工一起收集、分析投诉的原因，准备建立顾客投诉处理程序，合理运用顾客投诉的处理方法，提升超市服务水平。

 任务分析

顾客投诉主要集中在对商品、服务、安全和环境的抱怨。超市应重视顾客投诉，认真分析投诉产生的原因，并针对顾客的投诉，按照一定的处理程序，进行科学妥善的处理，提升顾客服务水平。

 **任务准备**

为了更好地达到实训目的，需要做如下准备：
1. 顾客投诉资料；
2. 顾客投诉登记表。

 任务实施

测一测 6-1

微课：了解客户投诉的类型

一、学习顾客投诉的内涵及类型

投诉是顾客向门店工作人员或其上级主管部门（单位）表达心中不满，并提出打折、换货、免费维修、索赔、道歉等权益主张的行为。

投诉的方式主要有当面投诉、在线投诉、电话投诉等，以当面投诉最为常见（扫码观看微课，理解顾客投诉的类型）。门店应根据顾客投诉方式的不同，分别采取相应的对策。

二、熟悉顾客投诉的原因

投诉的原因很多,主要集中在对商品的不满、对服务的不满、对环境的不满等。投诉原因如表 6-1 所示。

表 6-1 投诉原因分析

投诉原因	具体说明
商品方面	
质量不良	坏品、过保质期、品质差或不适用等
价格过高	虚假标价、模糊标价、虚假折扣、质量或数量与价格不符等
标识不符	价签不对位,商品包装无厂名、无生产日期等
商品缺货	热销品、特价品缺货,品种不齐全等
服务方面	
服务方式欠妥	接待慢;缺乏语言技巧;商品相关知识不足,无法满足顾客的询问;不愿意让顾客挑选柜台或货架上陈列的精美商品等
服务态度欠佳	不理会顾客的招呼;过分的殷勤;以衣帽取人,瞧不起顾客;对顾客不信任;盯梢或用语言中伤;对顾客挑选商品不耐烦等
服务作业不当	结算错误,包装失当,顾客寄放物品遗失,存取发生错误,送货太迟或送错了地方,不能按时提货等
服务行为不当	对工作流露出厌倦,不满情绪;衣着不整,举止粗俗,言谈粗鲁,打闹说笑,工作纪律差;评价、议论甚至贬低其他顾客;营业员之间发生争吵等
服务制度不当	营业时间、商品退换、存包规定、售后服务及各种服务制度(规定)不当等。如不提供送货服务、无保修或店内无维修点等
环境方面	
安全管理不当	地滑、停电等
环境不舒适	灯光亮度不够、空气不流通、温度过高或过低、音响声太大、卸货时影响行人通行等
设施不合理	货架高度不当,拿取不方便;无休息的凳椅;收银机少,缴款排队的时间较长;商场布局指示不清;无电梯、洗手间等

测一测 6-2

三、明确顾客投诉处理责任权限

由于顾客投诉的层面不同,可将权责单位划分为如下三个层级。

1. 基层服务人员、领班

在营业现场,每一位服务人员都有可能接触到顾客的投诉。因此,门店必须在事前明确基层服务人员及领班的任务,并授予处理特定事例的权限。

对于缺货、通道阻塞、价格标示错误、单纯的收银错误等可以立即处理;对附带建议性的小型抱怨,应授权服务人员或领班根据公司的既定政策及个人的判断,当场解决顾客的问题,并给予满意的答复。事后作好记录,向店长呈报。

2. 店长

基层人员在权限上无法处理的事情,必须立即转介给店长。并非只涉及单纯的商品赔偿部分,应由店长亲自处理,以免因为处理不当而发生二次投诉。店长应负责店内所有投诉记录的汇整与呈报,门店投诉事件追踪、奖惩、业务改进、责任归属、制度规划以及整个政策公布及执行。

3. 经理、主任或专职单位

这一层级的责任规划,可以根据门店的规模来设定。例如,规模小者,可以指定特定主管或专人来负责;规模大者,连锁总部可设立专职单位,或在业务部的组织下由专人负责。主要负责处理投诉处理系统中,有决策性质的管理工作,以及具有较大影响层面的投诉事件。

各层级在处理顾客投诉时,均应在自己的职责权限内积极对待。对于在职责权限内无法处理的投诉事件,必须在事态扩大之前,迅速将事件移转至上一层级的权限单位处理。

测一测 6-3

四、处理顾客投诉实操演示

李明参考其他超市顾客当面投诉的处理流程(扫码查看相关流程图,熟悉顾客当面投诉处理的流程)对李女士的投诉处理如下几个步骤。

1. 步骤一:控制自己的情绪,营造轻松的环境

李明接到李女士的投诉时,首先控制好自己的情绪,对李女士的遭遇表示非常抱歉,并将李女士请至会客室,递上一杯热水。这样既能避免影响其他顾客的购物,也能营造亲切轻松的气氛,避免导致李女士的再次不满。

图表:某超市当面投诉处理流程图

2. 步骤二:鼓励顾客解释投诉问题,明确顾客投诉责任权限

李明鼓励李女士充分陈述问题,了解事情的来龙去脉:原本19.9元的鸡蛋,结账时变成25.9元,比标价贵了6元;而标价为39.9元的洗发水结账时变成了46.9元。李明迅速判断,明确该投诉问题在自己的职责权限内。

3. 步骤三:有效倾听,判断事情真相

在李女士陈述问题时,李明认真倾听,适时对李女士表示反馈,并做好了记录。经过沟通和调查,李明发现是因为员工没有关注价格的变动,未能及时调整价格。李明再次向李女士道歉。

4. 步骤四:提供解决办法

针对客户投诉,每个公司都应有各种预案或解决方案(扫码阅读相关样例,了解顾客投诉处理预案的内容要点)。在提供解决方案时要注意以下3点:为客户提供选择,诚实地向客户承诺,适当地给客户一些补偿。经协商,李明按照李女士购买鸡蛋和洗发水的购买价与标价差额的10倍,赔偿给了李女士,并承诺严格管理,杜绝此类情况再次发生。

阅读:某超市顾客投诉处理预案样例

5. 步骤五:核实顾客满意度,提高服务质量

在投诉者已初步接受解决方案时,门店工作人员应主动核实顾客是否还有需要解决的问题,并确定顾客对投诉处理的结果是否满意。经过沟通,李女士对超市的失误表示理解,并对超市的处理方案非常满意。

6. 步骤六：总结记录并存档

事后，李明将李女士投诉的意见及其产生的原因、处理结果、处理后顾客的满意程度以及今后改进的方法，进行了总结（见表 6-2），以期提高服务质量，防类似事件的再次发生。

表 6-2　超市顾客投诉登记表

顾客姓名	李女士	联系电话		顾客地址	
购物时间		购物凭证及号码	购物小票	投诉时间	2023.10.20
投诉分类	□商品质量　□无质量问题退换货　☑价格异议　□服务态度　□缺货　□其他					
第一次受理者	李明	受理方式	□电话　□书面　☑当面		
顾客投诉内容及过程	李女士拿着购物小票到超市投诉，称在超市购买商品，结账小票上显示的价格明显高于卖场标价。李明接待了李女士。				
顾客要求	希望超市给个说法。				
第一次受理过程及结果	李明将李女士带到会客室，鼓励李女士解释投诉问题。通过认真倾听，李明了解了投诉的原因是员工没有关注价格的变动，未能及时调整价格。经协商，李明按照李女士购买鸡蛋和洗发水的购买价与标价差额的10倍，赔偿给了李女士，并承诺严格管理，杜绝此类情况再次发生。				
最终处理结果	□退货　□换货　☑赔偿（　10倍差价　）　□其他				
完全意见处理时间				顾客意见及签名	
责任供货商					

服务员：李芳　　　　店面主管：张三　　　　店长：李明

知识链接 6-1　处理线上投诉

图表：某超市线上投诉的流程图

线上投诉是指顾客通过互联网渠道向商家或服务平台提出投诉或反馈问题，是顾客通过在线方式寻求解决问题途径、发泄内心不满的一种便捷、高效的方法。处理线上投诉的步骤如下（扫码查看流程图）。

步骤一：接收并确认投诉

客服人员接待线上投诉时，应及时接收并采用礼貌用语，如："您好，这里是××超市 24 小时在线客服，请问有什么可以帮您的？"

步骤二：了解投诉问题

鼓励客户阐述问题，尽量从顾客的描述中了解所投诉事件的基本信息：何时、何地、何人、何事、其结果如何，进行详细记录，并对顾客表示歉意。

步骤三：提出解决方案

若顾客投诉内容在权限范围内，应及时提出解决方案，包括道歉、退款、换货、维修、补偿等多种方式。如不在自己权限范围内，应及时向上一级或相关部门转接。

步骤四：反馈结果

客服人员将处理结果及时反馈给顾客，并再次表达歉意或提供其他解决方案。同时，也可以邀请顾客对处理结果进行评价，以帮助改进服务质量。

步骤五：记录和总结

客服人员将投诉处理过程和结果记录下来，并进行总结和分析。这可以帮助发现服务中的不足之处，进而提高服务质量，并避免类似的问题再次发生。

步骤六：采取预防措施

对于一些常见的投诉问题和纠纷，可以在超市官网或移动APP上添加相关的投诉处理流程和指南，以减少消费者的投诉和纠纷。

总之，超市处理线上投诉需要耐心、细心和责任心，要以消费者满意为导向，积极解决问题，持续提升服务质量。

任务评价

通过学习本任务的操作，扫码观看"一般投诉处理的 LSCIA 法"的微课，并阅读顾客一般投诉处理情景实训材料，讨论并记录本组处理的结果，检查自己是否掌握了所学内容，如表 6-3 所示。

微课：一般投诉处理的 LSCIA 法

阅读：顾客一般投诉处理情景实训材料

表 6-3　处理客户投诉的评价表

评价内容	分　值	评　分
1. 了解投诉的内涵及类型	10	
2. 理解客户投诉的原因	15	
3. 熟悉投诉处理的责任权限，能据投诉原因明确投诉处理责任权限	30	
4. 熟悉顾客投诉的程序，以服务顾客为先导，正确耐心处理顾客投诉	45	
总　　分	100	

微课：严重投诉处理的 CLEAR 法

任务拓展训练

1. 如何有效处理超市线上的投诉？
2. 扫码观看"严重投诉处理的 CLEAR 法"的微课，并思考超市应如何处理严重投诉？

任务二　处理退换货

学习目标

1. 理解顾客投诉的内涵及类型；
2. 掌握顾客投诉的原因；
3. 根据投诉原因，明确投诉处理责任；

4. 熟悉顾客投诉的程序，以"服务顾客"为先导，正确耐心地处理顾客投诉。

李明的超市时有顾客要求退货或换货。但李明发现，一旦有退换货的情况，当天的库存系统或收银系统总会与实际有出入。经过调查，李明发现是退换货的流程不合理。那么超市应该如何进行退换货呢？

超市进行退换货需要建立退换货标准及其作业规范，以及退货收银员退款核查等。退换货作业处理不当，则会给超市带来损失或管理的困难。

为了更好地达到实训目的，需要做如下准备：
1. 退货单、换货单；
2. 客户退换货登记表；
3. 商品退换货系统数据；
4. 确保电脑等设备能正常使用；
5. 确保网络正常且稳定。

一、熟悉退货的形式

退货分为正常退货、手退和空退三种。
（1）正常退货：因顾客所购商品有质量问题，顾客持发票及商品前来退货时使用。
（2）手退：因顾客遗失发票或时间长久电脑资料无法查询时使用。
（3）空退：因顾客购买的生鲜类商品已经加工使用，无法再退回卖场销售，或收银台多扫描、重复扫描退款时使用。

测一测 6-4

二、熟悉退换货标准

在进行退换货前，应建立明确的退换货标准（扫码阅读天猫超市生鲜类商品退货退款的标准），规定退换货的时限、条件等。举例如下：
（1）门店售出的商品，在购买日次日起 7 天内发生性能故障或其他质量问题，顾客可选择退货、换货或修理。
（2）门店售出的商品，在购买日次日起 15 天内发生性能故障或其他质量问题，顾客可选择换货或修理。
（3）不得退换货的商品有：①有碍卫生无法再销售的商品（如内衣、内裤、袜子）；②烟、酒类商品及生鲜类食品；③已拆封的消耗性商品（如电池、胶卷）；④知识产权类商品（如软件、音像、书籍）；⑤商品包装损坏，配（附）件不全；⑥已修改的服饰。

阅读：天猫超市生鲜类商品退货退款标准

测一测 6-5

(4) 未尽事宜，参照三包规定办理。

素养课堂　信任是最好的服务：盒马鲜生"永远无条件退货"

盒马鲜生创立于2015年3月，是阿里巴巴孕育的新零售项目。盒马最大的亮点是"永远无条件退货"。买到的生鲜产品，任何理由不满意，都可以免费退货，无需举证，快递员直接上门取货，不需要专程到店。顾客只需要点击订单的退货按钮，之前支付的项目就可以通过支付宝退还到顾客的"钱包"。盒马生鲜的这一举措，可以轻松"秒杀"传统商超长期以来的"7天无理由退货"和要求消费者专程到超市进行退货等相关规定。

盒马坚持无条件信任顾客的举动，也换来了顾客的信任。这个政策执行之后，盒马的退货率非常低。并且，这个政策打消了顾客的疑虑，提高了顾客黏性。近两年来，盒马逆增长势头强劲。

资料来源：新浪财经，有删改。

三、退货作业实操演示

李明学习了门店退货作业的相关流程后（扫码观看微课，熟悉退货作业流程），按照以下几个步骤处理退货。

步骤一：领取退货单。

（1）每日由店长李明在退货单的右上角手工书写正常退货、手退、空退字样，分别编列001号开始的流水号，签名并注明日期。

（2）收银员在李明那里领取已编号的退货单，并在退换货单领用登记簿上领用人栏签名。

步骤二：开具退货单。

退货收银员开具同样内容的退货单两份（每份一式二联），如图6-1所示，按退货单的内容填写货号、数量、购买日期、机台号、发票（或送货单）号、金额以及退货原因（简明清晰），并记录顾客的姓名、地址及电话，以备核查。

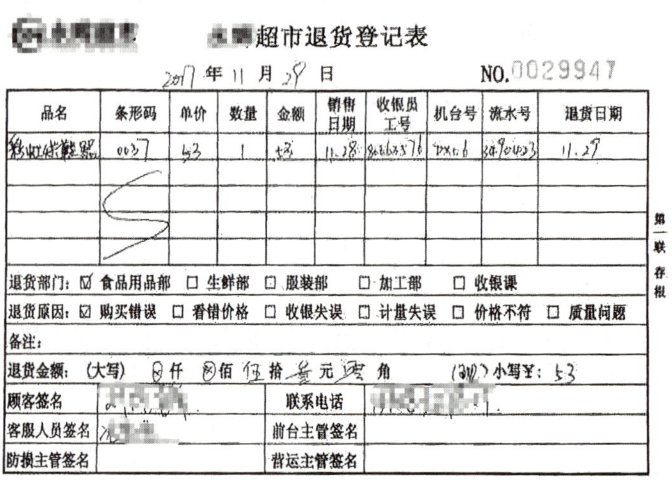

图6-1　退货单

步骤三：签核。

退款金额50元(含)以下由退货收银员自行处理,50元(不含)以上须由店长李明签核。如李明不在现场,可得到口头同意后先办理退货,过后再补签。

步骤四：收回顾客退货商品。

退货收银员收回顾客退货商品,退货商品有赠品的,在退货的同时须将赠品回收,并在退货单上注明赠品名称、数量,由顾客签字。退货商品集中整齐堆放在规定的地方,赠品整齐摆放在指定位置。

步骤五：退货收银员依据顾客发票(或送货单),在赠品转移簿上详细登记回收赠品。

步骤六：退款。若线上支付,则退款原路返回。

步骤七：单据汇总留存。退货收银员将退货单白联贴在退货的商品上,黄联和其他退货单每日统一汇总留存,保存期一年。

步骤八：退货商品收回卖场。

(1)退货收银员按部门(百货、杂货、生鲜)填写退货商品汇总表,报李明处,见表6-4。

表6-4　××超市商品退货汇总表

部门：百货

退货日期	商品名称	条形码	单价	数量	退款金额	退货原因	经办人
2023.10.20	彩虹烘鞋器	110037	53	1	53	购买错误	小李
2023.10.20	小熊儿童毛巾	110059	9.9	1	9.9	破损	小李

(2)李明安排专人到收银处收退货,将退货商品运回仓库,回收赠品全数转交给赠品区,承办人在退货签名栏和赠品转移簿上签名。

步骤九：退货收银员退款核查。

(1)每天营业结束后,由退货收银员统计当日退款总额,填在当日退数量金额汇总表中。

(2)退款收银员将当日退款发票存根联及顾客退款原发票联按序装订,清点现金,填写现金明细表交财务人员。退款收银员须在现金明细表非现金栏注明手退笔数、金额。

(3)财务人员核对退货收银员现金明细表与日结报表及退款汇总表,核对其发票起讫号码、发票数量、退款金额、发票存根联及顾客发票联是否齐全,是否有顾客签名。

(4)财务人员核对有差异时,须报告店长李明,并重新核对、追查。确有现金差异,须记录在收银员每月收银情况簿中,现金负差异超出万分之二部分,财务人员填写在每日收银赔款记录簿中,退货收银员签名确认。

步骤十：退货单控管核查。

(1)店长李明每日下班前须核对领用退货单起讫号及开出退货单留存联是否连号。

(2)退货单每日装订,每月汇总,保存半年。

知识链接 6-2　　　　　空退退单处理流程

步骤一：开具退货单一份（一式二联）

按退货单的内容填写货号、数量、购买日期、机台号、发票（或送货单）号、金额以及退货原因（简明清晰），并记录顾客的姓名、地址及电话，以备核查。

如顾客反映收银台多扫描、重复扫描，一般应请顾客在当日携带单据前来处理，退换货中心人员应立即与账管中心联络，请当班收银员回忆，与账管中心确认有无顾客遗忘的物品记录，或利用监控探头看是否有顾客所述的商品遗忘或多扫描。如确定是多扫描或是重复扫描，做好记录，待顾客至卖场时退款给顾客。若没有发现多余商品，向顾客解释。

步骤二：核准

空退不论金额多少必须交客服经理核准，经客服经理签字方可生效，否则退款人员不得处理。

步骤三：顾客凭退货两联单进行退货、退款

收银员在处理退款时，需用笔在顾客提供的原发票（或送货单）凭证上发生差错一栏金额处划出，并用箭头指示在空白处简单说明，核查后由退换货中心人员签名，在退款前请顾客签收（姓名、电话）。

步骤四：完成空退

退货收银员在空退完毕后，要在顾客会员卡资料备注栏注明"空退"字样。对同一会员卡在一个月内发生二次以上上述情况者，需立即报客服经理处理。

步骤五：单据存根

退货收银员在完成此类退款操作后，应将顾客原发票（或送货单）和新列印的发票存根联装订在一起。

步骤六：差价处理

退货收银员在退货机台每日差价（空退）登记簿上登记，当班部长需检查并签字。

案例 6-1

农工商超市买到臭鸡蛋全单退货遭拒，经协调超市全单退货

近日，读者何先生向与本报合作的市民信箱"市民热线"反映，4月14日家人在农工商购买了两斤多鸡蛋，当晚和次日早晨打出的两个鸡蛋散发出了臭味。何先生将剩余的鸡蛋拿到店内要求全单退货遭拒。对此，农工商超市客服白小姐解释称，超市方面同意将剩余的鸡蛋做退货处理，并不是像何先生所称，只肯换退两个鸡蛋。

4月14日，何先生的父亲在农工商沧源店内购买了两斤多鸡蛋，共计12.24元。当晚，何先生的父亲做饭时，先将这些鸡蛋用水简单地清洗了一下后，就准备拿几个炒菜，结果打出的第一个鸡蛋就散发出一股臭味。次日早晨，何先生的父亲又打出一个臭鸡蛋。"打出两个臭鸡蛋不说，还有煮好的鸡蛋蛋白上有黑色斑点。一想到这些我老父亲心里开始担心起来了。"据何先生介绍，这天上午，其父亲就带着剩余的鸡蛋去超市要求全单退货，但被超市店长拒绝。

"他们说我父亲带去的鸡蛋,很有可能不是在超市买的,意思或许是调包过的。他们还让我父亲拿出当时称鸡蛋的塑料袋。"因为贴有条形码的塑料袋已经被扔掉了,无奈之下,何先生的父亲只好拎着剩余的鸡蛋回到家中。

何先生告诉记者,15日中午,他就立即联系了农工商客服。"他们回应的态度更是差,竟然让我们将剩余的鸡蛋全部打开,若是好的就不退,坏的就退掉。面对顾客的态度如此恶劣,实在是不能让人接受。"

农工商回应:最终做全单退货处理。

记者随后联系到了农工商客服人员白小姐,她解释称:"当天,他父亲拿着一个蛋白上有斑点的鸡蛋,说是鸡蛋有问题要全单退货。之后,我们就从他带来的鸡蛋里随机拿了3个打开,结果都是很好的。当然,我们也理解消费者的心情,但鸡蛋都已经吃掉一部分了,难道这也让我们来买单吗?"白小姐表示,超市方面原来愿意为剩余的鸡蛋做退货处理,并不是像何先生所描述的那样,只肯退换两个臭鸡蛋。

4月18日,记者接到何先生的电话,他称鸡蛋已经做了全单退货处理,超市最终退给他们12.24元。

资料来源:上海青年报。

思考:面对生鲜空退情况,超市如何处理更为妥当?

四、换货作业实操演示

为了规范换货流程,减少因换货给超市带来的管理困难,李明认为换货应按照以下步骤进行(具体实操扫码观看微课)。

步骤一:领取换货单。店长李明在换货单右上角手工标注7位数号码(第1和2位为月份,第3和4位为日期,第5至7位编001~999流水号)并签名。在换货单第一行内容下沿线处盖"以下空白"章,如图6-2所示。

微课:如何进行换货

XX超市换货登记表

日期:						NO. 10200001	
商品名称	条形码	单价	数量	金额	小票号	购买日期	
			以下空白				第一联存根
换货部门							
换货原因							
备注							
顾客签名			承办人签名				
经理签核							

图6-2 换货单

收银员至李明处领取已编号的换货单,并在每日退换货单领用登记簿上领用人栏位签名。

步骤二:开具换货单。换货收银员按换货单上的内容填写货号、数量(须大写)、发票(或送货单)号、购买日期、金额及换货原因,并在承办人一栏签名。换货单开出的商品必须是同一货号的商品,每单只能填写一种商品。换货单如需作废,必须四联齐全,盖"作废"章。

步骤三:由李明签核。

步骤四:开好的换货单第一、二联交于顾客,并告之此换货单只限当日有效。

步骤五:顾客到卖场换取同一货号的商品,将换货单第一联交给收银员,第二联交给出口处稽核人员。

步骤六:换货收银员将收下的换货商品贴上第三联(红单),第四联(黄单)统一放置以做汇总用。

步骤七:换货商品统计。换货收银员依商品换货单填写每日换货统计表,见表6-5,报店长李明处。

表6-5　××超市商品换货统计表

部门:百货

换货日期	商品名称	条形码	数量	规格、型号	换货原因	经办人
2023.10.20	儿童拖鞋	110080	1	双	尺码不合适	小李

步骤八:换货单的控管。(1)店长李明每日下班前核对领用换货单起讫号及开出换货单的留存联是否连号。(2)换货单每日装订,每月汇总,保存半年。

任务评价

通过学习本任务的操作,请各组扫码获取顾客退换货情景材料,讨论并记录本组处理的结果,检查自己是否掌握了所学内容,如表6-6所示。

阅读:退换货处理情景材料

表6-6　处理退换货评价表

评价内容	分值	评分
1. 熟悉退货的形式	10	
2. 熟悉退换货标准	15	
3. 掌握退换货的处理程序及方式	30	
4. 能以服务精神为指导,正确处理退换货	45	
总　　分	100	

项目六　服务门店顾客

 任务拓展训练

1. 扫码阅读天猫超市7天无理由退换货规范,以此为参考,为李明门店的线上超市拟定退换货规范。
2. 为李明的超市绘制退换货处理流程图,并进行交流讨论,看能否精简流程,提高退换货效率,更好服务顾客。

阅读:天猫超市7天无理由退换货规范

任务三　提升顾客服务体验

 学习目标

1. 理解顾客体验管理的内涵;
2. 掌握峰终定律的原理;
3. 熟悉客户体验历程图的绘制方法和步骤,绘制客户体验历程图;
4. 运用峰终定律,结合实际情况,创新服务方式,制定门店峰终的最佳顾客体验方案。

 **情景导入**

李明深深地认识到,经营超市,只有提升顾客服务体验,才能在竞争日益激烈的环境下生存。但他不知道该从哪些方面入手。

 任务分析

新零售是基于消费升级的传统零售业升级,其变革的根本目的在于提升顾客的消费体验。新零售转型成功的商家,多是敏锐地感知到了消费行为的发展趋势,从"购买驱动"到"体验驱动"的转化。因此,超市可以将影响到顾客体验的所有环节、所有接触点进行排序分析,绘制顾客体验历程图,找出关键体验点,从而提升顾客服务体验。

 **任务准备**

为了更好地达到实训目的,需要做如下准备:
1. 客户调查数据;
2. 亿图图示或其他绘图软件;
3. 确保电脑等设备能正常使用;
4. 确保网络正常且稳定。

 任务实施

一、学习顾客体验管理的内涵

体验就是以服务为舞台,以商品为道具,环绕消费者进行的令顾客难忘的一系列活

测一测6-6

6-13

动。顾客体验管理指策略性管理顾客对某产品或某公司的整体体验的过程。它以提高顾客整体体验为出发点,注重与顾客的每一次接触;通过协调整合售前、售中和售后等各个阶段,各种顾客接触点或接触渠道,有目的、适宜地为顾客传递目标信息;创造匹配品牌承诺的正面感觉,以实现良性互动;进而创造差异化的顾客体验,实现客户的忠诚,强化感知价值,从而增加企业收入与资产价值。

二、掌握峰终定律的原理

峰终定律是指,人们对一件事的印象,往往只能记住两个部分,一个是过程中的最强体验,即峰;一个是最后的体验,即终。如果客户在一段体验过程的高峰和结尾是愉悦的,那么对整个体验的感受就是愉悦的,过程中好与不好的其他体验对记忆基本没有影响,反之亦然(扫码观看动画),进一步了解峰终定律原理。因此,超市可以将资源重点投放于顾客接触的峰点和终点的体验。

动画:峰终定律

三、绘制客户体验历程图

客户体验历程图是将客户在售前、售中、售后等各个阶段的经历可视化为一系列步骤,并通过这些步骤来理解客户的每一个行为、需求和痛点,探索潜在的解决方案,从而改善客户对产品或服务的体验。绘制客户体验历程图的过程如下几方面。

(1)创建历程图各个阶段。梳理客户购物全流程需要经历哪些阶段,如购物前、购物中、购物后等。

(2)提炼客户行为。通过客户调研、访谈等方式,了解客户在各个阶段对应的行为、操作,如到达超市、寄存物品、推购物车、进入超市、寻找商品、挑选商品、散装称重、排队收银、打包商品、取回寄存物品、离开超市等。

(3)梳理客户想法和情绪。梳理客户在各个阶段和行为下的想法和情绪,绘制客户情感曲线。情感曲线是客户体验的直观展现,从情绪变化可以对应到使用体验的好坏。情绪的低谷很可能反映了产品弊端或用户痛点。

(4)再次梳理全流程,洞察痛点、机会点。痛点是指让客户付出某种行动的最大阻碍,例如寄存小票容易弄丢、找不到欲购商品的具体位置、称重处拥挤、收银处排队时间长等。

(5)明确客户需求。针对客户痛点进一步明确客户真实需求,每个具体痛点下对应了客户的什么需求,如希望顺利找到欲购商品、减少排队时间等。

(6)产出最终客户体验历程图。

2. 客户体验历程图绘制实操

李明通过学习,掌握了峰终定律原理,也熟悉了顾客体验历程图绘制的步骤。接着,李明组织客服部人员一起对自身门店顾客购物全过程(扫码获取门店顾客购物全过程跟踪反馈材料)进行了梳理,并将结果填写于表 6-7。

阅读:门店顾客购物全过程跟踪调查反馈材料

表 6-7　客户购物过程梳理

阶段					
用户行为					
用户情感					
用户痛点					
用户需求					

李明根据表 6-7 的内容,参考样例(扫码查看××超市客户体验历程图样例),按客户体验绘制步骤,绘制门店客户体验历程图,找到客户的痛点和需求,并据此完成图 6-3。

图 6-3　客户体验历程图(空白)

图表:××超市的客户体验历程图样例

知识链接 6-3　如何运用亿图图示创建客户体验历程图

扫码观看相关实操视频,熟悉运用亿图图示创建客户体验历程图的方法和步骤。

实操视频:用亿图图示创建客户体验历程图

四、运用峰终定律提升客户体验

运用"峰终定律",超市可以根据客户体验历程图,找到影响顾客体验的痛点和需求,并针对性地采取措施,创建客户历程的"峰值"和"终值",最终提升顾客体验。

1. 创建体验峰值

(1) 创新门店装修设计。随着新消费不断升级,顾客理想中的门店不再是一个单纯的交易场所,而是能够提供丰富体验的场地。作为实体零售的超市在设计上也需要打破千店一面,向创新化、专业化、精细化、差异化、便捷性发展,以便更好地迎合新的消费需求,激发顾客购买欲。

> **案例 6-2**

巴西连锁超市 Zona Sul 的"新鲜菜园"设计

巴西的连锁超市 Zona Sul 将位于里约热内卢的旗舰店装修设计成种满蔬菜的货架形式,把最新鲜的蔬菜展现在顾客面前,如图 6-4 所示。顾客可以亲手摘取新鲜的生菜、辣椒、葱、土豆等蔬菜,感受原生态。这个举措让超市蔬菜的销量增长了 18%。

资料改编自赢商云智库

图 6-4　Zona Sul 的"新鲜菜园"

(2) 优质服务创造极致体验。服务经济时代,线下零售竞争激烈。面对新消费趋势,零售行业需要为消费者提供超预期的服务,才能获得消费者青睐。超市作为消费者接触最多的零售业态之一,应该不断提升服务意识,通过优质或多样化的服务提升顾客体验,从而获得竞争优势。

> **案例 6-3**

胖东来的极致服务

胖东来是河南的一家连锁企业,经营类型包括百货商场、超市、电器、服装等。目前只有十多家门店,超市是其最核心的业态。多年来,胖东来始终坚持"爱在胖东来",以顾客为中心,创造极致的服务体验。例如:胖东来坚持不卖假货,不满意就无理由退货;建议顾客理性购买、适量购买;针对不同人群提供不同的购物车;设置 500 元服务投诉奖;租借充电宝 30 分钟内免费;提供自助宠物寄存处;在各个楼层设置自助饮水机;母婴室内婴儿床、温奶器、饮水机、消毒柜等应有尽有;卫生间戴森洗手烘干一体机、梳子、棉签、护手霜、发卡等一应俱全;卖场购买不到所需的商品,留下联系方式,胖东来单独采购……

在零售业商超百货寒冬期,胖东来凭借极致服务逆流而上,登上哈佛商学院 MBA 案例教学,被称为中国零售业"神一般的存在"。

资料来源:改编自商智库微信公众号。

(3) 现代信息技术缩短排队时间。数字经济时代,为了不断适应市场变化和消费者需求变化,超市需要开展数字化转型,利用现代信息技术,改善顾客体验。例如,移动支付设备让顾客结账更加高效便捷。当客户挑选完商品,不再需要排队结账,而是在通过收银系统时,RFID(射频识别)读取器瞬间识别商品数量和价格;银行转账系统据此从顾客账户上划出相应的金额,避免长时间排队的困扰,节约大量时间。

李明召集客服部相关人员进行讨论,结合图6-3里梳理的自身门店的顾客痛点和需求,为门店创建体验"峰值"制定了针对性措施,具体如下:

(1) _____ ;

(2) _____ ;

(3) _____ 。

知识链接 6-4　生鲜超市小程序的用户体验升级

科技的快速发展使人们的生活方式和购物方式发生翻天覆地的变化,对智能手机和移动互联网的依赖越来越强。生鲜超市小程序迎合了消费者的需求,为人们带来一种新颖、便捷的购物体验。主要体现在以下几个方面:

(1) 界面设计:生鲜超市小程序的界面设计应该简洁明了,易于操作,同时注重用户体验,使用户能够快速找到所需的商品和信息。

(2) 商品分类:生鲜超市小程序提供清晰的商品分类,用户能够快速找到所需的商品。同时,还提供搜索功能,使用户能够通过关键词快速搜索目标商品。

(3) 购物车和结账:生鲜超市小程序为用户提供方便的购物车和结账功能,使用户能够快速添加商品到购物车并完成结账。

(4) 物流配送:生鲜超市小程序提供快速的物流配送服务,使用户能够尽快收到所购买的商品。同时,提供物流追踪功能,使用户能够随时查看商品的配送情况。

(5) 售后服务:生鲜超市小程序提供完善的售后服务,使用户能够在购买后享受到更好的服务。同时,提供退换货服务,使用户在不满意商品时能够方便地退换货。

2. 创建体验终值

商超与消费者的生活紧密相连,其功能也从满足消费者物质需求,逐渐上升为满足消费者体验。消费者消费方式和购物习惯改变,商超也应从传统型卖场逐渐向融合多元业态的复合型卖场转变。

案例 6-4

案例视频:传统商超转型:服装礼品店退场,餐饮美食店开张

传统商超转型:服装礼品店退场,餐饮美食店开张

扫码观看案例视频并思考超市+餐饮模式是如何创建顾客体验终值的?

李明召集客服部相关人员进行讨论,结合图6-3里梳理的自身门店的顾客痛点和需求,为门店创建体验"终值"制定了针对性措施,具体如下:

(1) _____ ;

(2) _____；
　　(3) _____。

任务评价

　　通过学习本任务的操作，请学员检查自己是否掌握了所学内容，如表6-8所示。

表6-8　提升顾客体验评价表

评价内容	分　值	评　分
1. 理解顾客体验管理的内涵	10	
2. 掌握峰终定律的原理	15	
3. 熟悉客户体验历程图的绘制方法和步骤，绘制客户体验历程图	30	
4. 运用峰终定律，结合实际情况，创新服务方式，制定门店峰终的最佳顾客体验方案	45	
总　　分	100	

任务拓展训练

　　1. 学生以小组为单位，选择盒马或永辉的线上门店进行消费体验，了解体验的各个阶段和行为，运用亿图图示绘制客户体验历程图，找到体验的峰值和终值；根据成员需求，结合线上门店实际，为该门店制定改善顾客体验的方案。

　　2. 扫码阅读案例，并思考沃尔玛的 AI 创新实践给你什么启示？社区超市该如何运用 AI 技术提升客户体验？

案例：沃尔玛利用AI提升客户体验

项目七　管理团队

▲ 项目说明

任何门店团队要想完成不凡的销售业绩,不仅需要团队成员之间的密切配合与协作,而且还需要团队成员具有共同的协作精神与价值取向。只有这样才能创造出最佳的业绩。

本项目有3个任务,分别介绍了管理团队冲突、培育团队及考核和激励团队。

▲ 项目目标

【知识目标】

1. 理解团队冲突的内涵及类型;

2. 掌握处理团队冲突的基本原则、不同情景下处理团队冲突的方法、常见的团队培训需求分析及计划制定方法、团队培训效果评估的方法、关键绩效指标法(KPI)、常见的绩效辅导的方法及绩效结果应用的常用方式;

3. 熟悉团队冲突原因、团队培训开发的流程、360环评法。

【技能目标】

1. 准确找出冲突产生的原因,能对症给予处理;

2. 做培训需求分析并拟定计划,并能据计划组织实施并控制效果;

3. 制定团队成员KPI,并对员工进行客观考核,依据考核结果进行绩效辅导,帮助员工持续改进的同时,灵活应用奖惩手段激励员工。

【素质目标】

1. 培养以集体利益为重、乐于奉献、善于合作的团队精神;

2. 培养追求卓越、精益求精的工匠精神。

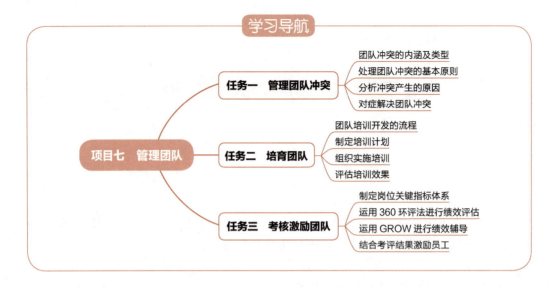

任务一　管理团队冲突

 学习目标

1. 理解团队冲突的内涵及类型；
2. 掌握处理团队冲突的基本原则；
3. 熟悉团队冲突原因，准确找出冲突产生的原因；
4. 掌握不同情景下处理团队冲突的方法，能对症给予处理，帮助团队成员更好地合作和协作。

随着超市门店运营的深入开展，已有的运营团队常常发生冲突，不仅吵架，甚至还会动手打架，对店里的经营产生了负面的影响，甚至还给顾客留下不好的印象。作为店长的李明该如何有效地应对及处理呢？

在团队合作中，冲突是在所避免的。因为每个团队成员都是不同的个体，有着不同的思想、文化和生活经验，这些都会引起冲突。冲突可能在团队中产生紧张气氛，降低生产力，甚至破坏整个团队，但适度的冲突也可以促进团队的发展和成长。因此，作为团队领导者，管理冲突是一项至关重要的工作。要处理冲突，领导者首先需要理解冲突的根源；然后，在处理团队冲突的基本原则指导下，选择适当的解决方法，通过有效的沟通解决问题，并建立一个积极的工作环境，以减少冲突的可能性；同时，帮助团队成员更好地合作和协作，提高团队的绩效，实现团队目标。

为了更好地达到实训目的,需要做如下准备:
1. 确保电脑等设备能正常使用;
2. 确保网络正常且稳定;
3. 团队冲突场景材料。

一、学习团队冲突的内涵及类型

团队冲突指的是团队内部成员之间两个或两个以上的团队在目标、利益、认识等方面互不相容或互相排斥,从而产生心理或行为上的矛盾,导致抵触、争执或攻击事件。

从冲突的性质来看,团队之间的冲突可以分为两类:建设性冲突与破坏性冲突。建设性冲突的特点主要有:冲突双方对实现共同的目标都十分关心;彼此乐意了解对方的观点、意见;大家以争论问题为中心;互相交换情况不断增加。破坏性冲突的特点主要有:双方对赢得自己观点的胜利十分关心;不愿听取对方的观点、意见;由问题的争论转为人身攻击;互相交换情况不断减少,以致完全停止。一般来说,组织内部的团队之间需要适当的建设性冲突,破坏性冲突则应该被减低到最低程度。

二、处理团队冲突的原则

1. 尊重理解

当团队成员发表意见时,管理者应积极倾听,尊重每个团队成员的观点和感受,理解他们的立场和需求。

2. 开放沟通

鼓励开放、坦诚地沟通,促使团队成员积极表达彼此的观点。

3. 合作共赢

培养合作、共赢的态度,引导团队成员寻找彼此的共同点,共同利益以及共同目标,议定共同的解决方案。

4. 问题导向

将注意力集中在解决问题上,而不是争论过程。

5. 中立公正

在团队冲突处理过程中保持中立和公正,不偏袒任何一方。

6. 及时干预

如果发现冲突正在升级,管理者立即召开小组会议,明确问题并寻找解决方案,避免冲突进一步扩大。

三、分析团队冲突产生的原因

团队领导者应该用辩证的观点来对待冲突,要注意分析冲突的不同性质,如果是破坏性冲突,团队领导者应先做好调查,分析原因,并判断团队冲突的类型;然后,再据此给出相应的解决措施。一般团队冲突常见的原因主要如下:

1. 有限资源的争夺

资源包括资金、人力、设备、时间等,资源的有限性让团队成员在争夺过程中可能会起冲突。例如,谁可以享受这次骨干员工的评选,谁可以使用这个最新设备,等等。

💡 案例 7-1

该谁出国旅游

扫码阅读案例并分析。

2. 目标冲突

有的岗位与角色之间本身就很容易出现目标冲突。例如,管预算的员工与做促销活动的员工之间可能有冲突。管预算的员工希望能把活动成本控制在一定范围内,但做促销活动的员工希望能达到更好的促销效果,可能成本上就会有些高。有时做促销活动的员工好不容易想到一个很好的促销点子,但管预算的员工因为其成本超标就让这个点子胎死腹中。对于这类冲突,团队领导者应当根据终极目标进行权衡,尽量督促促销策划的员工想一些降低成本的方法,例如道具重复利用等。

3. 前后相继环节的冲突

团队内的工作有时是前后相继、上下相连的,彼此的合作可能会产生冲突。例如,营销策划的部门策划好圣诞节的促销活动,策划方案就需要交给卖场各个部门执行。但如果策划方案本身有问题,或者难以实施,就会给卖场实施人员添加麻烦,产生冲突。对于这种冲突,一是拉近两方距离,让他们充分沟通,实施方与策划方一起讨论确定最佳方案;二是可以用轮岗的方式,让策划方与实施方更加了解对方的工作,以便更好地配合对方。

4. 责任模糊

组织内有时会由于职责不明造成职责出现缺位,出现谁也不负责的管理"真空",造成团队之间的互相推诿甚至敌视,发生"有好处就抢,没好处就躲"的情况。

💡 案例 7-2

这块地的卫生该谁管

扫码阅读案例并分析。

5. 地位斗争

当团队成员认为其他人威胁到自己的地位时,可能会有意无意制造冲突,这需要团队领导者花心思去调节。

案例 7-3

小宇是如何化解地位斗争的

扫码阅读案例并分析。

案例：小宇是如何化解地位斗争的

6. 沟通不畅

有时两个团队成员本身没有冲突，但沟通方式不恰当，造成了冲突。一是说话方的表达方式不恰当。二是沟通媒介不恰当。一般而言，用文字解释一些敏感问题，比如你被扣工资了，以及为什么被扣工资，有时很难让人理解背后的情感、立场，没有直接打电话好；用语音布置工作内容，有时对方会听漏，没有用文字沟通好。三是理解方的理解方式不恰当。四是两方的心情不好，或者彼此有偏见，一件好事也可能因此被说成是坏事。

7. 团队成员的个性

团队是由不同的成员组成的，这些成员在背景、经验和态度等个性的多个方面都存在差异，这种差异容易导致考虑问题和处理问题产生分歧，分歧的长期存在导致团队成员之间多种冲突的产生。人的这种潜在的侵略意识在遇到适当机会、情景时会自发地表现出来。团队中的刻薄语言、争吵、人身攻击、对抗等行为，有时就是这种"侵略性"的外显工具，团队成为人们外显这种人性的常见场所。如，丁晓是个非常争强好胜的人，作为经理的她除了与其他地区竞争外，还与自己手下的销售代表争夺客户资源。每次她与员工沟通时，总是炫耀自己，压倒对方。结果，这种盛气凌人的方式迫使许多销售高手离职。

8. 价值观的冲突

价值观的冲突多见于价值差异而导致冲突。比如，在一个团队中老年人和青年人之间的冲突，经常是由于价值观不一致而引起的，如对自由、幸福、勤奋、工作、自尊、诚实、服从和平等的看法不同，这就是人们通常所说的"代沟"。冲突涉及价值观时，人们就很难改变立场，因为人们投注了强烈的情绪、感觉和信念在里面。

素养课堂 动物拉车寓言故事带给我们的启示

梭子鱼、虾和天鹅三个不知什么时候成了好朋友。一天，他们同时发现一辆车，车上有许多好吃的东西。于是，就想把车子从路上拖下来。三个家伙一齐负起沉重的担子，铆足了狠劲，身上青筋暴起。可是，无论他们怎样拖呀、拉呀、推呀，小车还是老地方，一步也动不了。原来，天鹅使劲往天上提，虾一步步向后倒拖，梭子鱼又朝着池塘拉去。究竟谁对谁错？反正，他们都使劲了。

启示：正所谓"人心齐，泰山移"，只有团队成员之间统一思想，才能形成强大的作战能力。理想信念的冲突是一切冲突的根源。所以，团队要通过团队精神培育及企业文化建设统一思想。

来自网络，有删改

李明发现小明哥与桃幺幺的冲突处理不好,将直接影响到团队成员积极性的发挥,属于破坏性冲突。所以,李明就小明哥对桃幺幺评优的申诉进行了深入的调查,结合团队冲突调查的事实描述,对照引发团队冲突常见的原因进行检视,并把检视的结果记录在表7-1中。

表7-1 团队冲突原因分析记录表

团队冲突调查事实描述	生鲜部的小明哥和桃幺幺今年第三季度工作业绩都不错,而每季度门店之星只有一个。李明考虑到小明哥已经蝉联门店之星两回,幺幺又是今年新晋的大学毕业员工,在新入职的这批大学生储备干部中各方面表现不错。鉴于此,为了给新晋的员工们树立榜样,也为了留住优秀人才为门店后续发展储备人才,李明把三季度的门店之星给了幺幺。小明哥看了公示后心生怨气,向人事处提出申诉。他认为,他符合这次评优的条件,且比桃幺幺优秀,但领导却因为自己评优两次就不予考虑
引发团队冲突的原因	

四、结合冲突的原因,判断策略适应的情景,制定策略

职场中常见的团队冲突化解方法主要有竞争、回避、迁就、妥协及合作五种策略(见表7-2),这些策略无所谓好或不好,而是应该在不同情景下采取最合适的策略,使双方甚至多方利益达到最大化(扫码观看相关实操视频)。

实操视频:如何因时因事因地处理好团队冲突

表7-2 五种常见的团队冲突处理策略对比

策略名称	竞争策略	回避策略	迁就策略	妥协策略	合作策略
策略内容	只考虑自己、不考虑对方的应对冲突的模式	既不考虑自己的利益,也不考虑对方的利益,忽视冲突,小事化无	不考虑自己的利益,只考虑对方的利益	双方各牺牲一部分利益,照顾对方的一部分利益,各退一步	既考虑对方的利益,也考虑自己的利益,寻求一种方案满足双方的需要
适用情景	1. 事情重要且紧急; 2. 执行重要的且又不受欢迎的行动计划时; 3. 对公司是重要的事情,你深知这样做是对的; 4. 强制的同时可以提供一些帮助	1. 当事情不重要; 2. 面对冲突带来的损失会大于解决问题带来的利益; 3. 获取更多信息比立刻决定更有优势; 4. 当他人能更有效地解决冲突	1. 事情不重要也不紧急; 2. 当和谐比分裂更重要; 3. 当事情对他人更具有重要性; 4. 为将来重要的事情建立信用基础; 5. 当竞争只会损坏你要达成的目标; 6. 当对方拥有绝对优势时	1. 事情紧急而又不重要; 2. 面对时间压力,且双方势均力敌; 3. 寻找复杂问题的暂时性解决方法	1. 事情重要而不紧急; 2. 双方的根本利益是一致的,或双方利益都很重要而不能折中; 3. 站在对方立场,始终从团队目标出发去寻求共赢

李明结合团队冲突的原因,对冲突处理的适用情景进行了判断,给出了自己的处理策略,具体填见表7-3。

表7-3 团队冲突处理记录表

团队冲突处理策略	
采用此策略的原因	

 任务评价

通过学习本任务的操作,学员检查自己是否掌握了所学内容,如表7-4所示。

表7-4 管理团队冲突评价表

评价内容	分　值	评　分
1. 理解团队冲突的内涵及类型	10	
2. 掌握处理团队冲突的基本原则	15	
3. 熟悉团队冲突原因,准确找出冲突产生的原因	35	
4. 掌握不同情景下处理团队冲突的方法,对症给予处理,帮助团队成员更好地合作和协作	40	
总　　分	100	

 任务拓展训练

请各组同学扫码阅读团队间冲突场景材料,并据此材料分析原因,提出团队冲突的处理策略。

阅读:团队间冲突场景资料

任务二　培育团队

 学习目标

1. 熟悉团队培训开发的流程;
2. 掌握常见的团队培训需求分析及计划制定方法,分析培训需求并拟定计划;
3. 掌握团队培训实施与控制的关键点,组织实施计划并控制效果;
4. 掌握团队培训效果评估的方法,在实践中持续改进,提升培训技巧。

 **情景导入**

李明成功地招聘了三名理货员,在新员工进入岗位前,需要对新员工进行培训,包括如何干好工作,如何适应新环境。那么,究竟该怎样培育团队,让团队时常处于良好的运作状态呢?

 任务分析

培育团队又称为团队培训,是直接提高经营管理者能力水平和员工技能,为团队提供新的工作思路、知识、信息、技能,增长员工才干和敬业、创新基本的根本途径和方式。培育团队不仅包括新员工入职培训还包括在职员工培训,有效的团队培训需要重视培训需求分析,针对性的课程开发,有效的组织实施及严格的考核和评估,并将培训效果与员工未来的晋升及绩效评估相挂钩。

 任务准备

为了更好地达到实训目的,需要做如下准备:
1. 确保电脑等设备能正常使用;
2. 确保网络正常且稳定;
3. 职务说明书、工作规范等岗位分析资料;
4. 团队培训计划样例。

 任务实施

一、学习团队培训开发的流程

有效的团队培训开发主要分为三个环节:培训需求分析与计划拟定、培训实施与过程控制及培训评估与反馈,集中解决"6个W一个H"的问题,具体如图7-1所示。

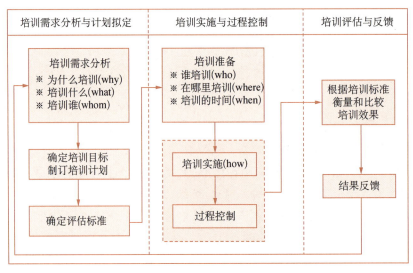

图7-1 团队培训开发流程图

二、运用任务分析法进行需求分析

1. 根据任务分析获取相关信息

对于每个特定工作的具体培训需求来说,任务水平分析可以提供三方面的信息:

(1) 每个工作所包含的任务(即工作描述中的基本信息);

(2) 完成这些任务需要的技能(即职务说明书);

(3) 衡量完成该工作的最低绩效标准。

2. 基于工作任务分析确定培训需求

以职务说明书、工作规范作为基于工作任务培训需求分析的依据,通过工作任务分析,确定员工达到要求所必须掌握的知识、技能和态度,将其和员工平时工作中的表现进行对比,以判定员工要完成工作任务的差距。然后,培训的重点应放在那些发生频繁的、重要的或相对而言较难掌握的任务上,如图7-2所示。

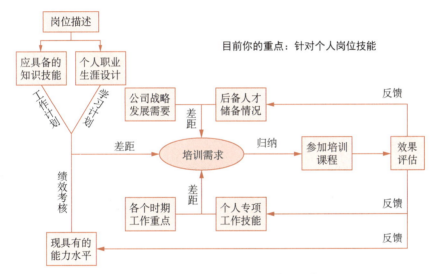

图 7-2 基于任务与能力分析培训需求

工作任务分析法的重点在于如何提供改善和提高的机会。培训者根据员工的素质差距,为他们提供必要的指导、培训,使他们获得必需的技术和能力。用这种方法分析培训需求可以大致分为三类:

(1) 重复性需求。例如,对每个新员工的就职培训。一般来说,新员工都对企业的文化、规章制度、从事某项工作的特殊方法等缺乏了解。因此,通过岗前引导计划来满足所有的新员工的这种重复性的需求。

(2) 短期性需求。如培训员工学会如何使用企业新购置的新设备。

(3) 长期性需求。为每一个工作岗位设计一个培训计划,以帮助员工通过更系统化的方法来提高基本技能,为职业评价与开发打下基础。

李明根据门店理货员的职务说明书及完成工作的绩效最低标准(扫码阅读相关信息并梳理出理货员完成工作的绩效最低标准),对新入职的理货员工作任务进行分析,并将结果记录于表7-5中。

阅读:超市理货员职务说明书

阅读:理货员绩效考核标准

表 7-5　基于工作任务的需求分析记录表

岗位：饮料区理货员

任务清单	执行时间与情况	数量和质量标准	执行环境	需要技能	员工现有能力情况	能力差距	培训需求
示例：职责1	上岗时	具有敬业和团队合作精神	店内团队	善于沟通协作	比较自我	不了解企业文化、规章及工作团队	1. 需要熟悉企业文化及规章；2. 需要快速融入团队
示例：职责2	闭店前	确保所负责区域内的商品陈列符合陈列标准且整齐美观	饮料区	排面的陈列规范	具备相关理论知识，但不熟悉陈列作业规范	1. 补货较慢；2. 陈列不符标准、欠缺美观	需要提升理货员业务技能培训

注：据示例，将表格填写完整。

三、制定团队培训计划

制定团队培训计划的关键是能依据培训需求进行课程开发。所以，在计划制定之初，首先要据培训需求确定培训内容；然后，再据内容选择合适的培训方法；最后，依据课程开发邀请合适师资，安排培训时间和地点。

开发培训课程步骤如下几方面。

1. 步骤一：根据培训需求分析，确定培训内容

（1）新进员工培训内容。

① 规章制度与工作流程培训。一方面，应当确保团队新进员工参加规章制度的培训，熟知公司的管理制度，对于新员工的疑问，及时解答；另一方面，应当明确告知新进员工在团队工作应当遵守的规则、团队目标、团队风格，让新进员工做事更加符合团队的要求。此外，培训新员工让其熟悉部门和整个门店的工作流程，更有利于开展将来的业务工作。

② 业务知识与技能培训。针对新员工将来要从事的具体工作任务，给新员工组织业务知识与技能的培训。如，对于小店长的培训，业务培训既有为期1~2天的关于填写售货单、整理货架、个人销售技巧或执行公司营销计划的训练，又有为期1~3个月的关于零售商的发展、商品学知识以及营销知识方面的管理培训。

③ 职业生涯发展培训。新员工来到超市，对未来比较迷茫，也会有不安全感。如果经过短期的工作后，发现在超市没有发展空间，就容易离职。因此，需要对新员工进行职业生涯规划培训，让新员工知道在超市里面究竟可以获得怎样的职业发展。当然，也

可以配合讲解相应的薪酬福利。

案例 7-4

永辉入职培训

扫码阅读案例并分析。

知识链接 7-1　　在职员工培训内容

零售店总是在不断的革新,新设备的引进、法律的变化、上新的产品线以及营销政策的改变,对现有员工开展的激励、提拔,这些都使在职员工的再培训成为必不可少的活动。相对于新员工培训而言,在职员工的培训是一项长期性的持续性工作。

1. 新设备与系统的操作培训

随着科技的不断进步、人工智能的推广,更加先进的设备与系统开始进入超市。在此基础上,在职员工需要学习新设备或系统的操作方式,也要熟悉新设备或系统对工作流程和工作要求产生的影响。

2. 新业务下的工作调整培训

新业务的引入会对工作产生影响,也需要进行培训。例如,永辉引入了永辉生活APP 的线上业务,顾客可以在线上选购商品,工作人员会将商品送货上门。在引入之前,永辉门店只做门店销售。在引入之后,第一,商品需要进行适合外送的包装。例如,盒装鸡蛋用保鲜膜包裹好,可以防止运输时的耗损;鲜肉外要用冰块保护,避免温度升高影响鲜肉新鲜度。第二,工作中会与顾客接触的员工都需要了解这一新业务,积极向顾客推荐永辉生活 APP,及时解答顾客有关永辉生活 APP 的提问,例如线上购买有哪些活动、有哪些优惠、有哪些限制等。第三,由于永辉生活 APP 还可以在门店支付,因此收银员在收银时,就要了解收银机如何切换到永辉生活 APP 支付的模式,还需要了解如果顾客余额不足要怎样处理等。第四,工作人员还会在超市出口处设置礼品台,让顾客看到礼品与海报被吸引而来,再通过下载和注册 APP 送礼品的方式推广 APP。第五,负责市场与公关的员工还需要去高校寻求代理推广 APP,借着各大高校的代理,增加永辉生活 APP 的用户数,提高覆盖率。

3. 管理改革引发的培训

管理制度的革新也需要进行培训。例如,永辉的薪酬绩效进行合伙人制度的改革后,就需要对各部门进行培训。首先,要向全体员工尤其是管理层解释哪些员工能成为合伙人;其次,要通过培训让大家清楚地明白合伙人要获得怎样的业绩才能得到分红,具体能分红多大的比例。在此基础上,了解大家的疑虑,针对性地解释以打消每一个疑虑,并鼓励骨干申请做合伙人。

4. 操作技能的进阶培训

新员工培训主要是为了使其掌握入门级的操作技能。在熟练掌握后,就可以深入学习操作技能的进阶内容。例如,对于新员工而言,商品陈列需要注意稳定性、一致性、和谐性。在工作了一段时间后,就可以学习一些新颖的陈列方法和堆头。可以借鉴同行业中其他超市的陈列,也可以看看商场、精品店、专卖店的陈列获得启发,还可以购买相关的书籍、图册进行观摩。例如,永辉超市有一年一度的全国技能大赛,参赛选手就需要反复琢磨、提升打磨自己的业务技能,争取夺冠。

5. 个人成长的培训

员工需要处于一种积极成长的状态,才能不断上进,保持良好的工作状态。因此,超市可以为员工的个人成长开展培训。例如,为员工提供图书借阅书架,让员工可以借阅图书,并交流看书的心得;为员工提供缓解压力、调节情绪的培训,让员工得以释放工作的压力,负面情绪得以宣泄出去;举办亲子活动沙龙,大家一起学习和讨论养育子女的经验,让员工工作生活更加平衡,等等。

案例 7-5

永辉超市的在岗员工培训

案例:永辉超市的在岗员工培训

请扫码阅读案例并分析。

李明结合之前的培训需求分析结果,对员工所需培训内容进行了分析,确定了本次新员工的培训内容,并将结果记录在表 7-6。

表 7-6 员工培训内容

培训员工类型	培训项目	具体内容

2. 步骤二:据培训内容,确定团队培训方法

测一测 7-4

(1)讲授法。讲授法是指培训师按照准备好的讲稿,系统地向受训者传授知识的方法。它是最基本、最常见的培训方法,主要有灌输式讲授、启发式讲授和画龙点睛式讲授三种具体方式。例如,新进员工进入超市,对干货组的工作知之甚少,让经验丰富的老员工制作系统的讲授课件进行详细的介绍,更有利于打好新员工的业务基础。

讲授法的优点:传授内容多,知识比较系统和全面,有利于大面积培养人才;对培训环境要求不高;有利于教师主观能动性的发挥;学员的平均培训费用较低。

讲授法的缺点:传授内容多,且较为枯燥,学员难以消化、吸收;单向传授不利于培训双方互动;不能满足学员的个性需求;培训师水平直接影响培训效果,容易导致理论与实践相脱节。

(2)实践型培训法。实践型培训法是让学员通过在实际工作岗位或真实的工作环

境中,亲身操作、体验,掌握工作所需的知识、技能的培训方法。这种方法直接将培训内容和实际工作相结合,具有很强的实用性,是学员培训的有效手段,适用于从事具体岗位所应具备的能力、技能和管理实务类培训。如,新员工开始按照业务知识,将干货进行分类储存,鉴别其鲜度,并进行专门的陈列,在试错中将业务技能锻炼得更好。

实践型培训法的优点:经济性强,受训者可以边干边学,一般无须特别准备教室及其他培训设施;实用、有效,受训者通过实干来学习,使培训的内容与受训者将要从事的工作紧密结合,而且受训者在实践的过程中,能迅速得到关于他们工作行为的反馈和评价。

实践型培训的缺点包括:成本较高、风险较大、难以标准化、对培训师要求高、培训效果评估困难、容易为时间和资源所限等。

(3) 工作轮换法。工作轮换法是指让受训者在预定时期内变换工作岗位,使其获得不同岗位工作经验的培训方法。例如,要让超市的管培生做业务主管。首先要让管培生到不同的一线业务岗轮换,在积累了各个一线业务岗的工作经验后,再定下来做某个商品类别的业务主管。这样的岗位选择更具有针对性,主管工作也能在丰富经验的基础上顺利开展。

工作轮换法的优点:能够丰富受训者的工作经验,加强对团队业务工作的了解;使受训者明确自己的长处和短板,找到适合自己的位置;改善团队或组织间的合作,使团队成员能够更好地相互理解。

工作轮换法的缺点:鼓励通才化,适合于团队中一般直线管理人员的培训,但不适用于职能管理人员的培训。

(4) 师带徒培训法。师带徒培训法中,培训师为团队的"老师傅"。其主要特点在于通过资历较深的团队成员的指导,能够让新成员迅速掌握岗位技能及团队业务能力。例如,干货部的新员工开始工作时,干货部主管指定一位干货部骨干员工做他的师傅,进行"传帮带"。一方面,教导其业务知识与技能;另一方面,教导其做人的方法。此外,一对一的关怀也能解决一些个人问题,帮助新员工度过适应期,减少新员工的流失(扫码阅读实训情景材料,并完成相关实训)。

阅读:如何提升门店新人的商品陈列技能的实训情景材料

师带徒优点:新成员在团队师傅的指导下开展工作,可以避免盲目摸索;有利于新成员尽快融入团队;可以消除新成员刚入职时的紧张感;有利于团队传统优良工作作风的传递;新成员可从培训师处获取丰富的经验。

师带徒缺点:为防止新成员对自己构成威胁,培训师可能会有意保留自己的经验、技术,从而使指导流于形式;培训师自身水平对新成员的学习效果有极大影响;培训师不良的工作习惯可能会影响新成员;不利于新成员的工作创新。

(5) 案例分析法。案例分析法又称为个案分析法,它是围绕一定的培训目的,把真实的场景加以典型化处理,形成供学员思考、分析和决断的案例,通过独立研究和相互讨论的方式,来提高学员的分析及解决问题的能力的一种培训方法。案例分析法中的案例用于培训时应满足以下三个要求:内容真实,案例中应包含一定的管理问题,案例必须有明确的目的。例如,客户服务团队可以把客户投诉经典事件整理出来,让团队成员分析应对方法,并进行总结和分析,借以提升团队成员的客户服务技能。

案例分析法可以由讲师主导,也可以由学员自行收集亲身经历的案例,将这些案例作为个案,利用案例研究法进行分析和讨论,并用讨论结果来处理团队实际工作中可能出现的问题。学员间对彼此亲历事件的相互交流和讨论,可使团队内部信息得到充分利用和共享。同时,有利于形成一个和谐、合作的团队环境。案例分析法非常适合在岗员工的培训,提升在岗员工的业务技能。

案例分析法的优点:参与性强,将学员解决问题能力的提高融入知识传授中;培训方式生动具体、直观易学;学员之间能够通过案例分析达到交流的目的。

案例分析法的缺点:案例准备的时间较长且要求较高;对学员能力有一定的要求;对培训师的能力要求较高;无效的案例会浪费受训学员的时间和精力。

(6)拓展训练法。拓展训练是指通过模拟探险活动进行的情景式心理训练、人格训练和管理训练。它以外化型体能训练为主,学员被置于各种艰难的情境中,在面对挑战、克服困难和解决问题的过程中,使人的心理素质得到改善。拓展训练包括高空断桥、空中单杠、缅甸桥等高空项目以及扎筏泅渡、合力过河等水上项目。拓展训练的特点如下:

阅读:拓展训练法样例

① 有形的游戏,锻炼的是无形的思维。在培训师的引导下,利用简单的道具,整个团队进入模拟真实的训练状态,团队和个人的优点得以突显,问题也不同程度地暴露出来,在反复的交流回顾中,可以找到某些想要的答案,或是为今后问题的解决提供思路(扫码阅读拓展训练法样例)。

② 简便、容易实施。拓展训练既可以在会议厅里进行,也可以在室外的操场上进行,因此它既可以作为一次单独的、完整的团队培训项目来开展,又能很好地和会议、酒会或其他培训相结合。在培训中,团队学习、团队沟通、团队士气等方面都可以得到增强。

(7)网络培训法。网络培训法是指通过团队的内部网或因特网对学员进行培训。例如,沃尔玛内网有一个学习网,任何人可以将自己的工作技巧公布在学习网上供大家学习。一个行政人员可以把自己在处理 Office 文件时的一些有用的函数、快捷键及相关的案例、操作方法整理出来,以 Blog 的形式发布在内网上;一个糖果部主管可以把他们优秀的陈列造型过程拍成视频,放在学习网上,全国的其他门店的员工就可以点开,查看学习。网络培训方法可以不受时间和空间的限制,让全国各地的工作人员随时想学就学。

各种培训方法的特点见表 7-7。

表 7-7 团队培训方法及其特点

方法	特点
讲授法	内容连续、成体系;可以利用公司内的培训人员或管理人员,以及外部专业人士
实践型培训法	在实践中锻炼技能,是讲授法中学习到的知识的落地
工作轮换法	能积累各个岗位的工作经验与技巧
师带徒培训法	能提供一对一的专门指导,能全方位地指导业务、做人态度、心理问题

(续表)

方法	特点
案例分析法	能对某种问题、某种情境充分讨论,借鉴别人的思路,形成最好的应对方法
拓展训练法	能在特定的环境、特定的游戏任务下,培养团队凝聚力与向心力
网络培训法	能让员工突破时间和空间的限制,随时学习、交流经验心得

李明为新员工设计了入职培训,以便新员工能尽快融入团队,完成工作任务,具体填写了表7-8(扫码查看参考样例)。

表7-8　员工培训方法

培训员工类型	培训项目	具体内容	培训方法

阅读:新员工入职培训方法样例

3. 步骤三:梳理培训计划

李明参考员工培训计划样例(扫码查看样例),并结合新入职员工的课程开发,确定师资,落实培训时间和地点后,梳理形成新员工入职培训计划,填写了表7-9。

表7-9　员工培训计划

培训计划名称	
培训时间	
培训地点	
参训人员	
培训的目的	
培训内容(培训主题、具体内容及授课方式)	
培训日程安排	
培训考核方式	

阅读:员工培训计划样例

四、组织实施员工培训

实施培训是员工培训计划落地的关键步骤,在实施过程中主要需要注意以下几个方面。

(1)确定培训师。要寻找到一位合适的培训师不是一件容易的事,企业要培养一位合格的培训师成本很高,而培训师的好坏直接影响到培训的效果。一位优秀的培训师既要有广博的理论知识,又要有丰富的实践经验;既要有扎实的培训技能,又要有吸引人的高尚人格。

(2)确定教材。一般由培训师确定教材,教材来源主要有四种:外面公开出售的教材、企业内部的教材、培训公司开发的教材和培训师编写的教材。一套好的教材应该是围绕目标,简明扼要、图文并茂、引人入胜。

(3)确定培训地点。培训地点的优劣也会影响到培训的效果。培训地点一般有以下几种:企业内部的会议室、企业外部的会议室、宾馆内的会议室等。要根据培训的内容来布置培训场所。

(4)准备好培训设备。例如电视机、投影仪、屏幕等。

(5)决定培训时间。要考虑是在白天,还是晚上,工作日还是周末,旺季还是淡季,何时开始、何时结束等。

(6)发通知。要确保每一个应该来的人都收到通知。因此,最好有一次追踪,使每一个人都确知时间、地点与培训基本内容(扫码查看样例)。

阅读:培训通知样例

李明据培训计划,完成培训实施中关键事项核检表,填写表7-10。

表7-10 员工培训实施中关键事项核检表

序号	核检项目	是	否
1	是否已聘请到合适的培训师		
2	培训配套教材是否到位		
3	培训地点是否布置好		
4	培训设备是否准备就绪		
5	培训时间是否确定		
6	培训通知是否通知到位		

注:用"√"标记事项检查完成的情况。

五、评估培训效果

受训者完成培训任务后,对培训计划是否完成或达到效果进行的评价、衡量。内容包括对培训设计、培训内容以及培训效果的评价。通常采用对受训者反应、学习、行为、结果四类基本培训成果或效益的衡量来测定。

1. 反应评估

反应评估是第一级评估,即在课程刚结束时,了解学员对培训项目的主观感受或满意程度。第一级评估目标往往包括对培训项目的肯定式意见反馈和既定计划的完成情况。

2. 学习评估

学习评估是第二级评估,着眼于对学习效果的度量,即评估学员在知识、技能、态度或行为方式等方面的收获。评估的方法很具体,无论是测试模拟、技能练习还是教师的评价,都是为了评估学习的情况,往往在培训之中或之后进行,由教师或培训辅导员来负责实施。

3. 行为评估

行为评估主要评估学员在工作中的行为方式有多大程度的改变。行为层面的评估主要有观察、主管评价、客户评价、同事评价等方法。这个层面评估的优点是：培训的目的就是改变学员的行为，因此这个层面的评估可以直接反映培训的效果；可以使高层领导和直接主管看到培训的效果，使他们更支持培训。

4. 结果评估

结果评估是第四级评估，通过对质量、数量、安全、销售额、成本、利润、投资回报率等企业或学员上司关注的并且可量度的指标进行考查，与培训前进行对照，判断培训成果的转化情况。

李明结合前两个评估指标设计了本次培训的培训效果反馈与评估表（见表 7-11），培训结束返岗后部门主管及人事主管将针对后两个指标要求的数据进行搜集和分析（扫码进行拓展性阅读）。

阅读：培训效果评估报告样例

表 7-11 培训效果反馈与评估表

尊敬的全体员工：

欢迎您参加本次培训。为有效了解您在此次课程中的收获，评估本次课程、讲师以及组织工作的专业水平，收集您对培训的意见和建议，请填写以下表格，以利于我们改进工作，为您提供更优质的培训。

请用"√"标示您选择的项目。

一、培训内容信息					
培训项目名称	培训时间		培训地点		主　讲
二、您对培训课程的评价	请打"√"（2分以下差、3分及格、4分良好、5分优秀）				
	1	2	3	4	5
1. 培训内容与需求的符合程度					
2. 培训内容对工作的启发帮助					
3. 时间安排合理程度					
三、您对培训讲师的评价	请打"√"（2分以下差、3分及格、4分良好、5分优秀）				
	1	2	3	4	5
4. 专业水平高且课程准备充分					
5. 良好的表达能力、讲解清晰					
6. 善于安排课堂活动，促进互动					
7. 鼓励学员参与，有效回答问题					
8. 时间把握及现场控制良好					
四、您对培训组织服务的评价	请打"√"（2分以下差、3分及格、4分良好、5分优秀）				
	1	2	3	4	5
9. 对培训场地、布置的满意度					

(续表)

10. 对培训现场服务的满意度				
五、您的总体评价				
11. 您在本培训中的收获：□很多 □较多 □还可以 □较少 □几乎没有				
12. 对本培训的满意度： □非常满意 □满意 □比较满意 □不满意 □非常不满意				
六、您的心得、建议				
13. 对本次培训的主要收获：		14. 对本次培训的建议：		

注：请在培训结束后统一交到人力资源部，谢谢您的支持！

任务评价

通过学习本任务的操作，请学员检查自己是否掌握了所学内容，如表7-12所示。

表7-12 培育团队评价表

评价内容	分值	评分
1. 熟悉团队培训开发的流程	10	
2. 掌握常见的团队培训需求分析及计划制定方法，分析培训需求并拟定计划	15	
3. 掌握团队培训实施与控制的关键点，组织实施计划并控制效果	35	
4. 掌握团队培训效果评估的方法，在实践中持续改进，提升培训技巧	40	
总　　分	100	

任务拓展训练

请各组据所学，扫码获取情景实训材料，完成一次在职员工的培训开发。

文本：在职员工培训开发实训情景材料

任务三　考核激励团队

情景导入

最近，李明管理的团队里，伙伴们士气低落，做事情没有动力。李明安排工作时，大家推三阻四，做事也只求交差了事，不想做好。李明很是恼火。听说绩效考核可以激励

项目七　管理团队

大家往团队目标努力,李明准备使用绩效考核来激励大家做好本职工作。但具体要考核什么,该怎么考核,怎样让员工接受考核结果并为之奋斗,李明也很迷茫。

任务分析

缺乏绩效考核会让员工没有工作目标、盲目地做事,是不可取的。不良的绩效考核容易流于形式、引发矛盾,良好的绩效考核需要合理制定绩效目标,选择合适的绩效评估方法进行评估,及时就绩效考核结果为员工提供反馈和支持,并据员工的绩效得分,进行奖惩和激励,包括晋升、加薪、奖金、培训等。

学习目标

1. 掌握关键绩效指标法(KPI),在系统观的指导下,制定团队成员 KPI;
2. 熟悉 360 环评法,对员工进行客观考核;
3. 掌握常见的绩效辅导的方法,帮助员工进行持续改进;
4. 掌握绩效结果应用的常用方式,活用奖惩手段激励员工。

任务准备

为了更好地达到实训目的,需要做如下准备:
1. 确保电脑等设备能正常使用;
2. 确保网络正常且稳定;
3. 部门绩效考核目标;
4. 岗位说明书。

任务实施

一、熟悉关键绩效指标法,制定团队成员 KPI 指标体系

关键绩效指标(KPI)是通过对组织内部某一流程的输入端、输出端的关键参数进行设置、取样、计算、分析,衡量流程绩效的一种目标式量化管理指标,是把企业的战略目标分解为可运作的远景目标的工具,是企业绩效管理系统的基础。KPI 是现代企业中受到普遍重视的业绩考评方法。KPI 可以让部门主管明确部门的主要责任,并以此为基础,明确部门人员的业绩衡量指标。建立明确的切实可行的 KPI 体系,是做好绩效管理的关键。

员工的绩效指标通常来源于三个维度,即工作结果指标、关键过程指标和价值观考核。所以,在设置团队成员的 KPI 指标时,李明门店运营部主管召集团队成员根据其所在岗位职责、部门承接的上级指标、部门今年的重点工作规划,在考虑到超市门店、团队及团队成员个人等三方利益的基础上,经过充分的沟通后设置了超市导购员的 KPI 指标体系。

1. 步骤一:提取备选指标

(1)从岗位职责中提取备选指标。李明门店的生鲜部主管扫码获取超市导购员的职务说明书。首先,从员工所在的岗位的任职资格标准(或职务说明书)中提取员工应该要履行关键职责;然后,再根据每项职责分别从时间、质量、数量、成本四个维度来考

阅读:超市导购员职务说明书

7-19

虑应该设定什么指标来衡量这项职责的完成效果,并将提取结果记录在表 7-13 中。

表 7-13 岗位 KPI 关键指标提取结果

岗位名称	超市导购员			
关键岗位职责	时间维度	质量维度	数量维度	成本维度
(示例)职责1:完成销售目标	×月×日前	销售额达成率	×××元	促销投入控制在×××元

注:参考示例,将表格填写完整。

(2) 从战略解码中提取备选指标。前期李明召集各部门主管就今年战略计划进行战略解码,形成公司团队各部门的关键绩效指标,生鲜部承接的关键性指标如表 7-14。

表 7-14 营运部门 KPI 关键指标提取结果

部门:超市营运部

部门绩效指标	时间维度	数量维度	成本维度
销售额达成率	12月31日前	完成120万元,销售额达成率为100%	促销投入控制在12万元
销售收入同期增长率	12月31日前	不低于5%	促销投入控制在12万元
毛利率	12月31日前	18%~30%	损耗率5%~8% 促销投入控制在12万元
商品周转天数	12月31日前	5天	损耗率5%~8%
商品损耗率	12月31日前	5%~8%	
顾客投诉率	12月31日前	低于2%	

知识链接 7-2

表 7-15 超市岗位常用的 KPI 指标及其计算方法

岗位类别	指标	指标定义/公式
营运	毛利率	毛利/营业额×100%
	销售额达成率	实际销售收入/目标销售收入×100%
	销售收入同期增长率	(当年销售额或销售量/去年销售额或销售量-1)×100%
	商品周转天数	商品周转天数=365/年周转次数 年周转次数=年销售额/(期末库存额×期末库存率)
	商品周转率	商品周转率=平均销售额/平均存货额×100% 平均存货额=(期初存货额+期末存货额)/2

(续表)

岗位类别	指标	指标定义/公式
采购	采购计划达成率	实际采购金额或数量/计划采购金额或数量×100%
	新商品引进率	考核期内引进新商品数量/期末商品总数量×100%
	采购质量合格率	采购合格商品的次数或数量/全部采购商品的次数或数量×100%
收银	收银差错率	收银差错笔数/收银业务总笔数×100%
	服务技能	接受调查的顾客对收银部工作满意度评分的算术平均值
防损	商品损耗率	商品损耗量/商品总量×100%
	失窃事件次数	内盗次数+外盗次数
	突发事件处理及时率	突发事件准时处理次数/突发事件总次数×100%
配送	货损货差率	货损货差数量/同期配放货数量×100%
	车船满载率	车辆实际转载能力/车辆转载能力×100%
	送货准时率	按时送货次数/送货总次数×100%

资料来源:《超市店长365天管理笔记》。

2. 步骤二:筛选关键指标

接下来生鲜部主管据以下六个维度对以上这些指标进行筛选,并通过与员工的多次沟通,确认了超市导购的岗位 KPI 指标,并将结果记录于表 7-16。

（1）可控性:员工的行为对这个指标结构的可控程度。

（2）精确性:这个指标值对相应的工作结果好坏的衡量的准确性。

（3）是否可量化:这个指标值被量化的简单程度。

（4）数据成本:用于测量这个指标的数据获取成本是否够低。

（5）战略一致性:是否与部门现阶段的战略一致。

（6）战略贡献度:这个指标对今年部门战略目标达成的贡献程度。

☀ 案例 7-6

为何提高目标的绩效考核,结果却适得其反

扫码阅读案例并分析。

案例:为何提高目标的绩效考核,结果却适得其反

表 7-16　超市导购 KPI 指标筛选计分表

员工姓名：李思　　　　岗位：超市导购员

备选指标	可控性	精确性	是否可量化	数据成本	战略一致性	战略贡献度
示例：销售达成率	5	5	5	5	5	5

说明：每个指标按 1~5 分打分，5 分表示越可控。分数越高表示指标越可控、越精确、成本越低，反之亦然。最后按总分降序排序，选择 5~8 项为最终指标项。

素养课堂　必须坚持系统观指导日常工作实践

系统观念就是研究事物相互关系的思维方式和工作理念。党的二十大报告是这样阐述"必须坚持系统观念"的：

万事万物是相互联系、相互依存的。只有用普遍联系的、全面系统的、发展变化的观点观察事物，才能把握事物发展规律。

我国是一个发展中大国，仍处于社会主义初级阶段，正在经历广泛而深刻的社会变革，推进改革发展、调整利益关系往往牵一发而动全身。我们要善于通过历史看现实、透过现象看本质，把握好全局和局部、当前和长远、宏观和微观、主要矛盾和次要矛盾、特殊和一般的关系，不断提高战略思维、历史思维、辩证思维、系统思维、创新思维、法治思维、底线思维能力，为前瞻性思考、全局性谋划、整体性推进党和国家各项事业提供科学思想方法。

资料来源：中国教育报，有删减。

3. 步骤三：标准化定义指标

生鲜主管确定超市导购的 KPI 后，对指标进行详细解释，并给出计算公式和数据提供部分，设定数据收集的周期，最后将结果记录于下表 7-17。

表 7-17　超市导购 KPI 指标标准化定义

指标	指标定义	计算公式	数据提供部门/职位	收集周期
示例:销售额达成率	实际销售收入与目标销售收入的比率	销售额达成率＝实际销售收入/目标销售收入×100%	信息中心	每月

4. 步骤四:设定指标得分计算方法

指标值如何换算成绩效考核需要的得分,一般常用的有以下 5 种方法:

(1) 比率法:实际完成值/考核目标值×100%×相关的分数,此法在销售部门考核中运用较多。例如,销售目标完成率＝实际销售额/目标销售额 * 100%,如果该项指标的权重分为 30 分,销售目标完成率为 80%,则该项得分为 80%×30＝24 分。

(2) 等级法:也叫层差法,是将考核结果分为几个层次,实际执行结果落在那个层次内,该层次内对应分数为考核分数。通常比较适合评价定性化指标,优点在于能对定性指标尽量降低打分误差,缺点则是区间长度的设置和对应分数设置比较难以确定,比如差错发生次数,3～5 次,80 分;6～8 次,60 分;9～10 次,40 分。

(3) 两极法:当达到某个目标时,为满分;低于某个目标值为 0 分。

(4) 加减分法:是对标准分进行减扣或加分的方法。在执行指标过程中当发现有异常情况时,就按一定标准扣分,或在完成目标值以上,表现良好可加分。通常适用于目标任务比较明确,任务完成比较稳定,同时鼓励员工在一定范围内做出更多贡献的情况。使用此法时,一般情况下,最大值不能超过权重规定数值,最小值不应出现负数。例如,核心员工流失个数,目标值为 0,每流失 1 个,扣 3 分,扣完为止。销售额目标值 100 万,达到 100 万,得 50 分,每多 1 万,加 1 分,最多加 20 分,每少 1 万,扣 1 分,扣完为止(扫码查看样例)。

阅读:常见四种指标标准化定义样例

(5) 综合评估法:通过多个评价维度并分配相应权重来计算得分。如完成时间(两极法)×40%×质量评价(等级法)×60%。

生鲜主管根据表 7-18 中超市导购的 KPI 指标标准化定义,与人力资源主管进行讨论沟通后,确认了方法。

表 7-18　超市导购 KPI 指标标准化定义

序号	KPI 指标	指标得分计算方法	理由说明

5. 步骤五：设定指标权重

多项指标同时考核时，各项指标项的权重设置，会对员工的行为和业务结果的达成产生重大的影响。所以，生鲜主管据团队所期待的结果与行为对超市导购的 KPI 指标的权重设置做了取舍。对自己越看重和期待的结果，权重设置越高。结合以上讨论结果，在参考其他企业部门 KPI 体系样例后，形成了本超市导购的 KPI 指标体系（扫码参考样例，完成表 7-19）。

图表：某企业采购部主管 KPI 指标体系样例

表 7-19　超市导购员 KPI 指标体系

KPI	权重	KPI 定义	计算方式	数据提供部门/岗位	收集周期	衡量标准	
						等级	标准值
						优秀	
						良好	
						合格	
						不合格	
						优秀	
						良好	
						合格	
						不合格	
						优秀	
						良好	
						合格	
						不合格	

(续表)

KPI	权重	KPI定义	计算方式	数据提供部门/岗位	收集周期	衡量标准	
						等级	标准值
						优秀	
						良好	
						合格	
						不合格	
						优秀	
						良好	
						合格	
						不合格	
						优秀	
						良好	
						合格	
						不合格	
						优秀	
						良好	
						合格	
						不合格	

二、熟悉360环评法，对成员KPI进行考核

360绩效考核法又称为全方位绩效考核法或多源绩效考核法，是指从与被考核者发生工作关系的多方主体那里获得被考核者的信息，以此对被考核者进行全方位、多维度的绩效评估的过程。这些信息的来源包括：来自上级监督者的自上而下的反馈（上级），来自下属的自下而上的反馈（下属），来自平级同事的反馈（同级），来自企业内部的支持部门和供应部门的反馈（支持者），来自公司内部和外部的客户的反馈（服务对象），以及来自本人的反馈（自我）。这种绩效考核过程与传统的绩效考核和评价方法最大的不同是，它不把上级的评价作为员工绩效信息的唯一来源，而是将在组织内部和外部与员工有关的多方主体作为提供反馈的信息来源。但一般操作中，为了方便获取数据，我们往往选择自我、上级、同级三项评分的加权平均后得到各项指标最后的考核分。

结合所学，每季度初期，李明都会要求各部门主管向员工详细地解释本季度绩效考核的目标和方式，并设置咨询的联系方式，及时澄清员工的疑问。制定绩效指标体系时，尽量强调员工、团队和门店的多赢。每季度结束后，各主管要统计绩效数据，并填写员工的绩效考核表，具体见表7-20（扫码阅读实施360环评需要注意的问题）。

阅读：实施360环评需要注意的问题

表 7-20 超市导购员绩效考核表

被考评对象		部门		职务			综合得分	
考评负责人		考评时间	至	填表时间			等级	

考核项目	关键指标	权重	指标具体定义	评分标准:优秀100%,良好80%,合格60%,不合格低于60%			得分(取平均值)	备注
				自我评分	同事评分	领导评分		
合计								

出勤扣分		处罚扣分		奖励加分		综合得分	
评价等级		□A 90分以上		□B 80~89分	□C 60~79分	□D 59分及以下	

每个员工的绩效考核得分计算出来后,生鲜主管和员工进行绩效辅导沟通。一是告知员工考核情况,本季度工作表现;二是与员工沟通,澄清其中是否有数据上的误算,最终获得员工的认可签名;三是了解员工面临的困难,并对后进绩效员工进行绩效辅导。

三、采用 GROW 对后进绩效员工进行绩效辅导

绩效辅导是指团队领导者与员工共同跟踪绩效结果,通过持续不断的沟通,努力发现问题、解决问题,达到或超越已制定的绩效目标。团队领导者可以通过绩效辅导了解下属的工作情况和进展,提高考核工作的有效性,帮助下属提升能力,提高认可度;员工可以通过绩效辅导得到自己绩效的反馈信息,发现不足,确立改进点,及时了解组织的

重要信息,及时得到相应的资源和帮助。日常工作中常用教练式辅导的GROW模型对后进员工进行绩效辅导,具体如下:

步骤一,团队领导者需要了解下属的工作内容、公司的管理制度,包括绩效管理制度、培训管理体系、职业发展管理体系、薪酬福利制度,以便为下属提供相应的信息与帮助。另一方面,团队领导者需要明确自己对下属的工作期望与绩效目标,针对绩效评估结果,准备好具体的事件行为去说明下属存在的问题,并拟出初步的工作提升建议。

步骤二,选择一个安静的沟通环境,将手机调成静音,绩效辅导双方选择呈120°的位置就座。

步骤三,团队领导者从四个方面即建立目标(goal)、了解现状(reality)、讨论方案(option)、达成意愿(will)出发,设计提问,通过持续不断地沟通引导团队成员确立目标,再根据现状,讨论将来可以用哪种方案最终实现目标(见表7-21)。

表7-21 GROW教练式辅导的提问示例

维度	含义	提问示例
G:goal 建立目标	在这次任务中我们究竟想达成什么样的目标,心里的长期目标是什么?	1. 今天主要想谈什么?希望谈出什么样的结果? 2. 目标是积极有挑战性而且可达成的吗?你会如何衡量? 3. 你想何时达成? 4. 你对目标的个人控制力有多大? 5. 有什么里程碑?
R:reality 了解现状	现状是怎样的?目前为止你做了哪些事情?还有谁参与了?	1. 现在情况怎样?发生了什么? 2. 为解决问题,你采取了哪些措施?结果又怎样? 3. 请举例证明你的判断、想法。 4. 还有谁也涉及了? 5. 你如何评价现状,假如需要打分的话,你现在会给出多少分?
O:option 讨论方案	你会怎样做?还有哪些备选方案?还有哪些新的可能性?	1. 我们该怎么解决这个问题? 2. 有什么选择吗?更多的选择是哪些? 3. 你觉得别人会怎么做? 4. 我提个建议好吗?我以前见过别人,在这种情况下……你觉得对你有启发吗? 5. 还有谁能帮助?
W:will 达成意愿	结果是什么?为了达成结果,你要做什么?什么时候做?需要什么协助?	1. 接下来你打算怎么办? 2. 在这些方法中你倾向于哪一种? 3. 什么时候开始?什么时候做完? 4. 除你以外,还需要谁的帮助? 5. 你觉得可能会有什么困难和阻力?你打算如何面对? 6. 我们之间需要如何沟通跟进?

李明在进行绩效辅导前,提前了解了绩效靠后的员工小张的相关情况,分析了小张的业绩统计数据,并从部门其他同事处了解其对小张的评价。然后,对其进行绩效辅导,并将沟通辅导过程及结果记录于表7-22(扫码阅读情景材料,并分析相关信息)。

表 7-22 教练式辅导的 GROW 模型

维度	辅导沟通情况
G：goal 建立目标	
R：reality 了解现状	
O：option 讨论方案	
W：will 达成意愿	

阅读：采用 GROW 教练式绩效辅导法对团队后进成员进行辅导情景材料

知识链接 7-3　　差异化绩效辅导

差异化绩效辅导是一种针对不同员工和团队差异化的绩效提升方法。常见的有以下三种方式。

1. 根据员工的业绩情况进行差异化绩效辅导

员工的业绩情况不同，团队领导者的绩效辅导侧重点也可以有所不同。

对于进步神速者，团队领导者可以提供更多工作及表现机会，适时给予正面鼓励及培训，给予更多授权及承担适当风险，协助其制定长期职业生涯规划，适时公开肯定其成就。

对于进步一般者，团队领导者可以注意了解员工的长处及主要改善事项，适时反馈给员工，提供必要的教导与培训，强调期中检查，增加更多工作相关任务，教导员工如何有效利用资源。

对于未尽全力者，团队领导者可以尝试了解员工未尽全力的背景和原因，挖掘过去成功之处或兴趣所在，调整工作内容以符合个人需求，随时反馈鼓励。

对于表现退步者，团队领导者可以着重挖掘存在的问题，增加期中审视与反馈，提供更多咨询与教导，注意员工行为，定期与上级沟通报告进度和计划。

2. 根据员工的绩效问题进行差异化绩效辅导

团队领导者可以深度挖掘员工绩效问题的根源，进行针对性的辅导与改进，具体如表 7-23 所示。

表 7-23 员工绩效问题及其针对性辅导策略

分析绩效问题所在	问题的维度	针对性的辅导策略
被考核人承担责任的意愿不足	心态	帮助员工增强意识并激励承担责任
被考核人完成工作所需的技能方法不足	能力技能和经验	鼓励员工自己提出解决方案，适当时提出工作改进建议及推荐的培训课程等
受外在原因影响，外在条件限制，缺乏获取资源的途径	资源问题	通过与相关部门的沟通，提供相关资源支持

3. 根据员工具备的能力进行差异化绩效辅导

团队领导者可以根据员工具备的能力进行差异化绩效辅导。首先是鼓励型辅导。对那些具有较完善的知识及专业化技能的人员,团队领导者可以给予一些鼓励或建议,以达到更好的效果。第二,方向引导型辅导。对那些具有完成工作的相关知识及技能,但偶尔遇到特定的情况不知所措的员工,团队领导者可以给予适当的点拨及大方向指引。第三,具体指示型辅导。对于那些对完成工作所需的方向及能力较缺乏的员工,团队领导者需要给予较具体指示性的指导,将做事的方式分成步骤传授,并跟踪完成情况。

四、结果应用

员工考核结果可以分为优秀、良好、合格、不合格,也可以分为 A、B、C、D 等。一般来说,对于优秀的员工应当给予物质和精神的奖励,鼓励所有员工向他学习,提升业绩。应该给优秀员工怎样的物质和精神奖励激励效果才能最佳?

1. 物质激励

团队领导者要熟知超市里的物质激励制度,并且积极为伙伴们争取物质奖励;在伙伴们没有动力的时候提醒大家,做好这份工作,可以具体获得怎样的物质激励。给大家画个可口诱人的饼,并尽快把饼分给大家,让大家在每次合作的经验中得到这样一个体会:跟着老大干,有肉吃。这样,面对工作时,员工会期待工作完成后的奖励,更加有动力。目前,超市里的物质激励有很多,既包括传统的奖金,也包括长远的物质激励,如晋升,还包括股权激励、可以利润分成的合伙人制度(扫码观看案例视频)。

案例视频:永辉超市的合伙人制度是如何激励员工的

2. 精神激励

如果激励是一道菜,物质激励是主要食材,精神激励就是不可或缺的调味品。根据马斯洛需求原理,人有生存需要、安全需要、社交需要、尊重需要和自我实现的需要。其中,既需要物质的保障,也需要精神的满足。因此,物质激励也应当与精神激励相配合。我们时常用到的精神激励方法具体如下。

(1)目标激励。设置目标是指团队领导者根据员工的能力与需要、团队的资源和需要,将团队目标分解到个人身上,与团队成员订立个人目标以及相应的奖惩,并帮助他实现这个目标。

设置目标必须注意三点:一是,目标设置必须符合激励对象的需要。即要把激励对象的工作成就同其正当的期望挂起钩来,使激励对象表现出积极的目的性行为。二是,提出的目标一定要明确。如"本月销售收入要比上月有所增长"这样的目标就不如"本月销售收入要比上月增长 10 000 元"这样的目标更有激励作用。三是,设置的目标既要切实可行,又要具有挑战性。目标难度太大,让人可望而不可即;目标过低,会影响人们的期望值,难以催人奋进。

(2)情感激励。情感是影响人们行为最直接的因素之一,任何人都有各种情感诉求。情感激励是通过建立一种人与人之间和谐良好的感情关系,来调动员工积极性的方式。因此，团队领导首先要及时了解并主动关心员工的需求，对团队成员要做到"九个了解"，即了解成员的姓名、生日、籍贯、出身、家庭、经历、特长、个性、表现；"九个有数"，即对成员的工作状况、住房条件、身体情况、学习情况、思想品德、经济状况、家庭成员、兴趣爱好、社会交往心里有数。要经常与成员打成一片，交流思想感情，从而增进了解和信任，并真诚地帮助每一位成员。尤其是当团队成员有困难时，要主动给予关怀，为其排忧解难，使其对团队建立起归属感；其次，不定期的团队聚会，营造一个积极向上的工作氛围。如中秋节前的晚会、重阳节的爬山、员工的生日聚餐、团队庆功会等，并将活动通过图片展示、DV摄制等手段保留下来，放在公司的网页上，让这些美好的回忆成为永恒，时刻给员工温馨的体验与团队归属的激励。

（3）行为激励。通过宣传优秀或模范员工的行为，能激发其他员工的情绪，引发员工的内省与共鸣，从而起到强烈的示范作用，引导其他员工的行为。如，在自己的团队设立诸如营销之星、门店新秀等荣誉，每月、每季、每年都评选一次。当选出合适人选后，要举行适当隆重的颁发荣誉的仪式，让所有团队人员为荣誉而欢庆。

（4）奖罚激励。奖罚激励是一种常用的激励方法，如表扬、赞赏、晋级和批评、处分、开除等。

① 不断认可。当员工完成了某项工作时，团队领导要选择合适的场合真诚、及时地认可他的工作，反之失去激励作用。如拍拍员工的肩膀、写张简短的感谢纸条等非正式的小小表彰，或是在某些特殊场合和少有的成就时使用，如公司一年一度的模范员工表扬大会。

> **案例 7-7**
>
> 不懂激励的主管
>
> 扫码阅读案例并分析。

② 真诚赞赏。团队领导者应当用积极的眼光看待下属及其工作，多挖掘他行为的好的方面，提炼出行为的意义，有感情的进行赞美。赞赏可以遵循3S原则，即sincere（真诚）、specific（具体）、smart（智慧）。赞赏不是拍马屁、恭维，赞赏是基于具体的事实，拍马屁是基于人。如，员工讲完PPT后，如果团队领导者说："我觉得你刚才讲的促销抽奖转盘部分非常有意思，对我很有启发"，这样具体的表述更显真诚，效果更好。

> **案例 7-8**
>
> 多看积极面，多赞美少批评
>
> 扫码阅读案例并分析。

③ 建设性批评。建设性的批评是指主要为了让对方改进,而不是让对方难堪或产生负面情绪的批评。建设性的批评技巧有:一是,应当是面对面私下进行的,如果是公开批评,容易损伤员工的面子,让员工产生很大的负面情绪,对工作产生不良影响。二是,批评对方不能只是单方面地"定罪",要和对方核实事情的真相与原因,给对方解释的机会。否则,容易让对方产生有苦说不出的委屈感。三是,对事不对人,阐释具体的事件,而不是评论人的个性、特点。如,"我注意到,我们团队里一个低级别的同事向你寻求帮助时,你叫他去请别人帮忙。"这样的描述是针对事件的描述,而不是"我认为你不具备团队精神"这样对人个性与特点的评论。四是,说明相关工作的重要性。如,批评时要说明这一事件的重大影响,才会让对方有动力去改变。五是,补救工作达成一致。即,要与对方讨论补救或改进工作,达成一致才能让对方有动力去行动。最后,用期待未来更好的行动代替对过去的批评。即,团队领导者可以不直接批评对方在过去做不好,而是直接说对未来的期望以及将要达成的良好效果。如"你是否能把准备的发言先给我讲一遍,这样可以帮助你熟悉一下内容,使你在现场能更加自信。"则能达到更好的效果。

(5) 竞争激励。超市内部常举办各类主题竞赛,不仅可以促进员工绩效的上升,更重要的是,这种方法有助于保持一种积极向上的氛围,对减少员工的离职率效果非常明显。

案例 7-9

永辉超市每年举行全国技能大赛

扫码阅读案例并分析。

案例:永辉超市每年举行全国技能大赛

(6) 危机激励。危机意识其实就是一种强烈的生存意识,团队具有一定的危机意识才能获得更好的生存空间。但一般团队成员并不一定能感受到这些危机,特别是不在市场一线工作的那些员工。很多员工都容易滋生享乐思想,工作热情也日渐衰退。因此,团队领导者有必要向团队成员灌输危机观念,树立危机意识,重燃团队成员的工作激情。具体而言即:一是,向团队成员灌输企业前途危机意识;二是,向团队成员灌输他们的个人前途危机;三是,向团队成员灌输企业的产品危机,激发创新能力;四是用客户对团队的负面评价激励团队成员。

此外,对于业绩不佳的员工,会有一些物质上的惩罚,警示所有员工不要让自己的业绩落后,并给对方一个提升业绩的机会,在新的业绩周期里给予相应的帮助。如果一个员工持续呈现业绩不佳的情况,则考虑调岗或劝退。

李明结合团队成员的考核结果及团队常见的激励方法,对团队成员的考核结果做出了相应处理,具体见表 7-24。

表 7-24 某超市绩效考核结果的应用

部门：　　　　　　　　　　　　　　　　　　　　　　　　　　　　姓名：

项目	具体内容	优秀(A)	良好(B)	合格(C)	不合格(D)	连续2次不合格
绩效奖金						
福利						
晋升						
精神表扬						
培训						
合伙人分红						
安全奖						
全勤奖						

任务评价

通过学习本任务的操作，请学员检查自己是否掌握了所学内容，如表 7-25 所示。

表 7-25 考核激励团队评价表

评价内容	分值	评分
1. 掌握关键绩效指标法（KPI），在系统观的指导下，制定团队成员 KPI	25	
2. 熟悉 360 环评法，对员工进行客观考核	25	
3. 掌握常见的绩效辅导的方法，帮助员工进行持续改进	25	
4. 掌握绩效结果应用的常用方式，活用奖惩手段激励员工	25	
总　　分	100	

阅读：超市店长职务（岗位）说明书

任务拓展训练

1. 请各组根据所学，扫码获取超市店长职务（岗位）说明书，并结合李明门店战略计划制定超市店长的 KPI 指标体系及 360 绩效考核表。

2. 请各组根据今日所学，扫码获取差异化情景案例材料，就员工考核情况进行差异化绩效辅导。

阅读：差异化辅导情景案例材料

项目八　分析经营业绩

▲ 项目说明

经营业绩分析是指对超市（或某个部门）的营业额、销售量等进行统计，在此基础上，进行比较分析、盈亏分析等。经营业绩分析有利于企业实时掌握自身的发展和经营情况，有利于企业及时调整经营业务、化解经营风险。

本项目有2个任务，分别介绍了评估门店经营绩效和改善门店经营绩效。

▲ 项目目标

【知识目标】

1. 理解经营绩效评估指标的内涵；
2. 掌握业绩分析常用方法；
3. 熟悉提出绩效改善方案的流程。

【技能目标】

1. 按照业绩评估的步骤，评估门店经营业绩，精准找出经营业绩问题；
2. 根据企业经营状况分析，提出绩效改进方案。

【素质目标】

1. 培养数字分析素养，通过数据分析发现问题，并提出可行的创新型解决方案；
2. 培养问题导向的思维，直面问题，提升分析问题、解决问题的能力。

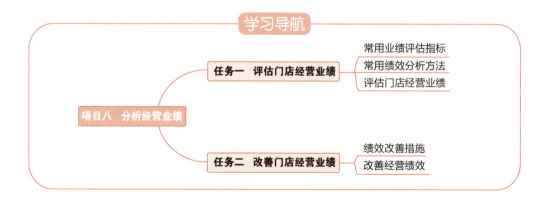

任务一　评估门店经营业绩

 学习目标

1. 理解经营绩效评估指标的内涵；
2. 掌握业绩分析常用方法；
3. 按照业绩评估的步骤，评估门店经营业绩，精准找出经营业绩问题；
4. 培养数字分析素养，灵活运用评估指标，进行评估指标的经营绩效分析。

 **情景导入**

经过半年多的经营，李明开的超市总是不温不火，销售差强人意，李明看着手中一大堆的经营数据，心里犯着嘀咕，超市究竟经营得如何？

 任务分析

要评估门店经营的绩效，就必须通过数据分析，先行计算超市的收益性指标及效率性指标等各指标，然后，通过各指标的表现来分析、发现现行经营中的问题。

 **任务准备**

为了更好地达到实训目的，需要做如下准备：

1. 财务报表等各种报表；
2. 各类销售数据；
3. 纸、笔、秒表。

 任务实施

一、学习超市常用业绩评估的指标内涵

业绩评估的目的是衡量企业是否实现预先设定的目标，衡量的标准涵盖企业内部的所有层级。企业不同层级的目标决定了不同层级的业绩评估。超市常用业绩指标包括收益性指标、效率性指标等。

1. 收益性指标

收益性指标反映超市的获利能力。评估的指标有营业额达成率、毛利率、营业费用率、净利率、净利率达成率。

（1）营业额达成率。营业额达成率是指超市的实际营业额与目标营业额的比率。其计算公式：

$$营业额达成率 = 实际营业额 \div 目标营业额 \times 100\%$$

营业额达成率的比例越高,表示经营绩效越高;反之,表示经营绩效较低。一般来说,营业收入达成率的参考标准在100%～110%。如果高于110%或低于100%都值得反思;大于110%,说明目标定得过低,低于100%,说明没有完成计划。

(2)毛利率。毛利率是指毛利额与营业额的比率,反映的是超市的基本获利能力。其计算公式:

$$毛利率=毛利额÷营业额×100\%$$

毛利率的比率越高,表示获利空间越大;反之,表示获利空间越小。

以超市为例,国外超市的毛利率可以达到16%～18%,便利店可以达到30%以上。由于超市和便利店的激烈竞争和总部商品管理水平有限,目前毛利率普遍较低。

此外,各类商品的毛利率也并不相同,一般来说,生鲜的毛利率较高,平均高于20%,一般食品、糖果饼干的毛利率较低,平均不到18%;烟酒以及大米的毛利率最低,约为8%。

(3)营业费用率。营业费用率是指超市营业费用与营业收入的比率。其计算公式为:

$$营业费用率=营业费用÷营业收入×100\%$$

与营运绩效最直接有关的就是营业费用,指维持运行所耗的资金及成本,一般包括租金、折旧费、人事费用、营运费用等。一个高营业额的店,如果费用也高,就会抵消它的利润。

营业费用率指标越低,说明营业过程中费用支出越少,零售门店的管理越高效,获利水平越高。营业费用率的参考标准一般在14%～16%以下。

(4)净利率。净利率是指超市税前实际净利润与营业额的比率。它反映的是超市的实际获利能力。其计算公式为:

$$净利率=税前实际净利润÷营业额×100\%$$

净利润的参考标准一般在2%以上。

案例8-1

沃尔玛中国2024财年第四财季营收增速环比有所放缓

扫码阅读案例并分析。

案例:沃尔玛中国2024财年第四季营收增速环比有所放缓

(5)净利润达成率。净利润达成率反映超市的实际获利达到预期目标的程度。其计算公式为:

$$净利润达成率=税前实际净利润÷税前目标净利润×100\%$$

净利润达成率的参考标准一般在100%～110%以上。

2. 效率性指标

效率性指标主要指超市门店的生产力水平，评估指标主要有来客数及客单价、商品周转率、人均劳效、坪效。

（1）来客数。来客数是指某段时间内进入门店购物的顾客人数。其计算公式为：

$$来客数 = 客流量 \times 捕获率 \times 成交率$$

一家门店，每天都会有人群经过门口，这个人群数量为门店经过客流量。这些人中有部分会进入门店，进入门店的人数与门口经过的总人数之间的比率，即是捕获率。进入门店的一部分客户会真正购买商品，而另一部分客户什么都不买就走开，购买商品的客户与进入门店总客数的比率就是成交率。

门店经过客流量目前无法通过技术手段获得，只能采取人工计数的办法。比如，在重庆的解放碑，会看到一些人站在路边数人头，这是在计算门店的客流量。进入门店的人数可以使用人流记录器测量。

成交率优势也称为转换率，它可以按照门店进行统计，也可以按照不同的商品陈列区域进行统计。

即使在相同的门店中，不同柜台的成交率也不同。如在超市的乳制品柜台、卫生纸柜台，成交率可能接近100％；而其他区域（如日用品）柜台，成交率可能只有30％～40％。

来客数越高，表示客源越广；反之，表示客源越窄。

知识链接 8-1　门店来客购买漏斗模型

资料显示，客流量、捕获数、成交客户数会呈现一种递减的规律，即门店经过总客户量＞门店捕获数＞成交客户数，如图8-1所示。这种呈现漏斗形状的门店来客数与购买人群的对比关系称为门店来客购买漏斗模型。

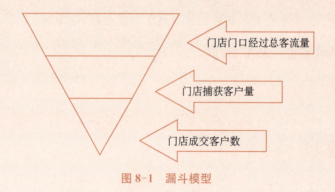

图8-1　漏斗模型

门店的经营效果最终取决于漏斗出口的大小：有的门店漏斗出口很小（购买数少），客流质量不好；而有的门店漏斗出口大（购买人员多），销售业绩自然也会不错。客流质量直接决定了门店的经营业绩。

资料来源：《零售学》，立信会计出版社。

案例 8-2

顶流胖东来，人气缘何堪比"6A 级景区"

扫码阅读案例并分析。

案例：顶流胖东来，人气缘何堪比"6A级景区"

（2）客单价。客单价是指门店的每日平均销售额与每日平均来客数的比值。其计算公式为：

$$客单价＝每日平均销售额÷每日平均来客数$$

客单价越高，表示顾客一次平均消费额越高，反之，表示顾客一次平均消费额越低。由于销售额等于来客数与客单价的乘积，因此，来客数与客单价的高低会直接影响到门店的营业额。据统计，综合门店每天的交易笔数基本上是每平方米 1 个有效来客数，客单价在 50 元以下；便利店每天的交易笔数基本上是每平方米 800 多个有效来客数，客单价在 14～15 元。

知识链接 8-2　　影响客单价的因素

门店销售额是零售业最关注的问题，因为如果没有了销售额的话，其他的一切做得再好都是白搭。而零售企业的销售额又由各个门店的销售额累加而成，所以门店的销售额也就顺理成章地成为各零售企业最为关心的核心问题。

就一般而言，影响门店客单价的因素有：

1. 门店品类的广度与深度

凡是去过大卖场、超市、便利店，顾客们从直观也可以感觉到，大卖场的品类的广度与深度高于超市、超市又高于便利店。同时，顾客们也观察到，大卖场的客单价一般可以达到 50～80 元，有的还更高，在节日期间一般都会超过 100 元；而超市一般只有 20～40 元，少数高端超市可能可以达到 50 元甚至 100 元以上；而便利店一般则在 8～15 元之间，相当于一包烟或一顿早餐或午餐的价钱。由此可见，门店品类的广度与深度对于客单价的影响是根本性的，是主要影响因素。

品类的广度与深度又呈现结构方面的复杂性。譬如，两家品类总数和单品数量基本相当的门店有可能差异很大，原因是它们的重点品类可能非常不同，一个专注一般食品销售，另一个则着重于生鲜食品销售。因此，品类的广度和深度体现在不同品类上就构成了一幅幅或淡或浓、或艳或雅的"水彩画"了。门店可以通过在自己专长的品类上拓宽广度（增加中小品类的数量）和加深其深度（增加品种数），来提升自己门店的特色化，建构自己的核心竞争力。

2. 门店商品定位

在门店所属业态确定以后，其实门店品类的广度和深度也就基本确定了。那么，是不是同样业态的门店的客单价都一致呢？答案是否定的，因为除了品类的广度和深度这一重要影响因素外，门店的商品定位也是一个非常重要的因素。门店的商品定位主要是指门店商品的档次，即商品的平均单价。同样面积大小的超市，可能从品类数量和单品数量来对比差不多,但是由于一家定位高端,一家定位中低端,客单价就会相差数倍,这就是门店商品定位对客单价的影响。

门店商品定位也是呈现一定的复杂性的,比如主要定位高端的超市卖场,也可能会有中低端的商品作为补充。在家乐福古北店,顾客们就可以看到,定位中高端的大卖场照样有1元商品、3元商品、5元等超低价商品,还有价格在一两元的廉价的水果、价格较低的面包等,尽管它的主色调是高档高端商品。由此可见,商品的定位也是相对而言的,是杂色中呈现的主色系而已,纯而又纯的色调是非常少的。即使是专卖店,它的价格档次也往往是跨度很大的,可能顾客们在那些专卖高价的五星级酒店中的小卖部或者机场的超市能够见到这种情况,但那些基本是占着地理位置上的垄断地位,变相把低价商品变为高价而已,并非所有商品都是高价高档的。

3. 门店促销活动

既然客单价是顾客购物篮内的商品数量与商品单价的乘积之累计,那么促成顾客购买本不想买的东西,或者想买的东西多买,就是促销活动对提升客单价的作用。门店促销对于提升客单价的帮助是非常明显的,现在已经找不到哪家门店不做任何促销还能够保持客单价稳定的了,更别谈提升客单价了。

4. 商品的关联组合

除了上面的三个主要因素外,商品的关联组合也是重要因素。这个因素既可以包含在商品品类的宽度和深度及商品档次中,也可以单独拎出来考虑。因为若是在同品类和相近品类考虑,商品的关联组合就已经基本包括了。但若是考虑跨品类甚至跨部类和跨大类,与上面的差异就比较大了。比如说围绕婴儿用品,当顾客们围绕婴儿的食品、穿着、玩具来考虑商品组合时,其实就横跨了两个部类、三个大类了。但是,这样的组合对于顾客购物习惯来说却是很自然的,可以"触景生情"产生许多冲动性消费。

5. 商品陈列

商品陈列对于客单价的影响同样也是不可忽视的。例如,一位刚刚大学毕业的女孩到一家日本7-11的门店担任实习店长,在订酸奶时把单位弄错,订的量超出了以往10多倍。面对堆积如山的酸奶,女孩陷入深深的痛苦之中。但是她急中生智,想到有少数顾客在购买盒饭时会特意跑到陈列酸奶的陈列柜拿一盒酸奶,于是,她特意在中午把陈列酸奶的柜子移到陈列盒饭的柜子边上,然后写上一句话:"饭后吃酸奶有助于消化,有利于身体健康。"结果那些多订的酸奶当天就卖完了。后来,将酸奶与盒饭进行关联陈列就成了7-11的一大特色,酸奶和盒饭的销量都有明显的增长。

由此可见,商品陈列其实对于客单价的影响也是很大的。因为,不管门店是大还是小,相对于顾客在门店内所待的时间来说,这些商品总是远远"过剩"的。要想让合适的商品吸引到顾客足够的眼球,就需要在陈列上下功夫。

资料来源:根据联商博客,谢纪平博客整理。

(3) 商品周转率。商品周转率是指超市门店的销售额与平均库存之比。其计算公式为:

$$商品周转率 = 销售额 \div 平均库存$$

商品周转率反映的是商品的流动速度。商品周转率越高,表明商品流动速度越快,销售情况越好。该项指标的参考标准为30次/年以上。

每一类商品周转率并不相同,一般来说农产品的周转率最高,其次是水产、畜产和日配品,日用百货的周转率最低。

(4) 坪效。坪效就是指终端卖场1平米的效率,一般作为评估卖场实力的一个重要标准。其计算公式为:

$$坪效=销售业绩÷店铺面积$$

由上面的公式可以看出,平米效率(坪效)越高,卖场的效率也就越高,同等面积条件下实现的销售业绩也就越高。中国零售店最好的坪效大概是1.2万元人民币。

二、熟悉常用的绩效分析方法

主要有关联分析、比较分析法和结构分析法等。

1. 关联分析

关联分析是从大量的数据中发现商品之间的关联,再利用这种关联设计商品组合,改进货架摆放的位置,促使顾客购买多件商品,从而提高客单价(扫描观看动画)。

动画:啤酒和纸尿裤

关联分析的目的是从交易数据库中挖掘出强关联规则。关联规则一般采用蕴含表达式,如 A⇒B 是一条关联规则,其中 A、B 不为空集,而 A 交 B 为空集。要确定一条关联规则是否为强关联规则,需要计算关联三度,即支持度、置信度和提升度。

下面以某化妆品销售商品关联分析为例进行训练。

第一步,收集相关收据。填写记录在表8-1中。

表8-1 交易数据

TID	精华乳(/1)	精华水(/2)	洁面乳(/3)	隔离乳(/4)	精华霜(/5)	爽肤水(/6)
1	1	1	0	0	1	0
2	1	1	1	1	1	1
3	0	0	1	0	0	1
4	1	1	1	0	1	0
5	1	1	0	1	1	0
6	1	0	1	0	1	0
7	1	1	0	0	1	1
8	0	1	1	0	0	0
9	1	1	0	0	0	0
10	1	1	0	1	1	0

第二步,计算相关指标。在关联分析中主要计算每条关联规则的关联三度。

(1) 支持度计数。支持度计数是指项集在事务中出现的次数。例如,表8-1中/1在8笔事务中出现,则支持度计数为8。关联规则(/1⇒/2)的支持度计数=$num(/1\cap/2)=7$。

(2) 支持度。支持度用字母 S 表示,它是指包含项集的事务在所有事务中所占的比例。关联规则 A⇒B 的支持度计算公式为：

$$S(A \Rightarrow B) = \frac{A \Rightarrow B \text{ 的支持度计数}}{\text{全部事务数量}} = \frac{num(A \cap B)}{num(all)}$$

表 8-1 中，关联规则(/1⇒/2)的支持度＝7/10＝0.7。

（3）置信度。置信度用字母 C 表示。关联规则 A⇒B 的置信度被定义为项集 A 在包含项集 B 的事务中出现的频繁程度。计算公式为：

$$C(A \Rightarrow B) = \frac{S(A \Rightarrow B)}{S(A)}$$

表 8-1 中，关联规则(/1⇒/2)的支持度等于 0.7，/1 的支持度等于 0.8，则计算结果为 0.875。

（4）提升度。提升度用字母 L 表示。关联规则 A⇒B 的提升度被定义为项集 B 在包含项集 A 的事务中出现的频繁程度与项集 B 在全部事务中出现的频繁程度的比值。计算公式为：

$$L(A \Rightarrow B) = \frac{C(A \Rightarrow B)}{S(B)} = \frac{S(A \Rightarrow B)}{S(A) \times S(B)}$$

关联规则(/1⇒/2)的提升度等于 1.093 75。

强关联规则是指支持度和置信度大于等于阈值（如分别为 0.4 和 0.6），提升度大于 1 的关联规则；如果提升度小于等于 1，则为弱关联规则；当支持度或置信度小于阈值，则关联规则不成立。

测一测 8-2

将计算结果记录在表格 8-2 中。

表 8-2　某化妆品销售商品关联分析

关联规则	支持度	置信度	提升度	是否为强关联规则
/1⇒/2	0.7	0.875	1.093 75	强关联规则
/1⇒/3				
……				
/2⇒/3				
……				

第三步，分析结论，指导下一步行动。根据计算结果，精华乳和精华水关联性较强，可以搭配销售提升客单价。

2. 比较分析法

将两个或两个以上的同类经济指标进行数量比较，从而揭示它们的差异和程度，并对有关指标进行评价（扫码拓展阅读）。

阅读：趣说同比、环比

（1）比较分析绝对值。

例如，计划销售1 800万元，实际销售2 000万元，问超额完成多少？2 000－1 800＝200万元，即超额完成200万元。

去年同期完成1 750万元，问今年比去年同期增加多少？2 000－1 750＝250万元，即比去年同期增加250万元。

（2）比较分析相对值。

一般用于计算增速、增长幅度等相对指标。比如，某超市2022年营业额200万元，2023年营业额220万元，那么营业额增长率是多少？（220－200）÷200×100％＝10％。

3. 结构分析法

以某个指标的各个组成部分占整体指标的比重来分析。计算公式为：

$$部分数值÷整体数值×100\%$$

如某超市2023年营业额200万元，其中生鲜60万元，那么生鲜占总营业额为60÷200×100％＝30％。

三、评估门店经营业绩

1. 步骤一：查看门店经营业绩相关数据，并计算评估指标

李明查看门店经营相关数据（扫码获取），并结合所学计算业绩分析指标值，并将其记录于表8-3中。

表8-3 门店经营绩效指标计算

指标类型	具体指标	计算结果
收益性指标	营业额达成率＝实际营业额÷目标营业额×100％	
	毛利率＝毛利额÷营业额	
	营业费用率＝营业费用÷营业收入×100％	
	净利率＝税前实际净利润÷营业额×100％	
	净利润达成率＝税前实际净利润÷税前目标净利润×100％	
效率性指标	来客数＝客流量×捕获率×成交率	
	客单价＝每日平均销售额÷每日平均来客数	
	商品周转率＝销售额÷平均库存	
	坪效＝销售业绩÷店铺面积	

阅读：李明门店经营业绩相关数据

2. 步骤二：根据指标计算结果得出分析结论

李明据以上分析结果，撰写门店业绩分析报告（扫码查看样例完成撰写）。

 任务评价

通过学习本任务的操作，请学员检查自己是否掌握了所学内容，如表8-4所示。

阅读："××超市经营业绩分析报告"参考样例

表 8-4　评估门店经营业绩学习评价表

评价内容	分　值	评　分
1. 理解经营绩效评估指标的内涵	20	
2. 掌握业绩分析常用方法	30	
3. 按照业绩评估的步骤，评估门店经营业绩，精准找出经营业绩问题	30	
4. 培养数字分析素养，灵活运用评估指标，进行评估指标的经营绩效分析	20	
总　　分	100	

 任务拓展训练

根据报表进行经营绩效分析：表 8-5 是小店 2023 年度的利润表及相关的一些门店数据。2023 年度超市计划完成销售额 142 000 元，计划税前净利润达到 40 000 元，2022 年度门店每日平均来客数为 71 人，2023 年度平均拥有员工 36 人，营业面积 200 平方米。（假定当年经济增长率为 8%）。

表 8-5　利润表

编制单位：　　　　　　　　　　　2023 年 12 月 31 日　　　　　　　　　　　单位：元

项目	本期金额	上期金额
一、营业收入	150 000	115 000
减：营业成本	85 000	69 000
税金及附加	7 500	5 750
营业费用	5 000	4 500
管理费用	8 400	7 500
财务费用	600	500
加：投资收益	700	500
二、营业利润	44 200	28 250
加：营业外收入	500	600
减：营业外支出	300	500
三、税前利润总额	44 400	28 350
减：所得税费用	22 200	14 180
四、净利润	22 200	14 170

任务二　改善门店经营绩效

学习目标

1. 掌握绩效改善的措施；
2. 熟悉提出绩效改善方案的流程；
3. 根据企业经营状况分析，提出绩效改进方案；
4. 培养问题导向的思维，直面问题，提升分析问题、解决问题的能力。

情景导入

经过一番数据分析，李明发现自己的经营还存在着客单价比较低、商品的周转率较低等问题。针对这些问题，他今后该如何改进呢？

任务分析

绩效评估之后，对未达到的目标或标准必须进行分析，找出原因，并研究出改善对策。下面对收益性及效率改善分别加以说明。

任务准备

为了更好地达到实训目的，需要做如下准备：
门店经营绩效数据分析结果。

任务实施

一、学习绩效改善措施

1. 改善收益

收益改善对策主要涉及以下几个方面。

（1）提升销售额，增加营业收入。企业销售主要看营业额指标。可以使用指标拆解法，对营业额指标进行不同拆解，找到营业额影响因素。如将营业额拆解为立地力、商品力和贩卖力，即营业额＝立地力×商品力×贩卖力。

强化立地力，寻找优良立地，减少开店失败率。强化立地力主要包括以下因素：
① 住户条件：户数、人口数、发展潜力、收入水平、消费能力等。
② 交通条件：道路设施、人口流量、交通网、交通线、停车方便性、交通安全性。
③ 竞争条件：相辅行业或竞争行业的多少及其竞争力。

提升商品力。商品力的提升主要包括商品结构、品种齐全度、品质鲜度、商品特色以及差异化、价格的竞争力等因素。

强化贩卖力。可以从卖场展示优化，依据存货数量及销售情况，谨慎决定订购量。

随时检查商品销售动态,准备添货、补货,以免发生断货、缺货情形。严禁过多囤积存货。促销活动价格、内容有吸引力,多渠道信息告知,提升顾客服务质量等方面进行。

(2)增加营业外收入。如收取租金、新品上架费、看板广告费、年度折扣、广告赞助费、利息收入。

(3)降低进货成本。通过集中经营,与供应厂商议价,降低商品进价;减少中间环节;开发有特色、附加值高的产品;保持合理的商品结构。

(4)减少损耗。防止各项不当因素所引起的损耗。如商品流程不当,包括经营、定价、进货验收、卖场展示、变价作业、退货作业、收银作业、仓储管理、商品结构等流程不当。

(5)降低销售费用、管理费用及财务费用。尤其是人事费、折旧费、租金及电力费用。提高人员效率、降低人事费;进行适当规模的投资,降低折旧费;导入专柜,分担部分租金;节省电力费用,管理装饰节电设备,不开不必要的灯;降低其他费用,有效运用广告促消费用,严格控制费用预算。

(6)减少营业外支出。营业外支出主要是指利息支出。较少发生的是财产交易损失和投资损失。通过采取自有资金、谨慎做好投资评估、减少投资损失等方式来减少营业外支出。

2. 提升效率

(1)降低损益平衡点(BEP)。要降低 BEP,需降低固定费用及变动费用率,并提高毛利率。

① 降低固定费用。人事费、房租、折旧、电费等占固定费用的绝大部分,是改善效率的首要因素。

② 降低变动费用。有效运用广告费,妥善控制包装费、消费品费。

③ 提高毛利率。降低商品进货价格,选择高利润率的商品加强推销,加强变价及损耗的管理控制,创造商品特色及差异化,以提高附加价值。

(2)提高商品效率。提高商品效率主要指提高商品周转率及交叉率。要提高商品效率,就必须提高销售额、毛利率及减少存货。但减少存货并非一味地降低库存量,否则易发生缺货、断货的情形。此外,必须在营运的进、销、存流程中,做好商品存货管理。

知识链接 8-3　　提高新零售坪效的三种模式

一、打造三高产品和服务:高品质、高颜值、高性价比

三高产品和服务是做新零售的基础。名创优品把三高做成了企业核心战略,名创优品坪效达到 5 万/年,远远超出传统 10 元零售店。

1. 高品质产品和购物氛围

名创优品创始人叶国富先生亲自带队,在全球范围内挑选优质供应商,以保证产品质量。名创优品对于店铺购物氛围的打造造诣很高,给人的感觉是白领等主流人群逛的店。名创的店大都开在好地段,外部大环境不错,内部装修则全面借鉴优衣库、无印良品等,成本达 50 万元。

2. 高颜值产品

名创优品所有的外包装设计都由日本一家公司设计,融入"简约、自然、富质感"的设计理念,最终打造"极致的产品设计"。

3. 高性价比:低毛利高周转

服装、床品、美妆等品牌开的实体连锁店,其毛利率会在45%~50%,而像名创优品这样的店铺,品类丰富,营业额会比较高,毛利适当下降,"底线是25%"。

二、到家产品和服务

店仓合一或店厂合一,将仓、厂从成本中心变为利润中心。通过配送到家服务,实现生产力成倍升级。

盒马鲜生的坪效达到5万元,是传统超市2~3倍。店仓合一,将物流前置仓从成本中心变为利润中心。盒马鲜生承载的功能较传统零售进一步增加,集"生鲜超市+餐饮体验+线上业务仓储"为一体。

第一,生鲜超市+餐饮体验。盒马为真正意义上的全渠道超市,每件商品都有电子标签,可通过APP扫码获取商品信息并在线上下单,无须在线下设计复杂动线。

第二,线上业务仓储。线上订单通过门店的自动化物流体系实现配送。盒马主营生鲜、食品配送,基于门店发货。线上订单配送范围为体验店周围5公里内,配送时间为8:30—21:00。盒马鲜生通过电子价签等新技术手段,可以保证线上与线下同品同价,通过门店自动化物流设备保证门店分拣效率,最终保证顾客通过APP下单后5公里内30分钟送达。

三、高客单价产品和服务,高客单价、高性价比提高周转

如门店可提供定制服务、3C产品、培训服务等高客单价的产品/服务。

小米之家平均200多平方米,每个单店平均可以做到7 000万元人民币,坪效达到了25万元人民币。此前中国零售店最好的坪效大概是1.2万元人民币,小米之家做到这个效率的20倍。

小米之家目前SKU数在200~300个,与目前国内的一些数码潮品店商品结构类似。不同的是,小米之家所有商品均为自有品牌。作为一家由手机起家的科技类公司,小米之家的选品逻辑是以"手机-硬件-大消费"为核心,以此向外扩充。值得注意的是,小米之家不同于传统的手机店或者3C数码店,其手机销售占比下降到了60%以下。未来小米之家将增强大消费品类的比例,以增加消费者的复购率和来店频率。

小米之家还有一个非常可怕的数据,那就是它的转化率高达20%,而一般的数码潮品店转化率只有4%。一方面,这与小米多年的粉丝积累有密切关系;另一方面,其高品质、高颜值、高性价比的商品成为消费者乐意买单的根本原因。举例来说,在小米之家看到的一款铝合金拉杆箱只卖999元,而同款式、同品质的品牌拉杆箱至少在2 000元。

四、总结

模式一做三高产品和服务,应该说是做新零售的基础、基本面。模式二到家产品和服务和模式三高客单价产品和服务是基于模式一的叠加和创新,实现坪效的成倍提高。

资料来源:根据赢商网等资料整理。

二、改善经营绩效实操演示

经过任务一对超市经营业绩的评估,发现李明超市存在营收下降,获利不高的问题,提出解决措施如下。

1. 第一步:明确核心指标内涵

企业的核心是收益,衡量收益的核心指标为净利润,其公式如下:

$$毛利额 = 营业额 - 进货成本 - 损耗 = 营业额 - 营业成本$$
$$营业利润 = 毛利额 - 营业费用 - 管理费用 - 财务费用$$
$$净利润 = 营业利润 + 营业外收入 - 营业外支出$$

李明根据任务一中门店经营业绩相关数据,计算下列核心指标,记录在表 8-6 中。

表 8-6　核心指标数据

指标	实际值	目标值	原因分析
毛利额			
营业利润			
净利润			

2. 第二步:提出收益改善方案

营业额有哪些不同拆解方式,请收集数据分析影响因素,填写在表 8-7 中。

表 8-7　营业额不同拆解方案

拆解方案	影响因素
示例:来客数×客单价	
示例:不同类目营业额之和	

请将营业额按照"营业额=来客数×客单价"来拆解,提出收益解决措施,将记录填写在表 8-8 中。

表 8-8 营业额提升策略

方案	具体措施
提升来客数	
提升客单价	

按照增加营业收入方案的优化改善步骤，扫码观看微课后，为其他方案提出具体改善措施：_____

微课：常见的提高客单价促销方式

素养课堂：王府井拥抱多元概念 打造商业零售新玩法

2023年既是线下消费备受关注之年，也是线下消费全面转型升级之年。大型商业零售作为线下消费的"龙头"，如何在转型浪潮中灵活求变，实现"华丽转身"，正受到全社会的普遍关注。

王府井作为一家始于"新中国第一店"北京市百货大楼，目前已涵盖百货、购物中心、奥特莱斯、免税等多业态的现代商业零售企业集团，长期以来坚持探索大型商业零售的多样化业态，倾力打造多业态协同发展新格局。

探索"国潮""年轻力"关键词，创造消费新空间

面对线上消费和各类全新线下商业服务业态的挑战，适应消费者特别是年轻消费群体的新趋势，创造更有创新元素，更具个性和体验感的环境和空间，可以说是大型商业零售抓住消费者眼球的"不二法门"。

当前，王府井正全速推进新业态布局，呼应消费新趋势，深入探索"国潮""年轻力"等关键词内涵，并与零售业态全面结合，带给消费者不一样的商场体验。

"国潮"和"购物中心"在一起，会形成怎样的奇妙化学反应？作为国内首个新国潮购物中心的北京王府井喜悦项目，预计将于2023年年底亮相。位于北京市中心商圈王府井大街的王府井喜悦坚守"中国核，潮流壳"，是国内首家以新国潮为内核的购物中心，致力于打造新国潮先锋策源地。项目以未来年轻人更喜欢的方式，在场景空间、品牌塑造、艺术策展、社交体验等领域，满足Z世代群体需求，建立深层次情感链接，希望成为王府井大街的又一新地标。

一个为年轻人量身定制的商业品牌，会带给我们怎样的想象空间？位于北京市大兴区南四环外的王府井奥莱UP TOWN是王府井奥莱体系特别推出的年轻力品牌。在通过对该项目产品特点的充分研判，以及对目的型、地缘型、机会型客群消费需求解读后，王府井奥莱UP TOWN创新提出"元气奥莱"这一商业定位，围绕年轻＋、奥莱＋、运动＋、成长＋、美食＋、健康＋、夜宴＋七大核心体验，目标构建一个充满活力能量、不断向上生长的奥莱项目。该项目将分为两期入市，项目一期于2023年年底重装开业。

用"一店一策"方式，推进传统商业全面转型

在创造全新零售业态的同时，如何推动传统百货门店加速转型，是另一个摆在所有经营者面前的大课题。

近年来，王府井始终把传统项目转型作为企业经营工作的重中之重，一店一策细化经营策略，探索精准定位，创新经营组合，提升自身的商业产品力，在转型的方向、路径和模式上积累了有益的经验。

位于北京核心地段的西单商场历经90余年发展，承载着几代人的"西单记忆"。当前，王府井正秉承"守正创新，与时俱进"的理念，筹划启动西单商场改造工程。围绕品质生活、运动健康、数字科技、文化传承四条主线，打造有颜值、高质感、沉浸式的新生态商业空间。呈现出一个符合时代商业发展趋势，迎合未来客群消费需求，有西单基因延承又有自身独特商业气质，引领商圈升级的优质项目。

面向未来，王府井将坚持深耕零售主业，持续完善零售生态链，推动百货、购物中心、奥特莱斯、免税、超市等多业态的融合发展，努力实现有税＋免税的双轮主营业务驱动，着力打造自营业务、线上业务两大经营能力赋能各零售业态优质发展，全力打造以顾客为核心、线上线下融合互通的商业新模式，引领美好生活方式，并不断提升企业核心竞争力，将王府井打造成为中国零售领军企业。

资料来源：根据每经网资料整理。

 任务评价

通过学习本任务的操作，请学员检查自己是否掌握了所学内容，如表8-9所示。

表8-9 改善门店经营业绩学习评价表

评价内容	分　值	评　分
1. 掌握绩效改善的措施	20	
2. 熟悉提出绩效改善方案的流程	30	
3. 根据企业经营状况分析，提出绩效改进方案	30	
4. 培养问题导向的思维，直面问题，提升分析问题、解决问题的能力	20	
总　　分	100	

任务拓展训练

1. 新零售情景下，如何提高超市的单店效益？

2. 案例分析：

如何提高地处比较偏僻的超市营业额

如何提高地处比较偏僻的超市的营业额？可从下列 4 个因子着手：A. 在其他条件不变的前提下提高销售个数；B. 在其他条件不变的前提下提高销售价格；C. 在其他条件不变的前提下减少进货成本；D. 在其他条件不变的前提下减少营运费用。

为方便讨论，根据超市行业的特点，本文以下列的假定计算基数为例，分析 RPMA 的 4 个因子对提高净利的效果。

假定计算基数：以平均毛利率 15%，净利占营业额的 2% 算；

销售单位（个数）：100 000；

平均销售单价价格：1 000 元；

销售金额：1 000 000 元；

销售成本：1 000 000×85%＝850 000 元；

营运费用：1 000 000×13%＝130 000 元；

净利：1 000 000×2%＝20 000 元。

下面讨论 A、B、C、D 四个因子对净利增加的影响，并进一步探讨如何利用 4 个因子提高净利水平。

（1）增加销售单位（个数）

如果能在其他条件不变的前提下提高商品的销售单位个数 5%，净利可以增加 37.5%，即每增加 1% 的销售单位，净利可比原来增加 7.5%。

（2）提高销售价格

如果能在其他条件不变的前提下提高商品的销售价格 5%，净利可以增加 250%，即每增加 1% 的平均销售价格，毛利可比原来增加约 6.7%，而净利则可增加 50%。这个因子从提高净利来看是最有效的。但一般认为，若提高售价，必然会降低销量或增加费用。无论如何困难，50∶1 的增加比例是非常值得去努力探索的。

（3）减少商品的销售成本

如果能在其他条件不变的前提下降低商品的销售成本 5%，净利可以增加 212.5%，即每降低 1% 的销售成本，净利可比原来增加 42.5%。

价格相近的情况下，主要是如何减少进货的成本和提高物流控制的科学和效率。

（4）降低营运费用

如果能在其他条件不变的前提下降低商品的营运费 5%，净利可以增加 32.5%，即每降低 1% 的营运费用，净利可比原来增加 6.5%。这个因子看来对提高净利效果较少，但这种效果却是可以追求的。公司推行的 1% 运动已在实际上向这个方向努力，并已证明能取得较好的成绩。

请分析并讨论：

1. 本案例中，主要使用哪个门店经营绩效中的指标，都是哪些，请分别指出。

2. 请分析如何提高销售单位（个数）、销售价格，以及如何降低商品的销售成本和费用。

模块三
新技术赋能线下门店全渠道数字化运营

项目九 开设并运营微店

▲ 项目说明

随着移动互联网的深入发展,消费者的购物习惯不断发生变化。微店作为一种新型电商模式迅速崛起,给消费者带来更加便捷的消费体验。同时,由于其零成本、低风险、大市场等特征,成为零售企业实现线上线下的有机融合的全渠道销售的重要阵地。

本项目有 4 个任务,分别介绍了开设微店、装修微店、上架商品及运营微店。

▲ 项目目标

【知识目标】

1. 理解微店的内涵及模式;

2. 熟悉微店装修的步骤、微店装修的色调搭配、商品详情页设计的步骤及微店运营分析步骤;

3. 掌握微店装修的内容、商品上架前的市场调查的内容、商品详情页设计的方法与技巧及微店运营问题的解决措施。

【技能目标】

1. 完成微店的创建,做好微店的基本设置和商品分类设置;

2. 设计符合微店定位及商品特征富有个性且美观的微店首页及微店详情页设计;

3. 对症解决微店运营中发现的问题。

【素质目标】

1. 增强美学素养,感知美、欣赏美、创造美;

2. 培养诚实守信的意识,梳理正确的价值观;

3. 培养数字分析素养,通过数据分析发现问题,并据此提出可行的创新型解决方案。

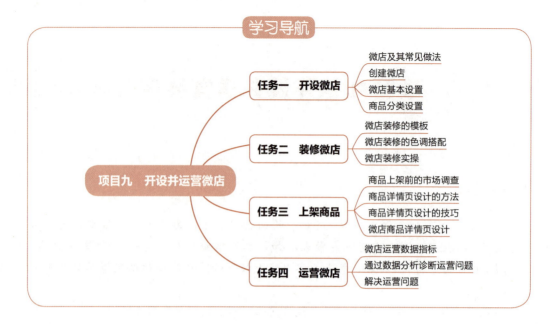

任务一 开 设 微 店

 学习目标

1. 理解微店的内涵及模式；
2. 完成微店的创建；
3. 做好微店的基本设置；
4. 做好微店的商品分类设置。

 **情景导入**

社区超市竞争激烈,为了进一步提高门店销售业绩,李明决定开设微店,打通线上与线下,探索社区超市的新零售模式。但做传统零售已久的李明,对微店的开设却知之甚少,一时不知该从何下手。

 任务分析

人口红利消失,消费变成了生活场景,越来越多的人从搜索式购物转向发现式消费。从品类经营到场景的经营,社交网络将成为最大的消费场景。学会开设微店,掌握微店开设的流程及设置,是新零售时期竞争取胜的基本要求。

 任务准备

为了更好地达到实训目的,需要做如下准备：
1. 性能良好的智能手机；
2. 确保网络正常且稳定；
3. 开店证件(身份证)。

一、学习微店的内涵及模式

微店是一种基于移动端的电子商务平台。它允许个人或企业在移动互联网上开设小型在线店铺,展示和销售商品或服务。微店能迅速发展来源于它的先天优势:开店无门槛、无复杂手续、回款快、有货源、无任何费用。

目前开设微店的常见做法主要有以下两种。

第一种是独立 APP,可以自主开发,也可以在微店 APP 平台上注册店铺,如口袋购物、喵喵微店等(扫码查看独立 APP 的微店界面)。

第二种是第三方手机浏览器版微店,基于微信、微信内置浏览器,以及通过微信开放平台开发的微店(扫码查看微信小商店界面)。

测一测 9-1

图表:独立 APP 的微店

二、运用手机微店店长版 APP 创建微店实操演示

李明对比开设微店的两种常见做法,结合自己门店的实际情况,决定采用手机微店店长版来创建自己的微店,具体步骤如下。

步骤一,下载微店店长版 APP,绑定手机号及实名注册,如图 9-1 所示。

图表:微信小商店

图 9-1 绑定手机实名注册

步骤二,输入店铺名称、店铺图标,也可绑定微信号,完成微店创建,如图 9-2 所示。

图 9-2 完成店铺创建

三、登陆手机微店 APP,进行基本设置实操演示

微店基本设置模块包括店铺管理、客户管理、商品管理、订单管理、数据分析、营销推广、大咖带路、收入资产、服务市场、品牌货源以及更多等。李明通过在线学习,熟悉了微店基本设置的操作步骤(扫码观看微课),并据此对常用模块进行了设置,具体如下几方面。

微课:微店的基本设置

1. 进行交易设置

打开手机微店 APP，点击"店铺管理"，下滑找到"交易设置"，点击进入，进行交易设置，如图 9-3 所示。交易设置包括店铺设置、商品设置、交易设置、物流/发货设置、库存设置、交易设置。开店前期设置好营业时间、运费、是否包邮等。

2. 进行收入资产设置

进入"收入资产"界面，设置收款码、绑定银行卡等，如图 9-4 所示。点击"收款码"或"绑定银行卡"按钮，按照提示填写相关信息。设置过程中，李明注意到银行卡仅支持储蓄卡，添加银行卡信息时，开户姓名必须与注册姓名一致才可以提现。卖家的收入会在交易次日自动提现到该银行卡中，一般是 1~2 个工作日到账，点击"可用金额"选项，进入相应界面，卖家可以查看收支明细。

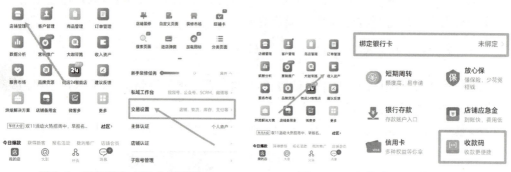

图 9-3　手机微店 APP 交易设置　　　　图 9-4　手机微店 APP 收入资产

3. 品牌货源

如果有实体店，可直接把线下产品上架；如果是虚拟店铺，可以根据个人喜好和擅长选择代理合适的产品。李明点击"品牌货源"，挑选需要代理的商品。

4. 搬家助手

如果在第三方平台已有店铺，可以利用"搬家助手"一键复制第三方平台商品到微店，省去重复添加商品的麻烦。在主界面，点击右上角的"齿轮"，进入系统设置环节，找到"搬家助手"即可进行复制。李明尝试操作，如图 9-5 所示。

图 9-5　手机微店搬家助手相关设置

四、设置商品分类实操演示

实操视频：添加、查看及更改商品分类

在完成微店的基本设置后,李明又通过在线学习掌握了如何进行微店商品的添加、查看及分类(扫码观看相关实操视频),接着李明对微店需上架的商品分类设置,具体步骤如下几方面。

步骤一,打开手机微店 APP,进入"商品管理"界面。点击"更多",找到"分类管理",点击"添加分类",输入分类名称即可添加分类,如图 9-6 所示。分类添加好之后,还可以添加子分类。李明在操作中注意到,添加商品分类前需上架至少一个商品。不了解商品上传流程的新手上架可以直接复制已有优秀商品案例。

图 9-6 微店添加商品分类

> **知识链接 9-1** 　　　　如何进行商品批量分类
>
> 进入"商品管理"界面,点击"更多"—"分类管理",进入分类管理界面,点击"管理商品"—"批量操作",勾选商品后点击"分类至",即可将商品添加到相应的类别(分类前必须先编辑好您销售的商品),如图 9-7 所示。

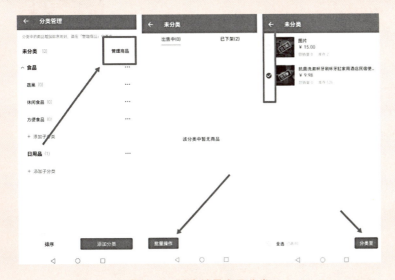

图 9-7 微店批量商品分类

步骤二,查看及更改商品分类。

(1) 进入"商品管理"界面,点击"更多"—"分类管理"查看分类的商品,如图9-8所示。

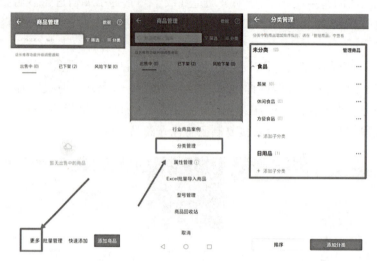

图9-8　查看微店的商品分类

(2) 在"商品管理"页面点击"分类",选择需要更改的商品类别,点击"批量管理",选择需要更改分类的商品,点击"改分类",进行"追加分类"或"替换分类",如图9-9所示。

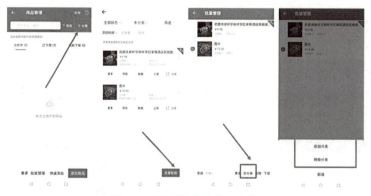

图9-9　修改微店的商品分类

(3) 李明完成以上操作后,在某分类名称下,便可看到分类下的商品详细,如图9-10所示。

商品描述	价格	销量	库存	分类	创建时间	状态
海南特产金煌芒	¥6.99	0	10000	蔬果	2023.10.22 11:49:25	出售中
苹果	¥8.99	0	50	蔬果	2023.10.21 21:29:14	出售中
凯特芒	¥9.99	0	100000	蔬果	2023.10.21 21:27:29	出售中
海南特产	¥6.99	0	10000	未分类	2023.10.21 21:25:21	出售中

图9-10　微店商品分类下的商品详细信息

 **任务评价**

通过学习本任务的操作,请各组学生登录手机微店 APP,创建自己的微店,并进行基本设置和商品分类,以检查自己是否掌握了所学内容,如表9-1所示。

表9-1　开设微店评价表

评价内容	分　值	评　分
1. 理解微店的内涵及模式	10	
2. 完成微店的创建	20	
3. 做好微店的基本设置	30	
4. 做好微店的商品分类设置	40	
总　　　分	100	

 任务拓展训练

1. 调查目前开设微店的主流平台有哪些,各有什么要求和限制。
2. 请创建自己的微信小商店,扫码观看微课,并根据视频内容完成微信小商店的基本设置。

微课:微信小商店的申请及设置

任务二　装 修 微 店

 学习目标

1. 熟悉微店装修的步骤;
2. 熟悉微店装修的色调搭配;
3. 掌握微店装修的内容;
4. 利用美学设计符合微店定位及商品特征又富有个性且美观的微店首页。

 **情景导入**

李明的微店开起来了,宣传推广一样不少,但店铺销量就是上不去。为此,李明逛了很多同类型的店铺,发现别人的店铺都美观大方,自己的微店却布局凌乱,色彩繁杂。李明想要改善,但不知道从何入手。

 任务分析

微店和实体店铺一样,需要用心装修。微店页面设计没有吸引力,顾客就没有继续浏览下去的欲望。美观大方的首页设计能够抓住用户眼球,是微店成功的关键。因此,微店的装修应设计好布局和色彩搭配,符合店铺定位及风格,并突出商品特色。

任务准备

为了更好地达到实训目的,需要做如下准备:
1. 性能良好的智能手机;
2. 确保网络正常且稳定;
3. 装修所需素材(图片等)。

任务实施

一、熟悉微店装修的步骤

在进行微店装修时,可以购买装修模板,也可以使用免费模板。

1. 购买装修模板的装修步骤

购买装修模板相对比较简单,只需要选择适合的模板,替换里面的内容即可。

操作如图9-11所示,打开微店APP,进入"店铺管理"界面,点击"店铺装修"即可看到目前的首页布局。点击左下角的"切换模板",可根据行业、风格、节日活动等选择合适的模板,点击模板,选择"购买",再在模板基础上更改图片文字进行个性化设置。

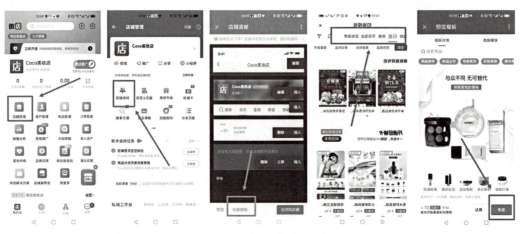

图 9-11 购买模板进行店铺装修步骤

2. 使用免费模板的装修步骤

微店只为商家提供一个免费模板,并需要商家自己动手设计。如图9-12所示,进入"店铺装修",点击"编辑",可进行相应模板的编辑;点击"插入",可在顶部选择需要插入的模块,选择想要插入的内容即可。

二、熟悉微店装修的色调搭配

微店的色调应结合店铺风格,突出商品特色。若采用免费模板,可通过商品图片来进行色调的搭配。若采用付费模板,直接购买适合商品定位及特色的色调搭配模板。

图 9-12 使用免费模板装修步骤

> **案例 9-1**

微店的色调搭配

色彩是有属性的。一般来说,暖色系是容易亲近的色系,如红、黄等色,比较适合年轻阶层的店铺。同色系中,粉红、鹅黄等色是女性喜好的色彩,适合女性用品及婴幼儿服饰店;冷色调有端庄肃穆的感觉,适合高档商务男装店铺使用。

销售坚果的微店较多使用褐色、红色和黄色,纯度较低,显得店铺典雅、稳重,突出商品形象,如图 9-13 所示。也可以加入绿色,让画面表现出健康、轻快、活泼的氛围,非常符合店铺针对零食消费群体的设计风格。

销售休闲食品的微店,页面以橙黄和绿色调为主,体现出商品的自然美味,让人垂涎欲滴,如图 9-14 所示。

图 9-13 坚果微店的色调搭配　　　　图 9-14 休闲食品微店的色调搭配

思政微课:用发现美的眼睛,开启微店首页流量密码

三、装修微店实操演示

微店装修一般包含店铺招牌、微店公告、功能模块、促销优惠、商品展示等内容。李明通过学习后,掌握了微店装修的内容(具体实操扫码观看思政微课),接着登陆自己创设的微店进行装修,具体如下几方面。

图 9-15　编辑店招、标识

1. 设计店铺招牌

店铺招牌是客户进入微店首页第一眼看到的内容,这部分的设计尤为重要,通常放商家认为最重要的、最想传递给客户的信息。可以选择适合的图片来做店招,体现店铺产品特性和店铺个性化。

李明进入微店店长版 APP,点击"店铺管理"进入"店铺装修",点击微店名称后面的"编辑"按钮,进入店铺信息编辑界面,左右滑动可选择店铺样式。店铺样式有极简样式、店铺+店长信息样式、全样式—重店铺信息、全样式—重店长信息等。选择全样式—重店铺信息样式,点击"店招"和"店铺 LOGO"可分别上传店招图片和店铺标识,如图 9-15 所示。

> 案例 9-2

休闲食品微店的店铺标识

销售休闲食品的微店,以饼干特写和一条金灿灿的麦穗为主图,突出商品原生态,并配以文字"酥""香""脆",明确传达商品健康、美味的信息,如图 9-16 所示。

图 9-16　休闲食品微店的店招

2. 设计微店公告

微店公告通常布局在店招下面,以文字的形式,说明店铺优势、商品卖点、促销信息或服务内容。文字要简洁清晰,让顾客一看就懂,且不会消磨顾客的耐心。当然,在店招下面的显眼位置,也可以放入优惠券信息,引导顾客领券消费,刺激购买。

李明点击"店铺装修",在店铺信息编辑界面找到"微店公告",点击编辑微店公告。

案例 9-3

微 店 公 告

如图 9-17 所示,这是一家销售美食水果等农特产品的微店,其微店公告不仅让客户了解店铺销售的产品特色,更向客户传达出店铺诚信经营、真诚待客、良心赚钱的经营理念。

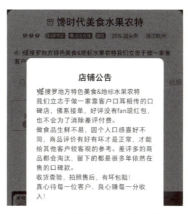

图 9-17　农特产品微店的微店公告

3. 设计功能模块

为了让顾客快速找到需要的商品,页面导航必不可少。首页的第三部分可以放入功能模块,例如店内搜索、商品分类、服务分类、引导关注等功能组件,为顾客提供引导,做好无声的导购。

如图 9-18 所示,李明进入"店铺装修",点击现有导航后面的"插入"按钮,选择需要插入的模块;选择导航,出现相应的导航模板;找到适合的模板,点击"选择",进行相应的设置(扫码观看动画,了解首页导航的设计要领)。点击"涨粉",添加店长微信。

动画:四招教你玩转微店首页设计

图 9-18　微店的功能模块设计

4. 设计促销优惠模块

促销优惠包括优惠券专区、拼团、秒杀活动专区等。这是最能刺激顾客继续逛下去的板块。微店可以在不同的阶段挑选一些活动商品，规划周期性的促销活动，比如爆款秒杀、限时折扣等，从而刺激顾客购买。

李明进入"店铺装修"，找到相应模块，点击对应的"插入"按钮，在模块中选择"营销"，可根据需要插入"回头客说""搜索""优惠券""秒杀""拼团""限时折扣"等促销优惠，如图9-19所示。点击相应内容，根据提示编辑。

5. 设计商品展示模块

促销专区可以起到引流作用，但利润往往比较低。微店可以通过商品组合搭配提升客单价。因此，可以在促销专区下面放置商品展示模块，主要为顾客展示商品分类、新品、主推商品、活动商品等信息。商品展现需要突出主次。对于主推商品，可以规划较大的屏幕占比，而非主推商品则可以采用小图展示。这样不仅可以让页面更有设计感和层次感，更有助于提高商品转化率。

李明进入"店铺装修"，找到相应模块，点击对应的"插入"按钮，在模块中选择"商品"，选择需要插入的商品列表样式，根据提示选择商品，如图9-20所示。李明在操作中注意到免费版只能选择"两列商品""列表商品"和"大图商品"，其余模块需要购买旺铺卡。

图9-19 微店的促销优惠模块

图9-20 微店的商品展示模块

任务评价

通过学习本任务的操作，扫码阅读微店装修实训情景材料，按要求完成微店的装修,并据结果检查自己是否掌握了所学内容,如表9-2所示。

表9-2 装修微店评价表

评价内容	分　值	评　分
1. 熟悉微店装修的步骤	10	
2. 熟悉微店装修的色调搭配	20	
3. 掌握微店装修的内容	30	
4. 利用美学设计符合微店定位及商品特征又富有个性且美观的微店首页	40	
总　　　分	100	

  任务拓展训练

扫码阅读微信小商店装修实训情景材料,并按要求完成微信小商店的装修。

阅读:微信小商店装修实训情景材料

任务三　上 架 商 品

  学习目标

1. 掌握商品上架前的市场调查的内容;
2. 掌握商品详情页设计的方法与技巧;
3. 熟悉商品详情页设计的步骤;
4. 培养诚实守信的意识,设计微店详情页。

 **情景导入**

李明的微店装修好了,但在添加商品时又犯了难,他不知道怎样描述才能让顾客深入了解从而购买商品。简单的图片堆砌,并不能将商品介绍清楚,明明商品物美价廉,就是无法突出卖点。李明想要改善,但不知道从何入手。

  任务分析

微店和实体店铺不一样,顾客首先是根据商品详情页的描述来了解商品。好的商品描述不仅能够激发顾客的购买欲望,还能加深顾客的浏览深度,延长逗留时间,从而提高客单价。因此,在上架商品时,要做好详情页设计,而好的详情页需要抓住顾客眼球、突出商品卖点,并能做好关联销售。

 **任务准备**

为了更好地达到实训目的,需要做如下准备:

1. 性能良好的智能手机；
2. 确保网络正常且稳定；
3. 详细的商品资料；
4. 装修所需等图片素材。

 任务实施

一、掌握商品上架前的市场调查的内容

1. 商品价格调查

确定商品价格时，一定要在商品质量的基础上，设置一个较为合适的商品价格。因此，需要提前做好价格调查。具体有两个方式。

第一种，根据目标客户的定位、收入状况，了解其容易接受的价格区间，从而确定商品价格区间。例如，若微店的目标客群定位为学生或年轻人，消费能力较低，则商品定价应以中低价位为主。

第二种，微店可根据销售数据进行客户画像，了解客户消费层级和价格偏好，从而制定相应的价格策略。如图 9-21 所示，微店通过店铺销量数据分析，发现价格在 100～400 元的商品销量较高，而高价位商品销量极少，仅有两笔商品订单价格在 800 元以上，说明客户消费水平普遍偏低。因此，可以多上架价格在 100～400 元的商品。

测一测 9-3

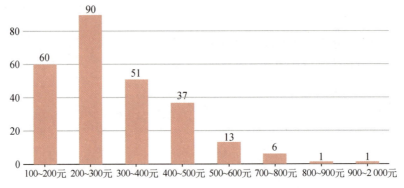

图 9-21　客户消费层级分析

2. 商品卖点调查

（1）了解客户的需求和特点。这是让客户下单的前提，只有弄清楚客户的需求，商品描述才具有针对性，才能让客户产生购买欲。微店可以通过客服聊天记录、客户评价、客户调研等方式，结合自己的行业经验，把握客户的需求。

（2）确定对手，调研同行的卖点。知己知彼，百战不殆。微店是一个公开的平台，顾客会进行商品对比。因此，微店可以大量浏览同行的详情页，找出对手的不足和薄弱地方，作为潜在的突破口。

（3）列出商品优势，提炼卖点。根据商品特征，列出全部卖点，并对商品卖点重要性进行排序和归纳。在设计商品详情页时，应该在梳理商品优势的基础上，对购买理由进

行排序和归纳,切忌信息杂乱。

二、掌握商品详情页设计的方法和技巧

1. 按顺序进行卖点描述

根据移动端用户的习惯,大多数人在手机上浏览信息时都不会停留太长时间,用户从接收信息到跳离下一屏的时间,往往只有几秒钟。因此,详情页设计时一屏只描述一个卖点,并且每一屏都应该重点突出,少讲一点,用户就多接收一点。

值得注意的是,商品购买理由的提炼,都是建立在商品和事实基础之上,可以略微夸张,但绝对不要夸张过多,甚至虚假宣传。详情页对于商品的介绍要秉着实事求是的原则(扫码观看思政微课,掌握商品详情页设计的方法与技巧)。

思政微课:脚踏实地、实事求是,三步教你玩转微店商品详情页设计

案例 9-4

卖点太多反而凸显不出卖点

图 9-22 是对车厘子的卖点描述的对比。前一张图片在一屏里展示了车厘子的 8 处细节,虽然图文并茂,排版清爽。但是按照用户的阅读习惯,看完之后滑到下一屏,这 8 个细节能记住了几个?

图 9-22 车厘子的卖点描述对比

在第二张图片中,同样是展示车厘子的细节,这一屏里只讲了"原产地直供"这一个主题,清晰明了,就算只看一秒就滑到下一屏,也能记住这张详情页传递的产品的细节是什么。

所以设计详情页切记:卖点太多反而凸显不出卖点。

2. 图片传达的信息丰富

微店商品详情页的图片应该包含以下信息。

(1)商品整体展示:一张或多张能够展示商品全貌的图片,让买家可以了解商品的外观和整体情况,如图 9-23 所示。

(2)商品细节展示:展示商品的细节部分,如材质、工艺、颜色、尺寸等,让买家更加了解商品的质量和特点,如图 9-24 所示。

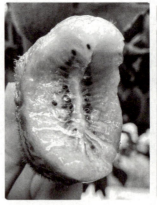

图 9-23　商品整体展示　　　　　　图 9-24　商品细节展示

（3）商品特点展示：突出展示商品的特点和卖点，吸引买家的注意，如图 9-25 所示。

（4）商品使用场景或方法展示：展示商品的使用场景、效果或使用方法，让买家可以更加直观地了解商品的实际使用效果，如图 9-26 所示。

图 9-25　商品特点展示　　　　　　图 9-26　使用方法展示

总之，微店详情页的图片应该清晰、美观、简洁，突出展示商品的特点和卖点，让买家可以更加全面地了解商品的情况，从而做出更加明智的购买决策。

3. 做好关联推荐

在做好商品描述的同时，切勿忘记做好商品的关联推荐。关联推荐不仅能够提高客户的访问深度，更是提高店铺客单价的有效方式，如图 9-27 所示。

三、商品详情页设计实操演示

实操视频：商品上架及详情页设计

李明通过学习，掌握了商品详情页设计的方法与技巧，接着跟随视频教学（扫码观看实操视频，了解商品上架及详情页设计的具体操作）对自创微店的详情页进行了设计，具体如下几方面。

1. 步骤一：确定价格

李明的线下超市位于普通居民区，目标客户以附近的居民为主，收入状况一般，对价

大家都喜欢

海捕大虾 干冰发货 肉质Q弹 自带甜鲜 无…
¥119

【口碑爆款*果园直发】爱媛38号果冻…
¥15

【黑山头法式羊排】羊肉鲜嫩多汁，只…
¥198

深山散放土鸡蛋开窝蛋生态小草鸡蛋初…
¥40

限购尝鲜价突尼斯软籽石榴3斤净重 籽…
¥29.9

新鲜水果突尼斯软籽石榴8斤装产地一…
¥70.31

图 9-27 关联推荐

格比较敏感。李明希望保证线上线下一致性，决定将线上客户同样定位为中低收入人群，因而水果价格区间为 3.99～16.99 元。李明浏览了竞争对手的店铺，最后确定金煌芒价格为每 500 克 6.99 元。

2. 步骤二：添加商品基本信息

李明打开微店店长版 APP，进入"商品管理"模块，点击"快速添加"或"添加商品"。其中，"快速添加"只需上传商品主图。填写商品名称、价格和库存即可完成快速创建。

（1）如图 9-28 所示，李明点击"添加商品"，进入基本信息填写界面，点击"＋"，可以上传商品主图或视频。根据提示，填写商品标题、价格、库存，选择商品类目和类型。点击"店铺中分类"可将商品添加到相应分类中。点击"物流配送"，选择店自提或同城配送，并进行运费、发货地和发货时间设置。

图 9-28 微店添加商品

（2）李明在"添加商品"界面下滑找到"商品描述"，点击"图文详情"进入商品详情页面，如图9-29所示。点击"＋"，可选择添加文字、图片、视频、商品、店长笔记、优惠券等。

图9-29　添加商品描述

选择"文字"，进行商品基本介绍，如口感、产地、发货地、默认快递等，如图9-30所示。

选择图片，添加商品图片。金煌芒属于应季水果，顾客在购买时注重产地、口感和新鲜度。因此，李明将产地直供、新鲜、口感鲜嫩等作为独特的卖点，并通过图文结合的方式进行卖点描述。所以，金煌芒的商品图片应包括整体展示、细节展示、卖点展示、使用方法等，如图9-31、图9-32和图9-33所示。

图9-30　添加商品文字介绍

图9-31　芒果整体展示图、细节图

图9-32　芒果卖点展示图

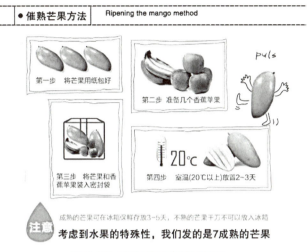

图 9-33　芒果使用方法展示图

接着,李明点击"添加内容",选择"商品",添加关联商品,提高顾客浏览深度。关联商品通常为同类商品,如其他类型的水果,如图 9-34 所示。

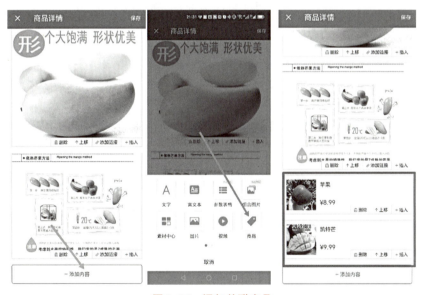

图 9-34　添加关联商品

3. 步骤三:添加交易设置和售后设置

李明在"添加商品"界面下滑找到"交易设置",点击相应内容,设置售卖方式、购买权限、下单模板等,如图 9-35 所示。点击"售后换货",设置是否允许买家申请换货,并设置退货地址。

4. 步骤四:完成商品添加

以上内容添加好之后,李明点击"创建"完成商品添加,如图 9-36 所示。

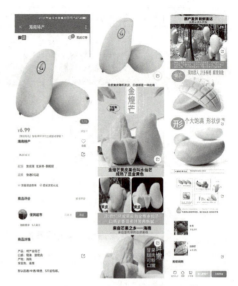

图9-35 添加交易设置和售后设置　　　图9-36 完成后的商品详情页

添加完商品后,李明选择微信朋友圈、QQ空间、新浪微博等多种社交方式,点击"分享",分享给好友。

素养课堂　"瓷娃娃"屈万平:自食其力开微店　诚信经营入选"好人榜"

党中央、国务院提出,要加强政务诚信、商务诚信、社会诚信的精神,在经济领域大力倡导"诚信兴商"的经营理念,增强全社会诚实守信意识,推动社会信用体系建设。

出生于陕西洛川的屈万平患有脆骨病,极易骨折,就像一个"瓷娃娃"。去北京看病时,听说北京市场上的洛川苹果很多都不产自洛川,就有了向北京销售洛川苹果的打算。后来,屈万平在朋友的帮助和鼓励下,做起了微商,销售家乡的苹果。"做生意就要有信誉"这是屈万平的口头禅。为了确保客户吃到口感甜、色泽度好的洛川苹果,屈万平冒着零下二十多度的寒风,细心地给客户挑选优质苹果,手冻僵了就摩擦会儿,经常忙到深夜。

借助洛川苹果这张名片优势,再加上诚信经营,屈万平注册了"屈万平"牌洛川苹果,年均销售额接近150万元。摸到了致富门路的屈万平,积极帮助更多残疾人一起脱贫奔小康,帮他们开办网店、传授经验、联系果源、介绍客户,先后被评为"延安模范""陕西好人""中国好人"。

资料来源:中国文明网,有删改。

任务评价

阅读:手机微店APP商品上架实训情景材料

通过学习本任务的操作,请各组扫码阅读情景材料,并按要求上架商品。同时,根据结果检查自己是否掌握了所学内容,如表9-3所示。

表 9-3　上架商品评价表

评价内容	分　值	评　分
1. 掌握商品上架前的市场调查的内容	20	
2. 掌握商品详情页设计的方法与技巧	20	
3. 熟悉商品详情页设计的步骤	20	
4. 培养诚实守信的意识,设计微店详情页	40	
总　　分	100	

 任务拓展训练

阅读:微信小商店商品上架实训情景材料

请各组扫码阅读微信小商店商品上架实训情景材料,以"诚信经营"为指导,按要求上架商品,并做好详情页设计。

任务四　运营微店

 学习目标

1. 掌握微店运营数据指标内涵;
2. 熟悉微店运营分析步骤;
3. 掌握微店运营问题的解决方法;
4. 通过数据分析发现微店运营中的问题,提出可行的创新型解决方案。

 **情景导入**

李明开设了自己的微店,首页装修美观大方,商品描述简洁明了。李明以为做好这些就能客似云来,可结果却事与愿违,微店的业绩一天不如一天。信心满满的李明备受打击。

 任务分析

微店的进入门槛低,操作简单,货源稳定,客户信任度高,是大学生创业和传统零售企业如连锁超市实现线上线下对接的有效途径。微店虽小,但和实体店一样,需要用心运营和管理才能带来较好的效益。

为了更好地达到实训目的,需要做如下准备:
1. 有自己的微店,并有经营数据;
2. 性能良好的智能手机;
3. 确保网络正常且稳定。

一、学习微店运营数据指标内涵

测一测 9-4

1. 微店运营的数据指标

在微店运营过程中会产生大量的运营数据,通过对数据的分析,我们能够发现运营中存在的问题,并针对性解决。微店运营数据分析常见的指标有如下几方面。

(1) 访客量:店铺所有页面被访问的去重人数,统计时间内一人多次访问记为一次。

(2) 浏览量:店铺所有页面被访问的总次数,统计时间内一人多次访问记为多次。

(3) 商品访客量:商品详情页被访问的去重人数,统计时间内一人多次访问记为一次。

(4) 商品浏览量:商品详情页被访问的总次数,统计时间内一人多次访问记为多次。

(5) 支付人数:成功完成订单支付的用户数,同一用户多次成功支付不重复计。

(6) 新客户:90天内在店铺购买天数不超过1天的用户数。

(7) 回头客:90天内在店铺购买天数至少2天的用户数。

(8) 客单价:支付金额/支付人数。

(9) 商品访客:访问商品详情页的总用户数,同一用户多次访问不重复计。

(10) 支付订单数:支付成功的订单总数,储值订单不计入,不排除退款订单。

(11) 退款订单数:店铺内成功完成退款的订单数,储值订单不计入。

(12) 支付金额:支付成功订单的总金额,储值订单不计入;不排除退款订单。

(13) 退款金额:店铺内成功完成退款的退款金额总和。

(14) 访问—支付转化率:支付人数/商品访客量。

(15) 下单—支付转化率:支付人数/下单人数。

(16) 退款率:退款订单数/支付订单数。

(17) 收藏量:收藏店铺的用户数。

(18) 回头率:90天内的回头客数/90天内的支付人数。

2. 熟悉微店运营数据分析思路

微店APP为商家提供数据分析工具,提供关键指标统计、实时数据监控等,帮助商家更好了解店铺运营情况,以优化店铺内的商品和内容。商家可根据如图9-37所示思路进行分析。

图 9-37 微店运营数据分析思路

（1）实时数据：按小时展示实时数据。点击选择时间轴上的数字，会展示相应时间段的今日实时数据与昨日数据，包括访客数、支付人数、支付订单数、支付金额。通过实时数据，了解店铺实时销售情况。

（2）客户数据：店铺在一段时间的客户数据，包括新客户数、回头客数、回头率、客单价等。通过客户数据，了解店铺在该时间段内的拉新和复购等情况。

（3）商品数据：店铺在今日、昨日、7 天和 30 天的商品销量排行和销售金额排行。通过商品数据，了解店铺各商品销售情况。

（4）交易数据：店铺在一段时间内的交易数据，包括支付订单数、退款订单数、下单－支付转化率、退款率，帮助商家了解店铺交易情况。

（5）口碑数据：包括收藏人数、回头率、好评率，帮助商家了解店铺口碑。

二、运营分析实操演示

1. 步骤一：分析运营数据

李明打开微店店长版 APP，点击"数据分析"，即可选择查看分析实时、客户、商品、交易、口碑等数据。

（1）实时：如图 9-38 所示，该店铺昨日没有访客；今日虽有 6 位访客，但没有转化，说明店铺的流量太少，可能是没有推广或推广效果不好。

（2）客户：在数据分析界面选择"客户"，点击"查看详情"，可查看一段时间内的客户数据。有"7 日""30 日"可供选择。点击"自定义"可自主修改时间段。如图 9-39 所示，该店铺最近 3 个月仅 5 位访客，浏览量仅 17，说明店铺的流量太少，可能是没有推广或推广效果不好。支付人数、新客户数和回头客数均为 0，说明店铺没有做拉新工作，或拉新效果欠佳。

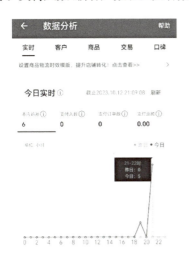

图 9-38 微店数据分析：今日实时

图 9-39 微店数据分析：客户数据分析

（3）商品：在数据分析界面选择"商品"，点击"查看详情"，可查看店铺今日、昨日、7日和30日的商品数据。如图9-40所示，该店铺30日内商品访客数、支付人数、访问－支付转化率、销量等均为0，说明该店铺30日内没有客户访问商品详情页；结合客户数据分析，说明客户在访问微店首页后，没有一个人访问商品详情页，可能商品主图没有吸引力。

（4）交易：在数据分析界面选择"交易"，点击"查看详情"，选择"订单"，可查看店铺一段时间内的商品订单数据；点击"金额"，可查看店铺一段时间内的订单金额数据。时间段可选择"7日""30日""自然月"。点击"自定义"可自主修改时间段，点击"全部订单"可选择"全部订单""自营订单""分销订单"和"分销商订单"。如图9-41所示，该店铺30日内没有销售，说明店铺没有做促销工作或促销效果欠佳。

图9-40　微店数据分析：商品数据分析

图9-41　微店数据分析：交易数据

（5）口碑：在数据分析界面选择"口碑"，可查看店铺截至当前时刻的收藏人数、回头率和好评率。如图9-42所示，该店铺收藏人数仅为1，回头率和好评率均为0，说明该店铺没有通过有效手段引导客户关注和复购。（结合前面的分析，好评率为0是因为没有销量）

图9-42　微店数据分析—口碑数据

2. 步骤二：根据数据分析结果，总结运营中的问题

通过以上分析，李明的店铺运营问题主要集中在流量、点击和转化方面。

（1）流量方面：店铺流量太少，可能是没有推广或推广效果不好。

（2）点击方面：客户在访问首页后，没有访问商品详情页，商品主图没有吸引力。

（3）转化方面：店铺没有做促销工作或促销效果欠佳；没有通过有效手段引导客户收藏、关注和复购。

3. 步骤三：解决运营问题

针对以上问题，李明决定从流量、点击和转化三个方面着手解决。

（1）提高微店流量。

① 分享店铺：打开微店店长版 APP，点击"分享店铺"，可以将店铺小程序、店铺链接或店铺海报分享给微信好友，或分享到公众号和朋友圈，如图 9-43 所示；微店链接和海报还可以分享给 QQ 好友，分享到 QQ 空间或新浪微博等。

② 付费推广：分享店铺可以带来一定的流量，但流量有限。微店还可以开展付费推广。进入"店铺管理"，点击"推广"，可选择"智能推广""店铺推广""分成推广""动态推广"和"推广员"，如图 9-44 所示。智能推广是指商家设置期望每笔订单的推广费，系统帮助商家推广，根据设置费用计算每次点击出价，推广时按点击扣费。店铺推广是指商家根据需求选择期望进店的人数，支付相应价格即可。分成推广是指商家制定商品的推广佣金，推手通过分享不同渠道获取到的推广链接，成交后可赚取佣金。动态推广是指商家可以通过选择一条优质视频或图文动态上动态头条。推广员功能需付费升级商城版。店铺可根据需要选择推广方式，根据提示操作即可。

图 9-43　分享店铺　　　　　　　　图 9-44　付费推广

知识链接 9-2　　如何提高商品曝光率

新上线商品通常都会遇到一个难题：主要关键词并非高频词汇，缺少搜索量。在信息极度膨胀、产品极大丰富的互联网商业时代，任何商品只有先吸引、积累足够多的用户注意力资源，才有可能打开销路，实现创收目标。商家可以通过以下步骤增加商品被搜索的可能性,从而提高曝光率。

1. 了解商品标题的构成

商品的标题通常包含名称词、属性词和特色词三个部分。其中,名称词是标题中最主要的部分,即商品的名称,也叫中心词,是提升标题搜索权重的关键部分。属性词是与商品相关的一些词语,如品牌、版本、款式、重量等,可以提升商品搜索的精准度。特色词是能体现商品特色的词语,用来吸引顾客购买,包括店铺活动、商品评价、商品特征等。

2. 确定名称词

在设计商品标题时,需要先总结1~2个名称词。

3. 确定属性词

罗列商品相关属性,为商品确定属性词。

4. 确定特色词

查看百度、搜狐、360浏览器及其他同类网站的高频搜索词,为商品确定特色词。

5. 确定商品标题

将名称词、属性词和特色词组合起来,确定商品标题。在设计标题时,可用空格代替标点,将特色或优惠内容写在最前面,也可巧用明星效应,如"【现摘现发】海南特产金煌芒果当季新鲜水果应季水果"等。

实操视频:淘宝电商美工双十一主图PS设计制作详细教程

(2) 优化商品主图,提高点击率(扫码观看实操视频)。根据前三屏3秒注意力原则,商品主图是视觉焦点,应该采用能够展示品牌情调及商品特色的意境图,第一时间吸引顾客注意力。例如,休闲食品类可展示商品特写图、配方图等,如图9-45所示。

图9-45 休闲食品类微店商品主图

(3) 提高微店转化率。

① 营销推广:营销推广是微店前期发展的重点,要了解并熟悉各种营销方式并有选择地运用。如图9-46所示,微店的营销推广工具很多,包括打折工具、新客成交、老客复购、裂变拉新、客户运营、特色工具、我要分销等。选择相应工具,按照提示进行设置即可。

图 9-46　营销推广工具

② 引导复购：微店可通过"老客复购"工具设置复购券、签到有礼等，引导客户复购。以复购券为例：打开微店店长版 APP，进入"营销推广"界面，选择"老客复购"工具。找到"复购券"，点击"添加复购券"，设置发放条件、优惠金额、发放规则等，点击"保存"即可，如图 9-47 所示。当顾客达成条件后系统自动发放优惠券。

通过定向营销或复购提醒引导客户复购。如图 9-48 所示，进入"客户管理"界面，找到"建议操作"，点击"定向营销引导"可选择目标人群添加营销计划，点击"发券提醒复购"，按照提示可设置在客户第一次购买签收后的一段时间内向其发送复购提醒。

图 9-47　设置复购券　　　图 9-48　设置定向营销引导和发券提醒复购

③ 会员营销：微店可以通过开通"店铺会员"功能，建立客户关系，开展会员营销（扫码观看微课）。打开微店店长版 APP，进入"客户管理"界面，下滑找到"店铺会员"。点击"立即开通"进入店铺会员页面，点击右下角"新建会员等级"即可。微店可开通阶梯型的会员等级，设置不同的获得条件，同时设定相应的会员福利。建议最低等级的店铺会员将获得条件设置为"完善信息成为会员"，通过"编辑"功能可选择需要完善的客户

微课：微店如何建立和维护客户关系

资料,如手机号、性别、生日、微信号等,如图9-49所示。

设定好相应的会员等级后,可进行会员引导设置。点击"店铺会员"页面左下角的"会员引导",即可选择引导方式,如详情页引导、支付后引导、首页进店弹窗等,如图9-50所示。

图9-49　新建会员等级　　　　　　　　图9-50　会员引导设置

创建顾客群,实现客户自动分群、分群维护客户关系、开展群里专属活动,增强群成员的尊享感和参与感。在"客户管理"界面找到"我的顾客群",点击"立即创建"—"立即建群",按照要求设置即可,如图9-51所示。

此外,还可以通过拉新裂变,按照需求选择商品,设置社群接龙、拼团、抽奖工具、裂变券、老带新拼团等,提高客户黏性和活跃度,如图9-52所示。

图9-51　创建顾客群　　　　　　　　图9-52　裂变拉新

阅读:运营微店实训情景材料

任务评价

通过学习本任务的操作,请扫码阅读运营微店实训情景材料,诊断该微店经营中存在的问题,并提出针对性解决方案。同时,根据结果检查自己是否掌握了所学内容,如表9-4所示。

表9-4 运营微店评价表

评价内容	分 值	评 分
1. 掌握微店运营数据指标内涵	20	
2. 熟悉微店运营分析步骤	25	
3. 掌握微店运营问题的解决方法	25	
4. 通过数据分析发现微店运营中的问题,提出可行的创新型解决方案	30	
总　　分	100	

任务拓展训练

对自己的微信小商店进行运营数据分析,发现经营中存在的问题,并进行针对性解决。

项目十　运营门店社群

▲ 项目说明

随着经济大环境的每况愈下,那些曾经风光一时但仍处于传统营销模式的实体门店,因为自身缺乏互联网营销意识,而只是短暂地停留在与顾客发生交易的链接上,因而接二连三地遭遇关店潮。现如今,移动社交已逐渐成为用户的生活方式,实体门店营销须借助这些移动手段来建立与用户的有效联系。而如今火遍全网的社群就是帮助门店借助移动手段最终与用户建立联系,获取门店私域流量的新方式。

门店+社群,将是未来零售店的标准配置。想要把社群营销做到极致,每个环节都需要以用户为中心,链接和激活目标用户,并将用户价值最大化。所以,拉新及促活是社群运营的核心,也是实现门店社群变现的关键一步。

本项目有2个任务,分别介绍了搭建门店社群、促活门店社群。

▲ 项目目标

【知识目标】
1. 理解社群的内涵和类型及社群促活的内涵；
2. 掌握常见的社群拉新策略及8种常见的活跃社群玩法；
3. 熟悉社群搭建的步骤,社群拉新策划的流程及社群用户潜水原因分析步骤。

【技能目标】
1. 搭建门店社群；
2. 拟定有创意且切实可行的门店社群拉新活动方案；
3. 准确找出用户潜水的原因,对症分类激活社群成员,提升社群用户黏性。

【素质目标】
1. 培养创新意识,在学习和实践中提出独特的想法和解决方案；
2. 树立法制意识,培养知法守法的能力。

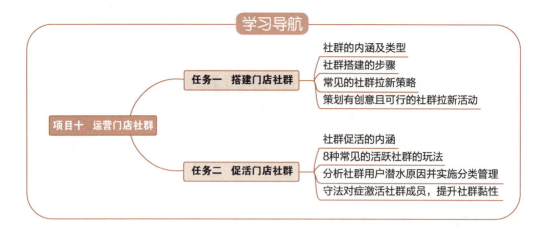

任务一 搭建门店社群

 学习目标

1. 理解社群的内涵和类型；
2. 熟悉社群搭建的步骤，能据实搭建门店社群；
3. 掌握常见的社群拉新策略；
4. 熟悉社群拉新策划的流程，能拟定有创意且切实可行的门店社群拉新活动方案。

李明的门店最近业绩有些滑坡，但附近新开的一家社区超市，选品、装修都和自己差不多，生意却异常火爆。他一直百思不得其解，实地调研之后，发现隔壁超市生意火爆的原因是每天搞社群活动，吸引了附近小区顾客都来参加。门店的顾客不仅限于小区业主，还通过微信群辐射到小区业主的同事及亲戚朋友。李明也想跟风建一个，但一时不知如何搭建一个能带给自己销量的社群。

 任务分析

对于门店而言，建立社群的目标主要有两个方面。一方面，是把既有顾客圈住；另一方面，吸引潜在顾客关注。通过社群拉近与顾客之间的关系，加快品牌的传播和建设，促进销售，提升营收。然而，在搭建社群过程中，我们常犯如跟风建群之类的错误。那如何才能搭建一个能给自己带来销量的社群呢？首先，建群前需要确定社群的定位，建立社群组织架构，制定社群规则；然后，通过分析用户，明确拉新的目标，策划与组织拉新活动，最终实现社群的引流及裂变。

为了更好地达到实训目的，需要做如下准备：

1. 确保电脑等设备能正常使用；
2. 确保网络正常且稳定；
3. 目标用户调研反馈材料。

 任务实施

一、学习社群的内涵及类型

社群指的是互联网时代，一群有共同兴趣、认知、价值观的用户抱成团，发生群蜂效应，在一起互动、交流、协作、感染，对产品品牌本身产生反哺育的价值关系。

测一测 10-1

门店社群常见有以下三种类型：

（1）引流群：以增粉为目的，主要承接流量，沉淀泛粉，再通过运营手段筛选精准用户；

（2）福利群：以转化、复购为主要目的，根据用户的生命周期、标签属性等完成精细化运营；

（3）快闪群：以快速转化实现销售为主要目的，在短时间内引导用户完成指定动作，包括拉新及转化等。

二、搭建门店社群

1. 步骤一：明确门店社群定位

（1）明确社群目标：一是，要让客户知道我做这个社群是为了让你得到哪些服务，你可以享受到哪些便利。比如好物分享群，社群的目的就是为了将好用且实惠产品分享给各位客户，而进群的客户也是为了知道有哪些好物而进群。因此，社群的目的越具体，内容越详细，积累的客户就越多，越精确。二是，明确建社群是为了一个短期目标（如福利发送或实现销售），还是为了一个长远目标（如提升品牌知名度、沉淀高净值客户）。接着，进一步明确社群的服务时长，是一年、一个月、还是一周。随后，李明结合所学，召集门店运营对此进行了讨论，并将讨论结果记录于表10-1。

表 10-1 门店社群的目标

项目	具体内容
社群运营目标定位（能为用户带来哪些价值）	
社群生命周期定位（目标完成的时间）	

（2）确定社群目标人群：明确社群目标之后，就要思考哪些人群适合进入此群，成为社群的潜在客户。如创建某日用品福利群，首先能想到的客户群体是宝妈、女大学生等两个标签。那么，这一类型客户就是社群的目标人群。如何寻找潜在客户，如何画出目标用户的清晰画像？首先从年龄、性别、职业、城市、收入、兴趣爱好、学历、平时喜欢聚集在哪些平台、哪些渠道等切入进行分析，提炼关键标签；最后，形成清晰的用户画像。李明召集运营部门同事，对自己门店的社群目标群体进行调查分析（扫码阅读相关材料信息），提炼关键标签形成用户画像，填写表10-2（扫码参考样例）。

阅读：李明门店社群目标群体调研反馈材料

图表：目标用户画像分析样例

表 10-2　门店社群目标用户画像

分析维度	门店社群目标用户
年龄	
性别	
学历	
职业	
平均月收入	
生活状态	
消费观念	
爱好、习惯	
频繁出现的场合	
购物关注的问题	

（3）明确社群内容：社群内容要和社群目的相辅相成。因为，社群成员在了解社群目的之后会进入群聊，所以就要匹配相应的社群内容。比如新品推广群就要定时发送新品上架信息、新品折扣等内容，福利群要发送福利优惠、拼团、秒杀、折现等内容。只有匹配的内容＋社群目的才能吸引到目标人群，并将其从潜在客户转化为准客户。李明结合所学，召集门店运营部门同事结合自有门店社群的目标定位及目标用户画像对社群内容进行了讨论，并将讨论结果记录于表 10-3。

表 10-3　门店社群内容规划

社群内容	内容的表现形式(图文/视频)	内容产出的频率(次/周)

2. 步骤二：建立社群组织架构

一般门店做社群需要有总负责、社群运营、KOL/气氛组等三个角色。

（1）总负责：负责社群的整体运营，对社群整体数据负责，包括社群活跃、增长、转化率等。

微课：从0到1培养社群运营新人

（2）社群运营：即群主/管理员，主要负责3个方面的内容(扫码观看微课，掌握如何从小白蜕变为优秀群主的路径)。

第一，用户运营。包括用户的拉新、引流和筛选，如邀请人或踢出违规的人，销售转化及引导，用户答疑等工作。

第二，内容运营。包括群里内容的生产和发布、群内话题引导、成交裂变文案等。

第三，活动运营。包括活动的流程，活动介绍和预热，活动的问题解答等。

（3）KOL/气氛组：根据社群规模的大小，以及品牌的种类和需求，还可以设置关键意见领袖(KOL)和气氛组两个角色。

① KOL：一个社群光靠红包接龙、优惠折扣很难建立起用户的认同。通过KOL专业的分享获得大家的认可和追随,用其人格魅力和影响力去带动群氛围。

② 气氛组：社群里可以安排几个气氛组,特别是在社群的冷启动阶段。通过他们积极地回复群主或其他群友的问题,来带动群氛围,引导群员的话题方向。

李明结合所学,召集人力资源主管商定组建门店社群的组织架构,并将讨论结果记录于表10-4(扫码查看样例)。

表10-4 门店社群组织架构

岗位	岗位数量	岗位职责

阅读：盒马社群运营专员岗位职责样例

3. 步骤三：制定社群规则

俗话说"无规矩不成方圆"。没有群规的社群最终会被广告、微商消息刷屏,造成正常用户的退群。为了避免这种状况,需在建群初期就确定清晰的群规,群规的设立需遵循以下3点原则：①需要在社群规则里明确告知用户什么可以做,什么不可以做；②需要鼓励用户倡导的行为；③对违反群规的行为要及时制止。实体门店的社群规则一般包括加入规则、入群规则、交流规则、分享规则。

(1) 加入规则：作为群主或者管理员,在往群里邀请成员的时候,一定要注意设立一定的门槛,只有符合条件、规则的人才可以邀请入群。实体店邀请成员进入社群的方式主要有以下三种。

① 线下引流：在收银台附近贴上社群二维码海报,到店的客户可以在店员的引导下,扫码入群,如图10-1所示。

② 利用朋友圈邀请好友入群：店长或者店员邀请自己以往工作中积累的忠实客户入群。

③ 顾客推荐：通过设置一系列拉新奖励,让现有的群成员拉好友入群。这是最精准的获取潜在客户的方式,被好友推荐入群的客户对社群会更信任,也更容易促进后期的变现。

图10-1 到店扫码入群

测一测10-2

(2) 入群规则：如果说加入规则是第一道选择成员的门槛,那么,入群规则就是第二道筛选成员的门槛。入群规则也是给群成员仪式感最好的方式之一。实体门店社群的一般入群规则可以通过以下三点做要求：第一点,统一群名称格式；第二点,设置好进群欢迎语、群公告等群内要求;第三点,提前告知群成员群内规则。

(3) 交流规则:每个社群不同,设置也不同,具体情况还需具体分析。实体门店社群的交流规则一般设置以下几点:

① 不骂人,不吵架,群里不语言暴力。
② 不发布违法乱纪、不堪入目的信息。
③ 不刷屏。
④ 群内未经管理员允许,不得擅自发布小广告,后果自负。

(4) 分享规则:群内定期制定分享活动也有利于提高社群质量。不仅如此,还能大大提高群成员的活跃度及积极性。实体门店社群一般常用的分享模式有以下两种方式:

第一种模式:群主、群管员定期分享"干货"。大部分愿意进群的成员,也是冲着领头人来的,希望领头人可以分享更多的干货,大家从中获得更多知识。这种分享模式,对运营者要求就会高一些,运营者必须是货真价实的领域精英。

第二种模式:邀请"大咖"定期进行群内分享,很多社群现在都会与互补的社群合作,互相邀请进行分享,或者直接邀请行业内大咖进行分享。也不少人是因为这个因素加入到社群中来的。

李明结合所学,召集运营主管讨论商定门店社群的规则,并将讨论结果记录于表10-5。

表 10-5 门店社群组织架构

社群规则	具体内容
加入规则	
入群规则	社群名称: 社群欢迎语: 群公告: 群内规则:
交流规则	
分享规则	

  知识链接 10-1　　搭建社群过程中应避免的常见错误

错误一:没有搞清楚社群的定位,跟风、盲目建社群。如,A超市因为每天搞社群活动,吸引了附近小区顾客都来参加,门店销量很好。而B超市呢,还没有自己的社群,生意冷清,所以也想建一个社群。

错误二:疯狂拉人,没有打好基础就快速扩张。如,很多新人为了快速积累用户,不设置任何门槛,盲目地拉人入群,导致群内人员杂乱、信息无序。很多用户领取入群福利后就立马退群,或者直接屏蔽群消息,没过几天群就死了。

错误三:低估社群运营成本。由于微信和QQ建群都是免费的,所以,新手很容易忽略构建社群的成本问题,甚至可能根本就没有做过社群运营成本规划。如,一家运营

思政微课:从无到有运营社群,最易犯错的地方有哪些

了 2 500 个 500 人社群的企业,假如每周在群里发 1 个 10 元的红包,1 个月算下来就是 10 万元。1 名全职社群运营专员月均工资在 6 000~8 000 元,再加上企业承担的社保、福利、培训等费用,人均人力费用不低于 1 万元。

错误四:急功近利想要快速变现。如,有人认为做社群能轻松赚到钱,社群还没有起色,就开始想着怎么做变现卖东西(具体实操请扫码观看相关思政微课)。

三、策划社群拉新活动

社群拉新是加速社群变现的重要途径之一,通过这种方式可以快速增加用户数量和活跃度。对门店来说,拉新活动可以带来大量的流量和机会,从而促进销售增长和客户转化率。此外,还能够为门店创造社会效益和经济效益。策划一次成功的社群拉新获客活动,步骤具体如下几方面。

1. 分析用户

门店首先明确此次拉新活动的目标受众群体是谁,了解其需求,分析潜在客户的兴趣和爱好。

2. 确定拉新目标

确定本次活动具体的拉新目标,即花多少时间,完成多少拉新获客目标数。

3. 制定拉新策略

门店据目标受众的需求,在同行竞业分析反馈的基础上,制定有针对性的拉新策略。门店拉新获客的常见策略有以下三大方面。

(1) 渠道引流。最常见的引流方式是渠道引流,也就是通过线上线下各种渠道增加曝光,引导用户进入社群。渠道引流主要包含以下 4 类:

① 内容平台:图文内容平台和短视频平台都是内容平台,比如小红书、知乎、抖音、快手、B 站等,要分析目标用户的特征,选择合适的平台进行运营(扫码查看案例视频)。

案例视频:渝百晟超市抖音平台引流样例

② 信息流投放:信息流投放需要付费,常见的投放平台有百度、今日头条、微博、抖音等,投放之前需要评估平台的用户定位和调性,以及投放的投入产出比。

③ 包裹卡:对于电商平台来讲,包裹卡是一个非常重要的引流渠道。常见的包裹卡引流噱头包含抽奖、返现、领福利、新品试用等(扫码查看永辉超市包裹卡引流样例,了解包裹卡引流的方式)。

阅读:永辉超市包裹卡引流样例

④ 线下门店:对于有线下门店的平台来说,线下引流的用户不仅非常精准,而且成本极低,可以在收银台和显眼的展柜处放引流的广告牌,引导用户添加。

知识链接 10-2　超市社群六大快速吸粉策略

(1) 优惠券:例如,加群后送 5 元无门槛优惠券,顾客扫码加群后,通过小程序领券;然后,顾客使用小程序消费,付款时就可使用优惠券抵扣付款金额。

(2) 全场折扣:例如,现场加群后,享受 88 折优惠。

(3) 全场满减:例如,加群后,享受满 69 减 10 元。

(4) 免费送东西:例如,加群就送一样诸如心相印抽纸的免费小礼品。

(5) 优惠特价：例如，加群享受单品特价（切记不能用低档货）。如 H 超市入小区拉新，新客入群即可 1 元购有机富硒土鸡蛋 6 枚。

(6) 礼包赠送：例如，加群送 200 元优惠券分 10 个月领取，每个月领取 4 张 5 元无门槛优惠券，或是送 99 元新客大礼包等。

资料来源：来自网络，有删改。

(2) 老用户邀请。老用户复购率高，忠诚度高。对比普通用户，老用户的拉新意愿也比较高，可以通过情感刺激和利益诱导等方式，引导老用户邀请新用户。引导老用户邀请新用户需要注意以下几点：

① 邀请激励：对于老用户来说，是基于对平台产品和服务的认同，才会反复复购。因此，在设置邀请激励时，除了利益奖励，更重要的是加入特权类奖励。

② 邀请物料：对于大部分用户来讲，推荐或分享一个新的产品/平台给朋友，都不愿意让朋友觉得自己是为了利益，而是良心推荐。所以，在设计邀请物料时，要尤其注意这一点，邀请噱头需要包装。

(3) 裂变活动。裂变活动是成本最低的拉新策略，可以结合公众号、企微号、个人微信号设计裂变活动。裂变活动要注意以下几点：

① 裂变机制：要设计裂变机制，也就是老用户从哪里看到活动—参与活动—分享物料—新用户点击—新用户进入—新用户参与活动等，整个裂变路径和裂变机制设计。

② 裂变奖励：裂变奖励的设置要计算投入产出比，计算一个新用户的获客成本。同时，要让老用户可以清晰看到活动进度，奖品要限量。最重要的是，活动要防止用户"薅羊毛"，设计反作弊机制。

案例 10-1

生鲜超市开业 3 天拉新率超 130%，5 个玩法就搞定了

扫码阅读案例并分析。

案例：生鲜超市开业3天拉新率超130%，5个玩法就搞定了

知识链接 10-3　　如何实现实体店的社群裂变

社群裂变是一种通过激发社群成员的参与和分享，快速扩大社群规模和影响力的过程。社群裂变是性价比最高的获客方式之一，且数据分析表明，老带新的客户忠诚度也会更高。所以，实体门店一定要重视社群裂变效应。如何实现实体门店的社群裂变，让门店业绩快速提升呢（扫码观看实操视频）？

实操视频：如何实现实体店的社群裂变

1. 设置社群裂变的机制

实体门店社群裂变机制主要有两种，一种是会员裂变，一种是活动裂变。

(1) 会员裂变。所谓会员裂变，是将裂变机制融合到会员体系里面。具体做法有两种：第一种，将社群裂变作为会员日常晋级的主要指标之一，并且将权重占比提高，裂变客户越多，会员得分和权益就越多；第二种，定期给会员发放优惠福利券，这个券可以自己用，也可以转赠给朋友。当然，转赠朋友可以获得额外福利，转赠越多，所获福利就越多。

(2) 活动裂变。会员裂变作为常规裂变机制，虽然有很多优势，但也有缺点，就是不够灵活。因为，作为会员福利，如果经常变换，会员肯定会无所适从。可以考虑周期性的活动裂变。所谓活动裂变，就是找个噱头做活动，活动的目的是刺激分享裂变。常见的门店活动裂变方式有5种。

① 点赞活动。一般要求参与活动的客户将活动信息转发到朋友圈，并搭配我们提前设计好的推广文案，号召客户的好友来参与点赞，达到一定点赞数后，可获得一份小礼品或门店奖品奖励。点赞活动的本质是借助参与活动的客户进行门店产品曝光，最终达到一定概率转化。

② 砍价活动。拿出一款主流产品做促销（当然，为控制成本，一般会限定数量，如仅限8份）。参与活动的客户可以将活动链接转发到社交平台，让好友帮助砍价，助力越多，砍价就越多。其实砍价活动的目的就是让门店在砍价活动进行的同时也得到曝光。

③ 好友助力。免费领礼品，但需要参与的客户邀请一定数量的好友来助力，助力成功就可以免费拿到。如拼多多的好友助力，这类活动跟点赞、砍价效果是一样的。

④ 红包裂变。红包裂变有两种玩法：第一种跟上面说的会员裂变差不多，就是给每个客户自动发放消费红包，客户将红包转赠好友后，系统会自动给这个客户返券；第二种玩法，就是用红包做激励，让客户把你拉到他们的群里，拉多少群，就发多少微信红包。还有另外一种玩法，就是门店自己组建群，客户邀请多少人进群，就可以拿到红包奖励。

⑤ 拼团活动。一般通过较大优惠或者直接免单来吸引团长开团，这是裂变分享的第一节点；由于拼团价格本身就比正常价格低，为了早日成团，参与拼团的客户也会有动力去邀请好友来参加，这样就会形成二次传播裂变。拼团活动不同于上面几种方式，它是能直接带来销量的，也是许多门店喜欢使用的活动方式。

2. 设置裂变奖励

简单来说，就是拉多少人，定多少人，多少人买，就能获得价值诱惑性强的产品或是直观利益刺激。比如拼多多中邀请朋友砍价，达到拉新额定人数，就可以免费获得心仪的商品。拉的人越多，砍价越多；新人越多，砍价越多。拼多多通过时时反馈进度来刺激种子客户不断裂变拉新。

3. 设计裂变转化路径

一次成功的裂变，会涉及很多细节，每个细节的成败，又关系到下一节点的转化。所以，做裂变活动前，要先提前规划好转化路径，监控好关键节点。裂变活动的策划和执行流程如图10-2所示。

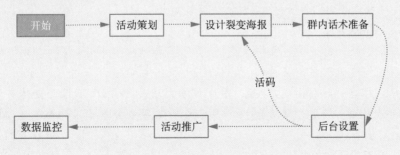

图10-2 门店社群裂变策划执行流程

资料来源：来自网络，有删改。

案例 10-2

案例:旺旺水果超市的社群是如何实现快速裂变的

旺旺水果超市的社群是如何实现快速裂变的

扫码阅读案例并分析。

阅读:社群不同阶段做拉新有什么玩法

4. 制定预算和时间表

据拉新目标和策略,确定活动的成本和预估效益,制定可行的预算和时间表。

5. 宣传和推广

利用社交媒体、电子邮件、短信等多种方式进行宣传推广,吸引潜在客户参加活动。

李明召集运营部同事在熟悉门店社群拉新活动策划相关步骤后,再针对自身门店社群所处的阶段的拉新策略做出判断后(请扫码进行拓展性阅读),就门店双十一的拉新获客活动进行了策划,并将结果记录于表 10-6。

表 10-6　门店社群拉新活动策划

目标群体	
拉新目标	
拉新策略	
活动预算	
时间安排	
宣传推广	

素养课堂　　**拼多多是如何创新小程序玩法实现裂变式增长的**

　　拼多多一直是众人熟知的隐形巨头,它并没有京东、天猫那样高调,而是从惠民的三、四、五线城市低调迅猛发展,并快速向北上广深渗透,可谓所向披靡。那它是如何在短期内实现用户裂变式增长的?具体玩法拆解如下。

玩法 1:拼单返现

拼多多小程序创造了一种拼单返现,会不间断地提示用户,有一定数据的返现可以体现。但会设置多个条件,比如满 30 元才能体现,每天只能有 3 000 人体现,只能在每天指定的时间提现,等等。用这种方式,让用户求之不得又极其渴望得到它。再通过页面引导用户继续到拼多多小程序购买或分享商品赚取红包,凑够提现额度。

玩法 2:双券玩法

通过无门槛优惠券引导粉丝从商品浏览页面进入店铺首页,再配合店内活动券,为

"粉丝"塑造多重优惠的"便宜"心态,激发下单购买商品的欲望。通过优惠券和活动券双券玩法,帮助商户做了最重要的工作:构建商户私域流量池,快速留住粉丝、成交粉丝。同时,也为拼多多构建了更大私域流量护城河,不会让粉丝轻易跑到其他电商平台消费。

玩法 3:红包开卡玩法

拼多多小程序创新了"省钱开卡"玩法,它与京东、天猫等电商平台会员玩法不同,更侧重玩法的趣味性。新用户打开拼多多小程序,会弹出"领取红包",点击领取红包后会特意给一个让新用户惊喜的大额红包,但只能用户办理拼多多月卡和季卡。

玩法 4:友情信任助力

在玩法 3 的基础上,拼多多小程序为快速降低新用户的"开卡"鼓励,特意在开卡缴费页面加了老用户的留言、评论,并用特别的红色加粗体系来突显发表评论的老用户购物次数,打消新用户的开卡顾虑。

任务评价

通过学习本任务的操作,请各组同学检查自己是否掌握了所学内容,如表 10-7 所示。

表 10-7 搭建门店社群评价表

评价内容	分 值	评 分
1. 理解社群的内涵和类型	15	
2. 熟悉社群搭建的步骤,能据实搭建门店社群	35	
3. 掌握常见的社群拉新的策略	15	
4. 熟悉社群拉新策划的流程,能拟定有创意且切实可行的门店社群拉新活动方案	35	
总 分	100	

任务拓展训练

1. 请各组同学据本节所学,扫码获取案例分析材料,分析盒马社群使用了哪些拉新策略,使其快速实现社区渗透,发生社群裂变。

2. 请各组同学据本节所学,为李明门店策划一次有创意的社群裂变拉新活动。

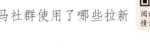

阅读:案例分析情景材料

任务二 促活门店社群

学习目标

1. 理解社群促活的内涵;

2. 掌握8种常见的活跃社群的玩法；
3. 熟悉社群用户潜水原因分析步骤，能准确找出用户潜水的原因；
4. 对症分类激活社群成员，提升社群用户黏性。

情景导入

李明最近发现门店社群沉寂不少，天天有人发广告，但几个月没人说话。靠红包活跃毕竟不是长久之计，用户抢完红包就跑，又会回到群主自言自语的尴尬状态。长期下去，社群里僵尸用户越来越多，退群的人也会逐渐多起来。那群岂不就"死"了？

任务分析

对于门店而言，社群促活对于社群的长期运营和发展非常重要。通过促活，可以增加用户的活跃度，提高社群的互动频率，增加用户对社群的归属感和黏性，从而增加用户的留存率和转化率。同时，促活还可以增加社群的知名度和影响力，吸引更多的潜在用户加入社群。所以，群主要及时准确找出社群用户潜水的原因，并能灵活运用游戏化互动手法及社群黏性提升技巧，对症激活社群成员，提升社群用户黏性。

任务准备

为了更好地达到实训目的，需要做如下准备：
1. 确保电脑等设备能正常使用；
2. 确保网络正常且稳定；
3. 门店社群成员群聊记录数据及社群成员名单；
4. 用户潜水原因调查反馈材料。

任务实施

一、学习社群促活的内涵

社群促活是指通过各种手段和策略，提高社群的活跃度和用户参与度的过程。目的是增强用户黏性，促使用户在社群内积极参与互动，从而提升社群的运营效果和用户体验。

二、掌握8种常见的活跃社群玩法

实操视频：如何利用游戏化互动快速提升社群活跃度

在当今的数字化时代，社群已经成为人们交流、分享和获取信息的重要平台。社群的活跃程度，也直接影响了社群的营收能力。但是很多门店仍然属于"建群都会，运营全废"的状态，社群到最后无法摆脱越做越"死"的命运。那么，该如何让社群"活"起来呢？常见的游戏化互动方式有8种（扫码观看实操视频）。

1. 群接龙

如果社群内活跃度不高，甚至出现连发红包都抢不完的情况，那么，发起群接龙是活跃社群很好的方法。接龙的形式就是"你玩我玩大家玩"，可以快速带动社群氛围，让用户主动参与。如果社群活跃度不高，需要在接龙一开始时，先让群托活跃气氛，带头

完成接龙,激发群员参与活动的意愿,如图 10-3 所示。社群常见的接龙有几种形式:

图 10-3　门店社群接龙活动截图

(1) 团购接龙:主要用于商品的售卖。设置接龙名称、时间、商品等信息,便于收款和统计,如团长在群内组织用户购买各类应季水果。

(2) 互动接龙:用于各种互动和分享。在接龙中设置互动主题及形式,可以由群主做示范,适合头脑风暴、作业布置、群友互动等场景。

(3) 填表/报名接龙:适用于信息的收集和调研及活动组织,例如报名缴费、问卷调查。

测一测 10-3

案例 10-3

一天卖 300 单,业绩翻 14 倍,小超市靠社群接龙干掉对手

扫码阅读案例并分析。

案例:一天卖 300 单,业绩翻 14 倍,小超市靠社群接龙干掉对手

2. 打卡签到

打卡签到是活跃社群比较常见的玩法。通过签到获取积分,一是激活群内气氛,二是培养群内用户打卡习惯,养成对社群的依赖性。这种玩法的关键点在于,积分可以兑换的礼品必须吸引人,最好在签到文案说明这个利益点,如图 10-4 所示。总的来说,签到玩法大致有以下几种:

(1) 首次签到:新用户在规定时间内首次签到,将进群截图＋签到截图发到群内,商家审核后,可手动奖励额外积分。

(2) 每日签到:每天签到奖励固定积分。

(3) 连续签到:累计总签到天数满足条件,商家手动奖励额外积分。

3. 社群暗号

社群暗号的玩法相当于社群专属福利,群主在群内发布一个"暗号",用户在线上下单或线下购买时,可以额外获得福利,促进社群用户下单成交,如图 10-5 所示。这

类玩法比较简单,通常建议一周可以进行一次,不仅能促进线上的成交,也能为线下门店引流。

图 10-4　门店社群签到活动截图

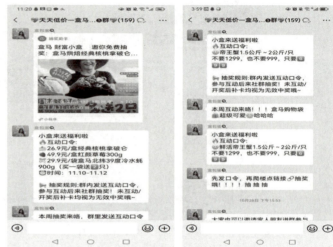

图 10-5　门店社群暗号截图

4. 手气最佳免单

发红包是活跃社群最有效的方式,但怎么发很关键。关于发红包,推荐一个手气最佳免单的玩法。社群内可以固定一个时间段发红包,红包金额不用很高,领到手气最佳的用户可以凭当天的购物小票免单。手气最佳免单可以作为日常活动,提高客户的黏性和到店率。至于是设置整单免单还是设定最高免单金额,可以根据店铺的客单价酌情调整。

测一测 10-4

5. 掷骰子游戏

在微信表情符号里有个掷骰子的表情,该游戏适合日常活跃群氛围,或者在推商品前进行互动,让更多的用户参与其中。玩法有很多种,可以自己制定。例如,先由群主摇一个点数,用户如果摇的点数比群主大,即可获得相应的奖励;或是群主指定一个点数,摇到这个点数的用户可获得奖励。另外,摇骰子要提前在群里告知客户详细的操作步骤,避免活动开始后大家不知道如何参与。

6. 朋友圈集赞

群主可以设定一个图片,或者一款商品,让群内用户转发朋友圈集赞;然后,截图发至群内领取奖品,如图 10-6 所示。如设置点赞达到 58 个可以获取礼品,或是在一定时间内集赞最多的前几位可以获得礼品。做集赞活动一方面可以扩充品牌的知名度,另一方面可以有效地让群内用户自发互动,帮助品牌完成低成本的有效传播。

7. 周会员日

每周设定一天为社群会员日,在群内做闪购、抽奖活动,或列出一些商品在会员日当天做折扣。如盒马每周二或三会员日,会进行抽奖、会员折扣等促进转化的活动(见图 10-7);按周计算太频繁的话,也可以设置每个月或半个月 1 次。

项目十 运营门店社群

图 10-6 门店社群朋友圈集赞截图

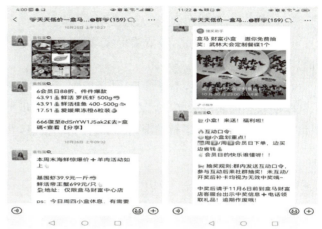

图 10-7 门店社群周会员日截图

8. 群内晒单有礼

用户在群内可以晒自己的下单截图,也可以晒自己收到货的实物实拍,来获取一定的奖励。拍的图片、视频,写的文案越好,得到的奖励就越多;可以给用户发无门槛优惠券、积分,也可以直接发现金红包。如首次晒单有奖励,第一个下单有奖励,分享朋友圈获赞有奖励,第 1 个、第 6 个、第 8 个等晒单的也发奖励。只要有客户愿意发,不仅让我们获得了丰富真实的素材,也能够激发群内的成员下单。如果是实物礼品,还可以下次下单附赠,实体店则可以要求客户上门到店领取。

三、分析社群用户潜水原因,实施分类管理

步骤一:定期导出群聊记录生成 Excel 表格;然后,利用 Excel 表格的统计功能,得到社群成员发言频率;再核对社群人员名单,生成不爱说话一直潜水的人员名单。李明依据导出的本月聊天记录数据(扫码获取),统计社群成员发言频率,再核对社群人员名单(扫码获取相关名单),确认社群潜水用户①名单(见表 10-8)。

图表:李明门店社群本月聊天记录

图表:李明门店社群人员名单

表 10-8 不爱说话一直潜水用户名单

序号	社群成员名	月度发言频率

步骤二:安排专人对照名单分别了解这些人潜水的原因,并进行分类管理。经过了解,潜水的人一般分为 4 类情况。

---

① 社群潜水用户:特指那些在群里间或浏览群消息、接收福利,但不爱说话或不说话的成员。

（1）想参与，和群里很多人不熟悉，有心理顾虑；

（2）想参与，但实在太忙，无法参与；

（3）社群潜水习惯了，喜欢看大家聊天，只是自己不发言，默默按照自己的节奏观察和思考；

（4）对群已经失望，不想参与，甚至屏蔽。

李明获悉门店潜水名单后，安排之前和潜水人员加为好友的社群运营专员，去了解其潜水的原因，并梳理了解情况（扫码阅读材料信息，并进行梳理），记录于表10-9。

阅读：李明门店社群潜水原因调查反馈材料

表10-9 潜水原因调查记录

序号	社群成员名	潜水原因类型

步骤三：对不同潜水原因的类型的人群进行分类管理，以达到促活社群的最终目的。

（1）对于想参与，但和群里很多人不熟悉，有心理顾虑的用户，可以主动在下一次活动前征求他的意见，邀请他来一起策划，通过运营团队帮助他打消顾虑，让他勇敢去发言。一旦他突破这一关，往往会成为社群的积极支持者。

（2）对于想参与，但实在太忙，无法参与的用户，可以把一些重要的群信息，私底下一对一发给他，让其提前安排时间，避免错过重要活动。

（3）对于社群潜水习惯了，喜欢看大家聊天，只是自己不发言，默默按照自己的节奏观察和思考的群员，我们尊重他们的习惯就好。

（4）对群已经失望，不想参与，甚至屏蔽，这样的用户如果不是特别有价值，不用强迫参与活动。此外，需要重点了解其失望的原因，可以通过私信聊天或者调查问卷的方式了解其为何对群失望，然后梳理其失望的原因。灵活采用常见的8种活跃社群的方法，活跃社群气氛，激发用户参与的兴趣和积极性，让用户对群重燃信心。

李明了解潜水原因后，制定了相应的对策（扫码观看思政微课，了解如何激发潜水用户的活跃度），填写于表10-10。

思政微课：如何激活社群里不爱说话的潜水用户

表10-10 激发潜水用户活跃度的对策

序号	社群成员名	潜水原因类型	对策

素养课堂 　　严守九不准，做持守有为的社群运营人

运营人谁不想手握几个用户多、活跃高、质量棒的社群。但人多了、话多了就会有纷争，尤其是在互联网环境下，更容易发生争执。2021年，一起微信群主对群成员在微信群里辱骂他人置之不理，对被辱骂者求助也无动于衷的案例就被广州互联网法院以"慢作为""不作为"为由判决群主承担责任。

我国早在2000年就发布了《互联网信息服务管理办法》，提到"九不准"，包括侮辱诽谤、恶意谩骂等禁止性规定。2017年，国家互联网信息办公室出台了《互联网群组信息服务管理规定》，第九条第一款明确规定互联网群组建立者、管理者应当履行群组管理责任。

社群运营人员一定要注意群成员在群里发布的内容是否合法合规，积极预防，阻止群内侵权行为的发生，有所作为，才能管理出高质量的社群，并且有效规避法律风险。

 知识链接 10-4 　　提升社群黏性的互动小技巧

在互联网行业中有一个专属名词用来形容用户对于品牌或产品的忠诚、信任与良性体验等结合起来形成的依赖程度和再消费期望程度：黏性。用户有黏性是社群建立后能否存续并发展的关键。用户要能够借助这个社群平台获得极大的情感慰藉、极大的互动快乐、极大的现实利益，三者满足其一，才能具有高黏性。

很多运营新手都会遇到这样的问题，每天按部就班，像机器人一样在群里狂发话术，但很少有用户感兴趣，甚至绝大部分都用户都开启了"免打扰模式"，除非自己有所需要，其他时候根本不关注群里的内容。这是因为在社群运营中忽略了引导用户参与互动。

互动是社群的基本，在社群的成长期和活跃期里，加强互动可以让用户更有参与感，让用户投入更多的时间和精力关注社群，进而让大家对社群和活动更加重视。

根据行为经济学中的鸡蛋理论，用户对一个物品付出的劳动或者情感越多，就越容易高估物品的价值。互动，是让社群有黏性的基本步骤。如小米让100名早期论坛发烧友用户参与手机功能和体验设计，让他们有参与感，进而自发地推荐、带动更多的人成为小米手机发烧友，就是一个通过互动让用户产生黏性的典型案例。该如何运用互动提升社群黏性呢(扫码观看思政微课，学习如何提高社群黏性)？

思政微课：提高社群黏性的互动小技巧

1. 低门槛的互动

可以增加参与人数，形成良好的社群气氛，还可以帮助社群提升转化。例如，山姆会员商店在社群中发起了"产品碎片找找"互动小游戏，引导用户在群里回复消息，参与互动的会员可以获得抽奖的专属福利。不需要动脑思考，短时间内开奖，让用户感到有趣的同时，大大降低了用户参与这类活动的阻力。为了引导更多用户参与互动，还可以设置互动人数超过10人增加一个中奖名额的条件，中奖人数多，中奖概率大，用户的互动动力也自然提升了。

2. 使用户深度参与到互动中，持续投入时间和精力

也是让用户持久关注社群，延长在社群的留存期的好办法。例如，永辉超市线上福

利群会在用户进群后引导参与商品的"砍价",通过调查问卷让用户填写希望参与砍价的商品。此类型的活动周期比较长,为了让心仪的商品降价,用户会持续投入时间和精力,这就达到了提升用户黏性的目的。

3. 搭建积分体系,引导用户参与社群互动的全程

永辉超市线上福利群每天会提醒用户参与打卡,连续打卡5天可领满49减10的叠加生鲜优惠券,从而无形中提升用户的参与动力。

利用社群运营工具,可以将用户在社群里的一切动作,例如签到打卡、发言、邀请新成员、转发分享、举报违规等,都设置成相应的任务,用户完成后就可以给到一定的积分奖励,积分可以兑换优惠券或者实物商品等。久而久之,用户就会形成参与社群互动的习惯,而为这个习惯所付出的时间成本也可以换取一定的奖励,用户对社群的关注度以及品牌的忠诚度都会不断提升。

4. 晒单领券,引导用户正向反馈

晒单领福利,是一种比较常用的引导用户反馈,同时激励用户下一次参与的互动形式。一方面,可以在社群带动种草氛围,另一方面,这也是一种"消费者证言",可以帮助企业更好地引导用户转化。例如,盒马鲜生把引导用户晒单行动和用户使用感受的挖掘做到了极致。用"打卡"的方式引导大家在小程序中发布笔记,提升用户的互动率,以内容种草提升用户的忠诚度。

用户进入社群之后,从一个围观用户变成消费用户,再到复购用户,还有很长的路要走。在这个过程中,社群运营一定要想尽办法做互动,让用户在互动中获得极大的情感慰藉、极大的互动快乐、极大的现实利益,三者实现其一,才能让用户产生黏性,舍不得离开。

 任务评价

通过学习本任务的操作,请各组同学检查自己是否掌握了所学内容,如表10-11所示。

表10-11 搭建门店社群评价表

评价内容	分 值	评 分
1. 理解社群促活的内涵	15	
2. 掌握8种常见的活跃社群的玩法	15	
3. 熟悉社群用户潜水原因分析步骤,能准确找出用户潜水的原因	35	
4. 对症激活社群成员,提升社群用户黏性	35	
总 分	100	

 任务拓展训练

请各组同学据本节所学,为李明的门店社群设计一个能够提高社群黏性的线上互动活动。

项目十一　门店直播带货

▲ 项目说明

门店直播带货是指在实体门店内直播销售商品或服务的一种营销方式。这种模式结合了线上直播的互动性和线下门店的实际体验，商家可以实时展示商品、服务和活动，吸引顾客观看并与之互动，为消费者提供了更加丰富和真实的购物场景，提高购买转化率。随着直播带货越来越火热，淘宝直播、抖音、快手等主流电商直播平台获得了飞速的发展。

本项目有3个任务，分别介绍了直播前准备、直播实施及直播复盘的相关事宜。

▲ 项目目标

【知识目标】

1. 理解直播数据复盘分析的常用指标内涵；
2. 掌握直播带货核心岗位职责、直播脚本的内容要点、直播开场策略、直播间互动技巧、报价促交话术设计方法、二次推广的方法及降低退货率的方法；
3. 熟悉直播间选品的流程。

【技能目标】

1. 搭建直播团队，确定直播选品，撰写直播脚本，搭建合适的直播场景，完成直播前准备；
2. 灵活运直播话术及互动策略，高效开场，提高直播人气，及时完成报价促交，提升销售额；
3. 按照直播复盘步骤，进行直播复盘分析，发现问题，提炼经验，优化次推，降低直播退货率。

【素质目标】

1. 培养经世济民的情怀，增强社会责任感，通过直播助农，帮助乡村振兴；
2. 培养诚实守信的意识与精益求精的工匠精神，树立正确的价值观。

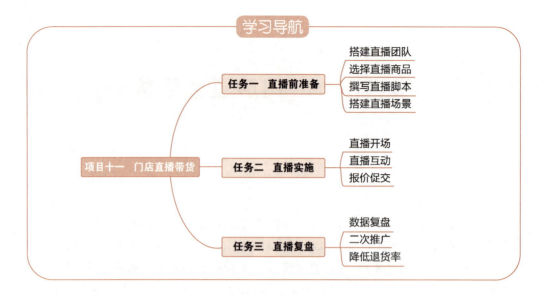

任务一　直播前准备

 学习目标

1. 掌握直播带货核心岗位职责,搭建直播团队;
2. 熟悉直播间选品的流程,能合理规划直播产品;
3. 掌握直播脚本的内容要点,合理设计直播脚本;
4. 根据产品特点,搭建合适的直播场景,完成直播前准备,将"扎根中国地,爱农、助农"的情怀深植于心。

 情景导入

李明的超市优化商品结构,引入大量产地直销农产品。受疫情影响,直播成为电商平台和视频平台卖货的重要手段之一。不少实体超市也加入到直播阵营。李明决定开展一场题为"乡村有好物"的直播带货。那么,在直播带货前,需要做哪些准备工作?

 任务分析

在开始直播前,需要搭建直播团队,如运营完成直播账号定位、账号的前期维护及账号粉丝运营;选择合适的商品及制定促销策略;主播尽可能熟悉直播中所要销售的商品,策划及撰写直播脚本,设计直播话术,并搭建与商品相配的直播场景等。

 任务准备

为了更好地达到实训目的,需要做如下准备:
1. 直播带货团队架构表;

2. 直播脚本范例；
3. 商品资料；
4. 直播场地及设备。

任务实施

一、搭建门店直播团队

搭建直播团队，需要多少人？新成立的直播团队为了节约运营成本，很多岗位人员都可以身兼数职。而有一定财力基础的团队则可以配置专人专职的团队。最低配置2人，即团队核心1名主播和1名运营。为了追求更好的直播营销效果，直播团队可以将其团队升级为旗舰版。旗舰版直播团队有明确的组织架构和职能分工。表11-1所示为直播带货团队职能分工（扫码观看动画）。

动画：直播团队架构

表 11-1 旗舰版直播带货团队职能分工

岗位	职能分工
主播	熟悉商品、熟悉直播话术、介绍直播间促销活动、介绍及展示直播间商品、用户答疑、营造直播间氛围以及对直播内容进行复盘总结
编导	研究竞品、策划主播人设、策划商品介绍节奏、策划直播话术、撰写直播脚本、直播前沟通和预演、监测直播效果以及对直播内容进行复盘总结等
助理	引导直播间用户关注、配合主播表演、提醒主播、传递直播间样品等
运营	定价、制定促销方式、直播平台活动运营、研究直播平台运营规则、策划直播间的促销活动、撰写商品文案以及对直播内容进行复盘总结等
选品	了解用户需求、招募品牌商和供应商、选择商品、价格谈判、维护供货商关系以及协助处理售后事务等
场控	调试直播设备、上架及下架商品、监测直播数据、传递临时信息以及提醒主播注意事项等
客服	在直播间内回答商品相关咨询、商品的售后服务、商品的物流沟通等

直播带货团队可以充分了解直播平台的运营规则、活动规则、用户推送规则，关联自媒体平台的用户运营策略，以及直播行业的发展趋势、消费趋势、竞品动态等信息，通过专业化的运营，按需配置团队成员。如在岗位安排上，按照现实的业务需求，直播团队可以招募图文设计、文案策划、视频剪辑、数据分析等专业人员，从而进一步优化运营环节的工作。在人数设置上，直播团队也几乎没有上限。不管在哪一种情况下，构建直播带货团队都要遵循"因事设岗，按岗招人，调适匹配"的原则，这样才容易为团队找到合适的人才。

李明的超市计划进行直播带货，首先要做的就是搭建直播带货团队。于是，李明召集相关人员，对直播带货团队架构进行了讨论，并将结果记录在表11-2中。

表 11-2　直播带货团队架构

直播账号：

岗位	职能分工	人员配置

二、规划直播间选品

搭建好团队，在战略目标的引领下完成各项工作。在进行直播前，选品需要根据自己的账号定位、供应商资源、竞争情况、市场需求等，仔细分析、认真筛选确定直播间要销售的商品，即直播间选品。选品决定着直播间口碑的好坏和营销的成败。

1. 步骤一：确定直播主题

通常情况下，直播团队选品时，需要从直播营销目标、市场需求、季节与时节等维度进行考虑。在明确的直播主题下，完成直播间产品配置。

通常有常规营销主题和特色活动主题两种类型的主题。常规营销主题是指门店在进行营销活动时所采用的一种主题或口号，可以帮助树立品牌形象，提高品牌知名度和美誉度，从而达到促进销售的目的，比如"618 大促""双 11 大促""上新""清仓"等。特色活动主题是指门店为了吸引消费者、提高品牌知名度和美誉度，而针对特定节日、季节、活动等场合，精心策划并实施的具有独特性、创意性和趣味性的活动主题。这些主题通常能够充分展示企业的产品、服务和文化特色，从而吸引消费者的兴趣和关注。特色活动主题可以包括促销活动、体验活动、公益活动、文化活动等多种形式，旨在为消费者带来愉悦的消费体验，同时提升企业的品牌形象和市场竞争力。比如销售女装，可以在初夏策划一场"夏日约会穿搭"直播；食品类目可以在儿童节前后策划一场"寻找童年的味道"等主题直播。李明决定策划一场"乡村有好物"特色活动主题直播活动。

2. 步骤二：根据用户需求确定选品标准

直播带货中，并不是所有的产品都能进入直播间。明确直播主题后，然后根据用户需求确定选品标准。

首先，在品牌层面挑选时，通常会考虑品牌知名度、品牌产地、品牌供应链这三方面。高知名度品牌可提升直播间声量并起到引流的效果；例如，水果等带有地域特色的产品往往会因为产地而影响质量；完善的品牌供应链则是确保产品从售前到售后流畅运作的基础保障。我们可以联合超市现有品牌供应商进行直播。

从用户层面看，主播在推荐产品时，也有刚需产品、非刚需产品的差别；会根据自己粉丝的用户画像、使用场景、消费能力、兴趣爱好等进行选品。

从产品层面看,在标品、非标品两个大范围内,主播往往希望自己的直播间内有更为丰富多样的产品组合。比如,同一场直播里同时包含新品、热销品、库存品,新品可作为特色品,热销品作为利润品,库存品则是充当低价引流的钩子产品。

从价格层面看,低价是公认的最佳引流方式;主播往往希望利用价格差或者更大的优惠力度来吸引用户,除此以外还可能采用赠品、大礼包等形式。

李明结合所学,和营销部门一起就本次"乡村有好物"直播带货的选品标准进行了研讨,并将结果记录于表 11-3 中。

表 11-3 "乡村有好物"直播带货选品标准

直播主题	乡村有好物
活动定位	
目标客户	
品牌	
产品	
价格	

3. 步骤三:查看法律风险

对于某些商品品类,直播间是不允许销售的,直播团队应注意规避。此外,直播间运营者还需核查直播主题及销售资质的合规问题(扫码进行拓展阅读)、直播销售农产品是否存在质量纠纷、商标侵权及不正当竞争等农产品直播销售法律风险。李明结合所学对自己所带货产品进行了合规检查,去除了存在法律风险隐患的商品。

阅读:《上海市网络直播营销活动合规指引》中关于直播带货主体和商品及服务合规要求

4. 步骤四:查看市场数据

直播团队可以借助专业数据平台如"新抖数据""飞瓜数据"等查看目标商品的市场数据,重点参考直播转化率、正在购买人数等指标。直播转化率即商品销量和商品关联直播访问量的对比,这个数据能够帮助直播团队判断目标商品的市场需求有多大。正在购买人数能够较为准确地反映直播间用户对于该商品的兴趣。一般选择直播转化率高和正在购买人数多的商品进入直播间。李明结合门店新近的产地直销的农产品清单(扫码获取相关产品信息),查看相关专业数据平台,选择直播转化率和购买人数双高的产品为本次带货的商品(商品:_____)。

阅读:合规后的李明门店产地直销农产品清单

5. 步骤五:规划直播排品

根据二八法则,20%的商品一般能带来 80%的销量。直播团队的甄选目标是要尽可能地发掘出畅销的 20%的商品。在这个筛选过程中,直播团队的专业程度决定筛选结果。直播间产品一般按照引流款、福利款、利润款和主推款进行分类。

引流款目的在于刚开播吸引用户,增加客户留存率,适用于账号起步阶段。引流款具有普适性、大众接受度更高、成本低的特点,价格非常低,几乎不赚钱。比如"1元秒杀""9.9包邮"。刚开播的时候,很多主播都会上架大批量的引流款产品,这属于低价引流产品。

福利款产品主要是起到承接引流款的作用,带动互动频率,增加用户黏性。在提高访客 UV 价值的前提下,和引流款的价格不会差太多,可以有效避免换选品时直播间掉人气的问题。福利款要选择同行爆款或性价比高的款式,基本上不赚钱,这在抖音的一些大主播直播间常见。

利润款的产品就是正价商品,目的是为直播间赚取利润,带动交易指标。所以,产品质量一定要好,价格不能太高,偶尔配合一些促销玩法,如打折、优惠、满减等。

主推款顾名思义即定价偏高的商品,可以使账号的用户标签更精准。在一场直播中,可以反复进行主要介绍、讲解包装,进一步吸引用户兴趣,从而促进成交。一般是指品牌货、联名款,或是话题性的爆款、新品、明星同款等,能够让直播间粉丝产生兴趣,也有利于主播为直播间宣传。

直播带货,人、货、场是其底层逻辑。货在其中,更是重要基础。选品,在很大程度上直接决定了直播间的销量,需要有非常严格的标准和复杂的筛选流程。只有符合畅销品、市场渗透率高、有价格优势、好演示、使用体验好、新奇特这六个特点的商品,才能进入选品池。

李明在入选的带货商品名单里,根据"乡村有好物"直播主题,参考品牌、产品、价格、用户四个维度,确定引流款、福利款、利润款和主推款产品,并将结果记录于表 11-4 中(扫码观看微课)。

表 11-4 乡村有好物直播产品

产品定位	产品	品牌	供应商	价格	备注
引流款					
福利款					
利润款					
主推款					

微课:跟着网红主播学直播选品

知识链接 11-1　　选品直播选品注意事项

CEO 黄贺曾在某次采访中总结出老罗带货直播间的一个选品规律:一场直播,食品占到 30% 左右,日化、日用百货占到 30% 左右,数码家电占到 20%,新奇特产品占到 20%。究其底层逻辑,主播在选品时,通常会考虑四个维度:品牌、产品、价格、用户;并根据直播节奏,安排产品上播顺序,最终确定引流款、福利款、利润款、主推款等品类进入直播间。

1. 直播选品与账号定位属性相关联

我们常常说,视频内容要与账号定位垂直,系统才会根据垂直内容贴上精准标签,将视频推荐给更精准的粉丝。直播选品也一样,账号如果主攻美妆,直播带货选品尽量选择美妆相关产品。

选品团队可以借助抖音后台数据或者飞瓜数据等第三方工具了解播主的粉丝性别、年龄、地域分及星座布情况,通过对粉丝画像解读,从而明确自己账号的目标用户画像。根据这些需求,及时补充产品品类,满足粉丝需求。

2. 选择亲自试用过的产品

自己使用过产品，才能知道它到底是不是一款好产品，是不是适合粉丝消费群体需求，有哪些特性，该怎么使用，直播时怎么去给粉丝讲解和推荐。例如，卖一款洗面奶，需事先知道这款产品适合油皮还是干皮，自己是什么肤质，使用后是什么感觉，身边其他肤质的人使用后是什么感受，粉丝对洗面奶有哪些需求，这款洗面奶能否满足他们的需求。这些都需要亲测过后才能得出结论，才能在直播间根据实际使用感受，向观众、粉丝推荐产品，产品才会更有说服力。

3. 选择高热度直播带货产品

与发视频蹭热点的逻辑一样，直播带货产品的选择也可以蹭热度。例如，端午节要吃粽子，中秋节要吃月饼，夏天的小风扇，冬天的暖手宝，又或者是当下某个时间网红、明星带火的某款产品，都是我们可以蹭热度的产品。可以根据短视频数据分析工具上的抖音热门产品排行榜以及抖音人气好物榜来确定直播带货选品。

4. 选择高性价比产品

不管是哪个平台，高性价比低客单价的产品都会在带货中更占优势。例如，有主播直播时强调，给粉丝"全网最低价"等。

三、撰写直播脚本

完成选品后，主播需要尽可能熟悉直播中所要销售的商品，策划及撰写直播脚本，设计直播话术。撰写直播脚本可以理解为直播内容的策划方案，是直播团队通过结构化、规范化及流程化的说明，为主播在直播间的内容输出提供线索指引，以确保直播过程的顺利进行及直播内容的输出质量。确定好主题后，可以将整个直播分为不同的阶段，再设计每个阶段需要做的事情。

1. 步骤一：确定直播流程

直播活动的整场脚本是依据直播活动的流程而撰写，一般分为直播开场、商品展示介绍、互动及直播收尾等环节。

（1）预热开场。直播开始之前，助理要先在直播间进行测试，然后进行暖场，可以来一些欢快的音乐，慢慢引动直播间的氛围。等到直播开始的时候，可以先做一波活动，活跃一下氛围。活动的方法有抽奖、福利、优惠券、低价商品、限购或者限量商品等。最常见的就是抽奖，瞬间刺激观众进入状态。等到预热结束后，粉丝已做好了准备，就可以开始直播了，先进行今日直播的预告，对各个时间段要安排的内容和产品做一波预告，方便那些不能看完整直播的用户，能对产品清单有一个了解。

（2）商品展示介绍及互动。刚开始直播时，要把握节奏，除了基本款产品，还要放一些爆低价品，前期要做好直播间引流。介绍几款产品之后，就可以做一波活动。可以是抽奖，也可以是互动小游戏。一来可以缓解一下粉丝高强度刺激兴奋的状态，二来可以借着活动再为直播间带来一波流量。然后，给粉丝介绍正常价格但用户反馈不错的产品，满足部分用户的需求。接着，低价促销产品、爆款产品、限时限量产品等不同类型的产品相结合，最大程度地满足更多用户的需求，让他们在直播中获得满足感。

（3）直播收尾。在直播临近结束时，可以进行最后一次促单，然后表示感谢，并预告下一场直播活动的时间及内容安排。

李明结合所学，参考脚本样例（扫码查看样例），制定了"乡村有好物"的直播活动的整场脚本，并记录于表 11-5 中。

阅读：直播活动整场脚本样例

表 11-5 "乡村有好物"直播活动整场脚本

直播活动概述					
直播主题	乡村有好物				
直播目标					
团队人员					
直播时间					
直播活动流程					
时间段	流程	主播	助理	客服	备注

2. 步骤二：设计商品介绍话术

直播间的商品介绍是直播营销变现的重要手段。商品介绍并不是主播简单地介绍商品是什么，而是需要根据用户的心理需求，使用一定的话术，打动用户，促成交易。

微课：诚信带货，青春助农——巧用 FABE 法则，让销量翻倍

FABE 法则是在销售领域经常用到和提及的一种商品介绍方法。随着直播带货的发展和兴起，FABE 法则也被越来越多地运用到直播带货的过程中。FABE 法则，即属性、作用、益处、证据的法则。FABE 对应是四个英文单词：feature（属性）、advantage（作用）、benefit（益处）和 evidence（证据）。主播按照这样的顺序介绍商品，对说话的内容进行排序，让用户信任主播介绍的商品并达成交易。FABE 法则的逻辑即为"因为……（属性），所以……（作用），这意味着……（益处），请看……（证据）"（扫码观看微课）。

feature 介绍产品的属性、特性等最基本功能，它是如何用来满足用户的各种需要的，如实物产品的材质、外观、颜色、尺寸等。要深刻地发掘自身产品的潜力，努力去找到竞争对手们忽略的特性。

advantage 代表由这特征所产生的优点，即（F）所列的商品特性究竟发挥了什么功能，是向顾客证明购买的理由即卖点：与同类产品相比较，列出比较优势。一言概之，即我们的产品怎么好，人有我精。如视频里所说的独立包装携带方便，不仅适合办公室充饥也适合野炊郊游，拥有雪媚娘加持的香酥软糯的四层用料能带给你丰富的口感体验，这就是所谓的 A。

benefits 指的是产品的优势能给顾客带来的好处,可以是为用户解决问题的功能利益,也可以是使用产品后获得愉悦体验的情感利益,还可以是使用产品后产生的省钱、赚钱及保值或增值的经济利益。诸如视频里所介绍的产品的丰富口感能给消费者带来享用美食后的愉悦心情,产品独立包装的好处是干净卫生,使用及携带方便便于平时保存,能方便单人多次少量使用或多人分享,都是我们说的 B(扫码进行拓展阅读)。

阅读:产品经济利益卖点提炼话术参考样例

evidence 就是怎么证明这些产品功能、特性、优点以及能带给顾客利益的真实性。比如,直播中展示技术报告、产品说明书、认证报告、顾客反馈,乃至现场演示或是品牌效应等一系列证据。有时候品牌的名人效应也是 evidence,比如,明星代言人也用了同款等。

李明参考样例(见表 11-6),按照 FABE 法则,对"乡村有好物"直播中的所有农产品进行了卖点提炼,并将结果填写在 11-7 中。

表 11-6 某品牌蛋黄酥卖点提炼

法则	举例
feature(属性)	独立包装,特别添加雪媚娘皮的四层用料
advantage(作用)	独立包装携带方便,不仅适合办公室充饥,也适合野炊郊游;拥有雪媚娘加持的香酥软糯的四层用料能带给你丰富的口感体验
benefit(益处)	干净卫生,使用及携带方便,便于平时保存,能方便单人多次少量使用或多人分享;产品的丰富口感能为给消费者带来享用美食后的愉悦心情
evidence(证据)	产品曾获许多世界食品大奖

表 11-7 产品卖点

商品名称	feature(属性)	advantage(作用)	benefit(益处)	evidence(证据)

3. 步骤三:撰写单品脚本

在确定整场直播流程后,还需要为每个单品撰写单品脚本。单品脚本内容包含商品的品牌介绍、商品的功能和用途、商品价格等内容。在一场时长为 2~6 小时的直播中,主播需要讲解推荐多款商品。因此,单品脚本需要以表格的形式罗列多款商品的特点和利益点,李明结合所学,参考单品脚本话术设计样例(扫码获取样例),撰写了本次直播的单品脚本,并将结果记录于表 11-8 中。

阅读:超市单品脚本话术参考样例

表 11-8 单品脚本

序号	商品名称	商品图片	品牌	商品卖点	使用场景	市场价	直播价	优惠模式	备注

四、搭建直播场景

测一测 11-1

阅读：户外直播场地布置经验分享

在直播方案撰写完成并传达到相关负责人后，即可进入直播场地的选择与布置阶段。

1. 步骤一：选择直播场地

以营销为目的的直播场地，一般可以分为室内场地和室外场地。室内场地，即主播在室内进行直播。直播团队可以在办公室、店铺、住所、会议厅等地方搭建直播间。室外场地，则是主播在公园、商场、广场、景区、农田等室外场所直接进行直播（扫码查看经验分享）。

直播带货团队可以根据商品场景选择直播场地，包括商品的生产场景、购买场景、使用场景等。如带货农产品主播可以选择原产地进行直播，效果更好。还可以根据现场人数和直播内容确定场地大小，直播带货团队可以选择 20～40 平方米的房间作为室内直播场地。

本次"乡村有好物"直播选择室内场地。

2. 步骤二：布置直播场地

直播场地的布置一般是指直播间的布置。直播间是一场直播传达视觉形象的重要途径。风格定位与用户需求、商品特点高度契合的直播间，更有助于提升用户对主播及直播间的好感度。如图 11-1 所示某直播间布置。

图 11-1 某直播间布置

直播间的布置主要包括直播间的空间布局、直播间的背景装饰及直播间的光线布置3个要素。

（1）直播间的空间布局。直播间的空间布局是直播带货团队按照直播画面的需要设定的。一般可以将直播间分为背景区、主播活动区（包含商品展示区）、硬件摆放区及其他工作人员活动区。主播要站在最合适的位置，既使主播的脸部在直播画面中能够被清晰地呈现，又不能距离摄像头太近，使直播画面更具层次感和立体感。

（2）直播间的背景装饰。直播间的背景装饰需要符合直播的主题及主播的人设。直播团队可以使用背景颜色、装饰点缀、置物架等来装饰直播间的背景。如在节日期间进行直播，可以适当地布置一些与节日气息相关的物品，或者为主播搭配符合节日主题的妆容和服装，以吸引用户的注意力，提升直播间人气。

（3）直播间的光线布置。合适的光线能够提升主播的整体形象，从而起到提升商品展示效果的作用，为直播营销锦上添花。一般情况下，直播间的光照布置以软光为主，有助于打造直播间温暖、明亮、清新的感觉。其次，选择冷光源的LED灯为主灯。冷光会让主播的皮肤看上去更加白皙、透彻，更加适合化妆品等类目带货。第三，直播间前置的补光灯和辅灯应选择可调节的灯，且功率要大。这样在直播过程中，主播可以自主调节光源强度，将灯光效果调整到自己最满意的状态。第四，选择合适的布光效果。要打造有温馨感觉的直播间，可以使用暖光，暖光的光谱成分接近太阳光。利用暖光呈现出来的物体更为自然，能够给人一种亲切、温暖的感觉。要展示商品的科技感和现代感，可以使用冷光，冷光的色调都以蓝色为主，给人一种冷静、理性的感觉（扫码观看动画）。

动画：小场景常见三灯布光法

素养课堂　乡村振兴，抖音在行动：丽江石榴哥的故事

丽江石榴哥，原名金国伟，抖音扶贫达人。因2018年在街头叫卖石榴被游客拍下，流利幽默的口语让他"石榴哥"走红网络。

1. "丽江石榴哥"助力2021年中国农民丰收节

网红"丽江石榴哥"与丽江市农业农村局携手，在丽江古城玉河广场进行网络直播专场（宣传）推介会，为丽江助农事业共同助力，如图11-2所示。

图11-2　直播推介

作为抖音700万+粉丝的大V，石榴哥自带的流量将无疑为丽江农特产品的推介添砖加瓦，让丽江优质农产品走得更远、更好、更快，让丽江农民增收致富、享受丰收的喜悦。

此次直播，石榴哥还精选了系列优质农产品进行直播——丽江雪桃、玉龙小黑腊排骨、丽江华坪凯特芒果、芒果干、丽江羊肚菌、黑松露酱。此次直播观看人数达16万人次，直播带货36万元，点赞14万人次，农民丰收节丽江分会场相关视频总浏览量200万人次。

2. "山货上头条"助力地标农产品打造品牌

据《2022丰收节抖音电商助力乡村发展报告》显示，过去一年共有28.3亿单农特产通过抖音电商出村进城，卖向大江南北。为了更有针对性地开展助农活动，抖音电商"山货上头条"溯源农产区，一年内重点覆盖8个省份146个县市，以专项扶助、培训指导、长期规模化运营等方式帮助农货商家及新农人优质经营，扶持了69个地标农产品产业化发展。"山货上头条"助农话题累计被点赞、评论、分享了近9 000万次。

在"山货上头条"的定向扶持下，贵州都匀毛尖在抖音电商的销量同比增幅高达1 082%，重庆火锅底料、云南普洱茶、四川会理石榴和湖北来凤藤茶同比增长也分别达到了899%、832%、721%和532%。

扎根在田间地头的新农人们，成为推动乡村发展的坚实力量。在湖北恩施，燕窝湾村第一书记徐志新做起了助农主播，推广罗田板栗、红安苕、茶叶等农产品，月销达600多万元；四川泸州的吴秋月将一块小小高山萝卜干做到月销十多万斤；@张同学转型电商，希望大众关注到的不仅是他一个人，还有家乡的农特产和企业；"95后"的田小宇在福建大山里卖菌菇，带动了村里其他菌菇种植户收入翻番；不惑之年扎根大西北，李春望把优质的猕猴桃、红枣、苹果带给了更多人。

资料来源：根据网络资料整理，有删改

任务评价

通过学习本任务的操作，请学员检查自己是否掌握了所学内容，如表11-9所示。

表11-9 直播前准备学习评价表

评价内容	分 值	评 分
1. 掌握直播带货核心岗位职责，搭建直播团队	20	
2. 熟悉直播间选品的流程，能合理规划直播产品	30	
3. 掌握直播脚本内容，能撰写直播脚本	30	
4. 根据产品特点，搭建合适的直播场景，完成直播前准备，将"扎根中国地，爱农、助农"的情怀深植于心	20	
总　　分	100	

 任务拓展训练

1. 请为"乡村有好物"撰写一份室外直播场景搭建方案。
2. 请为李明超市"双11"撰写一份直播方案,内容包括确定直播活动主题、选品规划及场景搭建等。

任务二 直播实施

 学习目标

1. 掌握直播开场策略,设计高效的直播开场;
2. 掌握直播间互动技巧,设计直播间互动活动,维护直播人气;
3. 掌握报价促成交话术设计法,及时完成报价促成交,提升销售额;
4. 培养诚信守法的意识,营造积极健康的直播环境,推动直播业健康发展。

 情景导入

李明的超市完成了"乡村有好物"直播策划工作,马上进入直播实施。那么,实施中要如何开场、直播互动、报价促交,才能积聚人气,引导下单?

 任务分析

直播开场是直播的重要环节。主播根据直播方案进行现场直播,可以选择提出问题、直白介绍等开场策略。主播按照直播流程完成开场后,需要负责直播间的用户关注引导、促销活动引导、介绍商品、展示商品、直播间气氛营造、解答用户疑问等;在直播过程中需要制造话题、发放福利、抽奖等互动方式维持直播间人气;运用锚定价格等方法促进交易。

 任务准备

为了更好地达到实训目的,需要做如下准备:
1. 直播脚本;
2. 样品道具。

 任务实施

一、学习直播开场方法,设计直播活动开场

开场是直播的重要环节,是决定用户是否会留下来的关键时间段,即使是简短的开场,也需要调动直播间的气氛,否则主播将无法在后续的直播中取得良好的效果。一个

11-13

良好的开场是展示主播风格、吸引用户的关键(扫码观看实操微课)。

1. 提出问题

开场提问是在一开始就制造参与感的好方法。一方面,开场提问可以引导观众思考与直播相关的问题;另一方面,开场提问也可以让主播更快地了解本次观众的基本情况,如观众所处地区、爱好、对于本次直播的期待等。

如"大家好,欢迎来到××的直播间!大家觉得猕猴桃和奇异果是不是一种东西?"等大量粉丝参与讨论之后,我们可以告诉他们:"猕猴桃原产于我国,但由于早期的猕猴桃品种味道过于酸涩,因此国内几乎没有人吃。新西兰人将我国猕猴桃品种带回他们国家加以改良之后,冠以奇异果的名称在全球销售。后来中国人也改良了猕猴桃品种,开发出许多味道非常好的品种,但国内依然将这种水果叫猕猴桃……"

2. 直白介绍

可以在直播开场时,直接告诉观众直播相关信息,包括主播自我介绍、直播主题介绍、直播大约时长、本次直播流程等,还有一些吸引人的环节(如抽奖、彩蛋、发红包等),促进观众留存。

如某直白介绍开场:"大家好!欢迎来到××直播间,我是主持人倩倩。现在我们正在××超市,为大家带来大约一个半小时的直播。××是今天第一个进入直播间的人,所以我会送给他一个小礼物,不成敬意。欢迎大家持续关注!"

3. 抛出数据

数据是最有说服力的。主播可以将本次直播要素中的关键数据提前提炼出来,在开场时直接展示给观众,用数据说话。适合用于专业性较强的直播活动,第一时间令观众信服。这些数据要制造强烈对比,数据要真实可靠。当然不仅仅是数据,产品质量也要符合国家要求,不要出现辛巴假燕窝类似的事情。

如"世界板栗看中国,中国板栗看罗田。罗田位于大别山南麓,北纬30°。罗田板栗是国家地理标志产品,家家户户都有种植,全县共种植面积100多万亩。"其中,"北纬30°"突出产品地理位置优势,"100多万亩"突出原产地种植优势。

4. 故事开场

通过一个开场故事,带着听众进入直播所需场景,能更好地开展接下来的环节。

主播可以说:"小时候家里杀了猪,妈妈用砂锅在炉火上炖猪肉,我就在旁边等啊等,香味越来越浓,馋虫一个劲儿地在身体里乱窜,那种感觉是超市里的普通猪肉不能给你的。"如此生动的描述可以让粉丝进入预设的情境,激发其购买欲望。

5. 道具开场

开场道具包括企业产品、团队吉祥物、热门卡通人物、旗帜与标语、场景工具等。其中,场景工具根据直播内容而定,如图11-3所示。例如知识分享直播,可以借助书籍作为场景工具;户外运动直播,可以加入足球、篮球等作为道具。

如"我们村后面有条河,这时候正是河里的鱼最肥的时候,要是能抓一些来吃,简直美得很。不过,要去那条河的话,要经过一片竹林,所以,我今天出发的时候,带了捕鱼的篓子……"这时候可以借助背景视频,或者捕鱼篓子,或者主播田园装扮等道具,让粉丝进入主播描述的美好田园生活中,激发其购买欲望。

图 11-3　直播道具

6. 借助热点

上网的人,尤其是参与直播的观众,普遍对于互联网上的热门事件和热门词汇有所了解。直播开场时,主持人可以借助热点,拉近与观众之间的心理距离。

比如"在金庸的小说《天龙八部》中,乔峰在黄杏林里大展神威,粉碎了手下造反的图谋。今天,我就带大家看看杏林。现在正是杏子成熟的时候,一定很好看。"

学习了提出问题、直白介绍等六种开场话术,李明为"乡村有好物的直播"直播开场分别设计不同开场话术,并召集营销部讨论,确定最后的选用,相关结果记录于表 11-10 中。

测一测 11-2

表 11-10　"乡村有好物"直播开场话术

开场方式	话术	是否采用
示例:借助热点	在金庸的小说《天龙八部》中,乔峰在黄杏林里大展神威,粉碎了手下造反的图谋。今天,我就带大家看看杏林。现在正是杏子成熟的时候,一定很好看	否

二、掌握直播互动技巧,维持直播间超高人气

在直播间里面,主播更像一个组织者,需要和粉丝互动,让粉丝和粉丝互动起来。互动可以增加粉丝的参与感和获得感,增强粉丝的黏性。只有这样,直播间的气氛才能

热烈起来，粉丝才会把直播间当成自己的根据地。

1. 设计小环节，让新粉丝参与进来

一定要根据自己的直播特点，设置一些能够让粉丝参与进来的小环节。设计互动环节时，一定要遵循公平公正的原则，千万不要有所偏向。如果在互动环节进行"暗箱操作"，就会引起粉丝的反感，得不偿失。同时，让尽可能多的粉丝参与进来，才能让直播间拥有良好的氛围，进一步增强粉丝的黏性。这些小环节可以是抽奖、派发福利等。

例如，在与粉丝互动时，可以这样说："大家记住几个公式，葡萄等于橘子，西瓜等于草莓，苹果等于荔枝。待会我会拿出葡萄、西瓜、苹果这三种水果中的一种，你们看到之后要立刻留言，给出对应的水果名称。前三位给出正确答案的粉丝，我会赠送你们一箱苹果，包邮哦！"

2. 粉丝中途入场，要把他们拉入话题讨论

在直播的过程中，会有很多中途入场的粉丝。粉丝中途入场之后，如果发现主播还在喋喋不休地和最开始进入直播间的那些粉丝说着一些后来者根本听不懂的笑话，就会感觉自己受到冷落。如何让这些中途入场的粉丝不会产生隔阂感，不觉得自己是个外人，是我们需要思考的重要问题之一。如某主播在直播过程中发现有粉丝中途入场，一定会特意说一句："欢迎×××来到我的直播间，你来得正是时候，因为我们的直播到了最关键的时刻……"后来，他的粉丝越来越多，他根本来不及一个一个报粉丝的名字。每隔一段时间，他都会说："有很多粉丝刚刚进入我们的直播间，可能不知道之前发生了什么，我现在就给大家简单回顾一下刚才的内容……"通过这种方式，让每一个进入直播间的观众都获得了一定的存在感，粉丝对他的直播更有兴趣了。

李明学习了直播间互动技巧，为"乡村有好物"直播活动设计直播互动环节，如表 11-11 所示。

表 11-11　设计直播互动环节

时间段	流程	主播	助理	客服	备注
示例： 20:00—20:03	福利抽奖	介绍奖品及抽奖规则，引导参与	介绍参与抽奖的方法	收集获奖信息	奖品数量、名称等

注：请参考示例，将表格填写完整。

知识链接 11-2　　直播互动小技巧

1. 制造话题，引爆粉丝参与互动

在开展直播之前，主播应为直播准备三四个话题。在准备话题时，要避免一些较敏感的话题。可以选择一些轻松但有讨论点的话题，可以在愉悦的氛围中把直播间的热度调动起来，也能够让粉丝更加积极地参与到话题的互动中。华农兄弟在直播中制造了很多话题，如"找理由吃竹鼠""村霸"等。2020 年以前，华农兄弟的主业是竹鼠养殖。为了推销自己的竹鼠，他们经常在镜头前为大家展示竹鼠的烹饪方法。这本来是一件

很平常的事情,华农兄弟却以特殊的方式制造了不少热点话题。华农兄弟在吃竹鼠之前总要找一些奇怪的理由。例如,这只竹鼠中暑了,这只竹鼠受了内伤,这只竹鼠太能吃了,这只竹鼠抑郁了,等等。久而久之,粉丝们就开始猜测,下一次华农兄弟要以什么理由去吃自家的竹鼠。这逐渐成了一个非常热门的话题。

2. 多看评论,耐心回答粉丝的问题

在直播的过程中,主播也要随时注意粉丝的评论,及时解答粉丝提出的问题,不能只注重推销产品,而不关注粉丝的反馈。当直播间人数过多时,主播很难及时看到每一位粉丝的提问,这时就要有重点地挑选并回答粉丝询问较多的问题。

3. 你问我答,开放式问题引导粉丝参与

主播可以向粉丝提出一些开放式的问题,给粉丝自由发挥的空间,以此引导粉丝与主播进行互动。主播可以向粉丝询问"怎么做""为什么"等一系列问题,让粉丝积极地给予主播反馈。

4. 派发红包,快速聚集人气

主播在直播间派发红包,可以让用户看到具体的、可见的利益,是聚集人气、激发互动气氛的有效方式。在正式派发红包之前,主播要告诉用户,自己将在5分钟或10分钟后准时派发红包。到约定时间后,主播就要在直播间发红包。主播可以与助理一起,为派发红包开启一个倒计时,以增强活动的气氛,同时也可以让用户产生领取红包的紧张感。

主播在直播间除了发放现金红包以外,还可以发放口令红包。口令红包是指主播在红包中设置口令。口令一般是商品品牌的广告语,用户需要输入口令才能抢到红包,这样可以增强用户对品牌的记忆。

5. 送福利,让用户在直播间停留

送福利也是主播在直播间常用的互动技巧。送福利的首要目标是让用户在直播间停留,激起直播间的互动氛围;其次才是吸引用户关注直播间并产生购买行为。主播可以在直播间发起3种形式的送福利:连续签到送福利、回答问题送福利、点赞送福利。

资料来源:根据《农产品直播卖货超级口才训练》《直播营销》等内容修改。

三、熟悉报价促成交方法,设计报价促交话术

在直播带货的过程中,主播要时刻把握消费者的心态,明确消费者的诉求。主播并不是单纯地将产品的价格报出来就可以了,而是要充分满足消费者追求实惠的心理。主播需要使用一些报价技巧让消费者感觉到产品价格的实惠。同时,主播也要了解报价的注意事项,避免走入报价误区(扫码观看实操微课)。

微课:诚信守法,三招玩转报价促交攻心计

1. 锚定价格

为产品设定一个可供参考的更高价,利用产品的价格对比,让消费者感受到产品在直播中的销售价更加优惠,促使消费者下单。锚定价格是商家常用的一种报价促交方式。例如,某次直播中,主播在介绍完产品后就直接报价,3~4斤的金枕榴莲一个102元,消费者会觉得价格是不是过高了。但主播在报价前先报了一个现在同质的金枕

榴莲市面零售定价是33.8元/斤,3斤9两左右的榴莲就要134.5元;打特价的话,29.9元/斤,那么3斤9两左右的价格是119元。而直播间现在只要102元。通过主播报出的价格对比,消费者能直观感受到现在价格的优惠,在这购买才更划算,于是便会欣然下单。

2. 采用大牌平替款设置诱饵项

当产品存在价格竞争优势时,主播可以通过为产品设定锚点价格的方式让消费者了解到产品的价格实惠。但当产品在价格方面不存在竞争优势时,主播要想让消费者迅速认识到产品的价值并愿意购买,则不妨寻找一些同类的大牌产品与自己推销的产品进行对比,让自己推销的产品成为大牌平价替代款。

例如,某次直播中,某主播将淘宝心选中的白牌口红的使用效果和大牌口红使用效果进行对比,通过多次强调其与大牌口红不相上下的质量和功效,让消费者感受到其价格远低于大牌产品的价格的友好。主播以高性价比为卖点,激发了注重性价比的消费者的购物热情,使消费者在大牌效应和高性价比的双重刺激下迅速下单。

值得注意的是,当自己带货的产品与大牌产品的质量或功效相差太多时,就断不能使用,否则就会失去消费者的信任。所以在报价前,我们要以事实为据,找到自己带货产品能替代大牌产品的优势点。

3. 拆解法

虽然产品价格在同类产品中不占优势,但可以在报价前,抓住目标消费者的痛点,通过充分讲解产品的优点,让消费者明白产品的价值,让其对产品产生期待。消费者对产品的期待值越高,对价格的接受度就越高。这时再抓住时机报出价格,就能让更多消费者愿意购买。例如,某主播在介绍欧莱雅小黑瓶肌底精华时,就依次列出了它的数个优点:一是欧莱雅十年的结晶产品,二是拥有十几项专利,三是拥有大牌也有的肌肤抗老成分。最关键的是主播自己的母亲都在用,所以这样的产品是不是难免心痒要下单了? 主播只需要抓住时机报出价格,就能让更多消费者愿意购买产品了。

李明结合所学,用拆解法为直播间农产品设计促成交话术,其结果记录于表11-12中。

表11-12 促成交话术

商品名称	选用方法	促成交话术

素养课堂 北京市市场监督管理局曝光一批直播营销领域违法案例

2023年,北京市市场监管部门紧密围绕"增进民生福祉,提高人民生活品质"工作要求,扎实推进接诉即办"每月一题"直播带货虚假宣传治理,组织开展"铁拳行动""骄阳行动""守护行动""互联网虚假违法广告整治""直播营销行业乱象整治"等专项执法工作,严厉打击在直播带货中的违法行为,切实保障消费者合法权益。现选取部分案例予以曝光。

1. 北京加喜文化传媒有限公司虚假宣传案

经调查,北京加喜文化传媒有限公司在对其销售的酒水进行直播带货时,宣称"全球限量发行,在1915年巴拿马万国博览会一万多种酒中获得金奖,年销售量突破2亿"等,与实际不符;当事人售卖金六福并以五粮液作为赠品时,展示的是市场价较贵的浓香型五粮液酒,而实际赠送的是市场价较低的尊耀酒,并且虚构线下门店予以展示。当事人的上述行为违反了《中华人民共和国反不正当竞争法》《规范促销行为暂行规定》等有关规定。2023年3月23日,北京市市场监管局依法对北京加喜文化传媒有限公司作出罚款95万元的行政处罚。

2. 北京花后厨具有限公司虚假宣传、价格欺诈案

经调查,北京花后厨具有限公司在直播带货时使用"大礼包还剩最后X单现货""大礼包没有了"等宣传话术,向直播间内观众传递赠品所剩不多的不真实信息,并虚构商品原价,营造虚假优惠折扣假象,诱导消费者下单购买。当事人的上述行为违反了《中华人民共和国反不正当竞争法》《中华人民共和国价格法》《明码标价和禁止价格欺诈规定》等有关规定。2023年5月31日,北京市通州区市场监管局依法对北京花后厨具有限公司作出罚款25万元的行政处罚。

3. 红人库(北京)文化传媒有限公司虚假宣传案

经调查,红人库(北京)文化传媒有限公司在直播带货过程中销售的"天美健"牛初乳冻干粉固体饮料为普通食品,却在话术中提到"增强抵御力""性能用途超过药品"等,对商品的性能、用途作出引人误解的虚假宣传。当事人的上述行为违反了《中华人民共和国反不正当竞争法》有关规定。2023年5月12日,北京市海淀区市场监管局依法对红人库(北京)文化传媒有限公司作出罚款10万元的行政处罚。

资料来源:北京市市场监督管理局,有删减。

任务评价

通过学习本任务的操作,请学员检查自己是否掌握了所学内容,如表11-13所示。

表11-13 直播实施学习评价表

评价内容	分值	评分
1. 掌握直播开场策略,设计高效的直播开场	20	
2. 掌握直播间互动技巧,设计直播间互动活动,维护直播人气	30	
3. 掌握报价促成交话术设计法,及时完成报价促成交,提升销售额	30	
4. 培养诚信守法的意识,营造积极健康的直播环境,推动直播业健康发展	20	
总　　分	100	

任务拓展训练

观看直播带货实训中录制的直播视频。在带货过程中,直播互动和商品介绍话术同直播脚本有什么差距?分析总结其存在差距的原因。

任务三 直播复盘

 学习目标

1. 理解直播数据复盘分析的常用指标内涵;
2. 掌握二次推广方法,设计直播视频二次推广;
3. 掌握降低退货率的方法,提出有效措施,降低直播退货率;
4. 培养精益求精的工匠精神,不断复盘优化,提高直播间转化率。

李明完成了"乡村有好物"直播。直播后进行复盘工作,回顾目标。描述过程发现问题,分析原因并总结经验。运营拟剪辑直播视频进行二次推广,并提出降低退货率改进措施。

 任务分析

直播后,运营团队负责统计直播销售数据并开展数据分析,按照回顾目标、描述过程、分析原因、体验经验、编写文档五个步骤进行直播复盘;并对已经发布过的直播视频进行剪辑进行二次推广。前期高退货率导致运营成本增加,提出解决方案。

为了更好地达到实训目的,需要做如下准备:
1. 录制直播带货实训视频;
2. 直播数据;
3. 会议室。

一、直播复盘

直播的结束并不是一场直播活动的终点,直播带货团队还需要进行直播复盘。通过直播复盘,找出直播过程中的不足之处或问题,不断地优化直播过程,提高直播带货成绩。一般情况下,直播复盘可分为5个基本步骤,即回顾目标、描述过程、分析原因、提炼经验、编写文档。

1. 步骤一：回顾目标

目标是否达到，是评判一场直播成功与否的标准。直播团队将直播的实际结果与计划目标进行对比，找出差距。在后续的复盘过程中分析造成差距的原因，探究实现目标的有效方法。

测一测 11-3

2. 步骤二：描述过程

描述过程是为了找出哪些操作过程是有益于目标实现的，哪些操作过程是不利于目标实现的。描述过程是分析现实结果与希望目标差距的依据。描述过程时，可以从直播前准备开始说起，按照工作推进的过程，分阶段地进行文字记录，真实、客观、全面、完整、细节丰富地再现直播带货过程。

在描述过程时，直播团队需要对直播数据进行分析。但一场直播营销活动往往会产生很多数据，如直播时长、用户停留时长、用户互动数、用户增长数、商品点击率等。这些数据往往反映了一些问题。我们究竟应该分析哪些常用指标呢？

直播团队基于查找问题、优化内容和运营等目标，需要通过直播平台账号后台来采集数据，对采集的数据进行核对修正、整理加工，以方便后续的分析。最常用的分析数据的方法是对比分析法和特殊事件分析法。直播团队常用的四种数据指标，即用户画像数据指标、流量数据指标、互动数据指标及转化数据指标（扫码观看实操微课）。

微课：直播复盘数据分析怎么做

（1）用户画像数据指标。用户画像数据指标包括用户的性别、年龄、地域、活跃时间（天/周）、来源等。例如，抖音直播平台某主播的用户画像数据如图11-4所示。

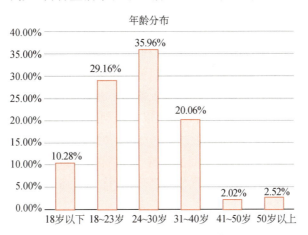

图11-4　抖音直播平台某主播的用户画像数据

在年龄分布上，18～23岁、24～30岁及31～40岁的用户占比较高，这部分用户可能更偏爱有时尚感的商品，且消费能力也普遍较高。

（2）流量数据指标。流量数据指标包括观看人数、新增粉丝、人气峰值、转粉率（新增粉丝数/观看人数）、平均在线、本场点赞、本场音浪、送礼人数等方面的数据。直播团队可以根据流量数据出现波动的时间节点分析数据波动的原因，从而优化直播间的引流方案和互动方案。一般情况下，直播团队通过第三方数据分析工具可以采集到这些数据。例如，第三方数据分析工具"灰豚数据"汇总的某知名主播直播间的人气数据如图11-5所示。

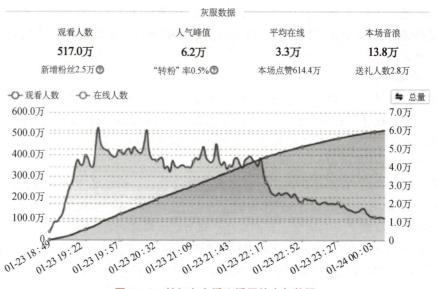

图 11-5　某知名主播直播间的人气数据

(3) 互动数据指标。互动数据指标是指用户在直播间的互动行为数据。互动行为主要包含点赞、评论、分享和关注等。互动用户数占直播间用户访问数的比例,即为本场直播的互动率。

(4) 转化数据指标。转化数据指标是指引导成交的数据。在淘宝直播平台,转化数据指标主要包括两项内容,即商品点击次数和引导成交金额。其中,商品点击次数是指用户点击直播商品进入详情页及直接将直播商品加入购物车的总数据。引导成交金额是指用户通过直播间的引导把直播商品加入购物车并且支付成功的总金额。

如果商品点击次数过少,直播团队就可以初步判断,主播推荐商品的力度或商品本身的吸引力是不足的,需要找出不足之处,积极改善推荐方法。如果商品点击次数多,但引导成交金额少,那么,很可能是商品口碑、商品详情页或商品定价存在问题,而影响了用户的购买决定。直播团队需要优化选品环节,优化直播间的商品配置,或者优化商品的促销方式。

3. 步骤三:分析原因

分析原因是直播复盘的核心步骤。直播带货团队从"差距"入手,开启连续追问"为什么"的模式。经过多次追问后,找到问题、结果、流程等背后真正的原因,从而找到解决办法。

4. 步骤四:提炼经验

经过分析原因的环节,直播带货团队总结出一些经验和方法,从而解决直播工作中出现的一个问题甚至一类问题,提升直播营销的成绩。

5. 步骤五:编写文档

编写文档是将直播复盘过程中发现的问题、原因,以及得出的经验和改善方法,以文字的形式固化下来,编写在册。

李明结合所学,观看之前直播录制视频后(扫码观看直播录制视频,并查看直播数据),按照直播复盘步骤,完成"乡村有好物"特色主题活动的直播复盘文档编写,填写表11-14。

视频:直播带货录制视频片段

图表:直播带货部分数据

表 11-14　复盘文档

"乡村有好物"直播复盘	
直播时间	
复盘时间	
复盘参与人员	
回归目标	
描述过程	
分析原因	
总结经验和方法	
经验适用范围	

注:建议有条件进行直播带货实训的院校,可据自身直播带货实训中的录制视频及带货数据进行复盘,并完成此表的填写。

素养课堂　北京"亦城工匠"铁维彬:互联网营销道路上的前行者

京东零售平台运营与营销中心平台整合营销部负责人铁维彬说:"我理解的工匠精神就是一股轴劲,对一个行业的热爱,对一项工作的执着,不断追求更好,不断提升,不断完善。"

一说到工匠,大家首先想到的是制造业。实际上,营销工作同样需要弘扬工匠精神,有着4年广告学经历和13年销售经验的京东零售平台运营与营销中心平台整合营销部负责人铁维彬,就是这样一位营销人员,他孜孜不倦追求营销的精心、精准和极致,从完善精细化的市场营销和运营体系做起,从聚焦精品营销战略做起,从构造增值服务营销生态系统做起,做好企业的"营销人",用赤诚的匠心把企业品牌擦得更亮。

2022年虎年春晚,铁维彬担任京东红包互动项目PMO,与京东集团内多部门协同,仅用27天时间,为国内外14亿+华人提供20亿红包及好物春晚互动活动,实现691亿次红包累计互动;2021年,与北京卫视合作打造618沸腾之夜,荣获中国广告节整合营销类金奖;2020年,父亲节短视频《父亲写的散文诗》荣获金鼠标数字营销短视频营销类金奖;2020年,联合央视、北京市商务局及王府井打造北京消费季节启动仪式及直播活动,荣获金鼠标数字营销大事件营销金奖;2020、2021、2022年连续通过京东零售品牌升级、双11晚8点心智打造、春晚项目荣获京东零售集团年度最具价值贡献奖,4月7日,铁维彬获评北京经开区首届"亦城工匠"。

资料来源:工人日报,有删改。

二、二次推广

二次推广是指对已经发布过的直播视频进行再次推广,以提高其曝光度和观众量。通过社交媒体平台分享直播视频链接、剪辑直播视频发布等方法,让更多的人了解和观看,实现销售。

以剪辑直播视频发布为例。

第一步,选择直播过程中的精彩片段,进行剪辑和编辑。

第二步,将剪辑好的视频上传到社交媒体平台上,如抖音、快手、微信等。

第三步,通过社交媒体平台的广告投放功能,投放二次推广的视频。

案例 11-1

东方甄选内蒙古酱牛肉直播带货的二次推广

扫码观看案例视频,并分析其剪辑创意点。

案例视频:东方甄选内蒙古酱牛肉直播带货的二次推广

学习了二次推广步骤,李明为"乡村有好物"直播视频进行二次推广,并将结果记录于表 11-15 中。

表 11-15 "乡村有好物"直播视频二次推广

直播素材选取片段	
剪辑创意点	
剪辑人员	
上传平台	
数据监测	

知识链接 11-3   引流短视频的内容策划

直播片段式短视频二次推广是直播团队常用的引流短视频。直播团队通过拍摄直播的内容片段,介绍直播的商品,吸引用户购买或再进入直播间。引流短视频首先是增加直播信息的曝光量,为直播间引流;其次是增加主播的粉丝量。可以参考以下几种内容形式。

1. 以预告抽奖福利为主的短视频

直播团队可以拍摄一个以预告抽奖福利为主的短视频,时长只需要 15 秒左右。主要是以热情的方式告诉用户,直播间会送什么礼物给用户,呼吁用户光顾直播间抢福利。如果用户对福利感兴趣,就会在指定时间进入直播间。因此,在这种短视频中,福利必须有足够的吸引力,直播团队需要尽可能地设置用户皆知的高价值的福利商品。

2. 符合直播主题的情景短剧类短视频

直播团队也可以根据直播主题策划一个情景短剧。情景短剧类短视频,一般由两人或多人一起表演,来表达一个有感染力的主题,激发用户的痛点,引发用户的情感共鸣,使其主动点赞、评论和转发。可以选择爱情、创业、逆袭、家庭、亲情等主题。

3. 商品测评类短视频

商品测评是以商品为对象进行测评,先"测"后"评"。直播团队通过对某种商品使用体验,或者按照一定的标准做功能性或非功能性的检测,然后分析结果,做出评价,分享给用户,帮助用户从众多商品中筛选出质量有保障、体验感好、适合自己的商品,从而促成消费。

4. 实地走访类短视频

实地走访是指主播亲自到跟商品相关的实际场景中探访与体验,并将过程分享给用户。实地走访类短视频适用于餐饮(即"探店")、旅游、"海淘"商品、农产品等,可以记录饮食的生产场景、景点的实际场景、海外商品的销售场景以及农产品的生长环境,增强用户对直播间商品的信任,引导用户进行消费。

资料来源:蔡勤、李圆圆主编.直播营销:慕课版[M].北京:人民邮电出版社,2021.8,内容有删减。

三、降低退货率

通过直播复盘发现,直播间存在高退货率现象。高退货率不仅会影响到消费者的购买行为,还会影响商家在平台的积分排名,影响后期商家平台的引流效果、转换率及复购率。不仅如此,高退货率还会增加退货的物流成本从而减少企业后期的盈利。如何降低退货率呢?具体实操扫码观看微课。

微课:敬业持守,有持有为,四招教你降低退货率

首先,严把选品质量关,提前验货和亲身体验。选品时要提前验货,提前查看直播商品的质量,并与合作商家商讨商品下单、出货、物流和售后等具体问题,衡量预估粉丝的购买体验,并在这个基础上试用,总结心得体会;然后,把真实的体验告诉粉丝,为粉丝购买商品提供真实可靠的参考意见。

其次,商品介绍时换位思考,针对消费者的个性做出"对症"介绍,诚信带货。

再次,要树立服务意识,售后服务要有耐心。保持良好的服务态度,及时回应粉丝,向粉丝询问退货理由,想办法让粉丝保留商品,并对粉丝进行一些福利引导,尽可能减少退货订单产生。如实在无法挽回,也要尽量给粉丝留下一个好印象,促使二次回购。

最后,精细化管理,严把物流配送关。商家可以在包装上下些功夫,将商品包装得更细致一些,减少运输途中对商品造成损坏的概率。还可以附送一些小礼物,让消费者收到商品时能有一个好心情,这样就会降低直播间商品的退货率。

李明结合所学,针对门店本次带货商品的特点,提出了降低退货率的措施:_____
_____。

 任务评价

通过学习本任务的操作,请学员检查自己是否掌握了所学内容,如表11-16所示。

表 11-16 直播复盘学习评价表

评价内容	分值	评分
1. 理解直播数据复盘分析的常用指标内涵	30	
2. 掌握二次推广方法,设计直播视频二次推广	30	
3. 掌握降低退货率的方法,提出有效措施,降低直播退货率	20	
4. 培养精益求精的工匠精神,不断复盘优化,提高直播间转化率	20	
总　　分	100	

 任务拓展训练

1. 直播间引流有哪些方法?
2. 请思考怎样提升直播间转化率。

项目十二 设计门店智慧仓配

▲ 项目说明

线下门店体验、线上服务提升与物流配送的完美结合产生了新零售。新零售的迅速发展离不开日益完善的新物流体系的支撑。新物流是指门店物流依托云计算、大数据、互联网等先进技术手段,对各个环节进行智能化改造与升级,用自动化操作代替传统的人工操作,提升系统的数据分析能力,能够及时发现问题并加以纠正,加速门店在仓储管理、拣选、配送等各个环节的运营效率。门店要快速回应顾客需求,保证高质高效的物流服务,要充分使用智能化、数字化物流技术,形成新零售业态下的新物流,打造门店智慧仓配。

本项目有3个任务,分别为规划门店仓储布局、设计门店拣配线路、控制门店仓储成本。

▲ 项目目标

【知识目标】

1. 理解前置仓的内涵与模式;
2. 掌握前置仓遴选商品的原则、包装类型和节约里程法;
3. 熟悉前置仓拣配作业流程,鱼骨图分析工具。

【技能目标】

1. 规划前置仓,并运用智能新技术对其进行升级;
2. 对前置仓进行拣选作业设计;
3. 根据订单商品选择合适的包装,并以客户为中心对配送路线进行优化,提高配送效率;
4. 对门店前置仓进行成本核算,并根据不同成本影响原因,制定优化方案。

【素质目标】

1. 培养数字创新思维,激发探索智能新技术的热情,提升运用数字工具和智能新技术解决实际问题的能力;
2. 引导树立可持续发展的观念,对环境、经济和社会协调发展责任感;
3. 培养降本增效的管理理念,通过精细化运营,推动企业高质量发展。

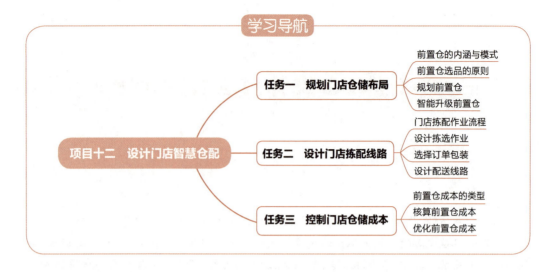

任务一 规划门店仓储布局

 学习目标

1. 理解前置仓的内涵与模式；
2. 掌握前置仓遴选商品的原则；
3. 熟悉前置仓设计流程，规划前置仓；
4. 培养数字创新思维，尝试运用智能新技术进行门店前置仓的升级。

 情景导入

店长李明所在门店开始增加线上业务，需要在现有门店条件基础上，独立设置一块区域建设前置仓，用于满足线上业务需求，提升线上业务的配送效率。李明对门店线下零售业务很熟悉，但是对前置仓的工作一头雾水。店长该掌握哪些知识与技能呢？如何布局规划前置仓呢？这成为店长李明的新难题。

 任务分析

前置仓的设计对于新零售业务的开展起着至关重要的作用，合理规划设计前置仓可以在有效控制成本的同时，提升订单拣选、配送效率。因此，需要明确前置仓运营模式，遴选存储商品，选择合适的存储设备，规划合理的前置仓面积，保障前置仓作业的顺利开展。

 任务准备

为了更好地达到实训目的，需要做如下准备：

1. 超市线上订单数据；
2. 超市商品规格尺寸信息；

3. 预留前置仓的使用区域；
4. 准备仓储货架与装卸搬运设备。

任务实施

一、学习前置仓的内涵与模式

前置仓就是新零售企业仓储物流体系内，距离门店最近的物流仓。从前置仓的功能定位出发，前置仓本质也是一种仓配模式。前置仓一般设置的面积较小，在100～300平方米，距离社区周边一般在3公里内。将城市仓分配的生鲜、快消品直接存储其中，在规定的时效范围内，由骑手负责最后1公里将商品配送到消费者手中。

前置仓的内涵中有两个关键点：第一，前置仓的实质还是物流仓。功能以仓储与配送为主，履行线上订单，进行商品的存储、拣选、打包、配送等一系列业务流程，实现商品快速送达到客户手中；第二，缩短门店与客户距离。前置仓一般位于社区、学校、商务区内，极大地缩短了门店与客户的距离，减少了配送时长，提高了客户体验感。通过前置仓实现线上线下的真正共享，将商品尽可能快速地送到消费者手中，解决最后1公里配送问题。在一般的前置仓模式中，消费者下单后，商品从最近的前置仓发货，在门店3公里范围内可以做到30分钟内的送达服务。

李明店长学习了前置仓的概念与内涵后，通过对当前新零售行业中各企业前置仓的运行模式进行汇总整理，掌握了前置仓的模式类型与特点（扫码观看动画视频，了解前置仓的类型与特点），详细见表12-1。店长李明根据前置仓运行模式类型，结合自身商超业务、线下门店规划、商品种类与前置仓预计规模，采用了"永辉"模式建设前置仓。

动画：一起了解什么是前置仓

表12-1 前置仓运行模式

模式类型	单建前置仓模式	店仓一体模式	店内仓模式
代表企业	每日生鲜，叮咚买菜	盒马生鲜	永辉生活
模式内涵	前置仓只具备仓库功能，以"中心仓＋前置仓"配送模式，接近顾客，缩短配送链条	前置仓与门店相结合，以门店作为仓库，提供即时配送服务；客户体验线上线下一体化消费	设置店内小仓，严选卖场的爆品、畅销品和快消品入仓，在卖场和店内仓进行拣货
模式特点	SKU少，店面小，线上引流	SKU多，仓店合一，线下门店引流	精选SKU，独立仓储区，线下门店引流
适用商品种类	生鲜商品	生鲜商品、休闲食品、日用清洁、干性杂货等	生鲜商品、休闲食品、日用清洁、干性杂货等
模式优势	服务时效强，产品质量高，数字化程度高，配送时效高	用户黏性强，销售渠道广，有助品牌打造，快速处理临期商品，营销成本低，仓储成本低	用户黏性强，销售渠道广，有助品牌打造，快速处理临期商品，营销成本低，设置独立前置仓，仓库灵活布局

二、学习前置仓遴选商品的原则

遴选适合前置仓存储的商品是规划前置仓存储设备、仓储面积的关键因素。在遴选前置仓存储的商品品项时,可以通过以下原则,做好品控。

1. 前置仓的模式定位与客户需求

遴选商品时,结合线上客户需求,选择匹配前置仓模式的商品,才能更好地发挥前置仓的作用,提高仓配效率。例如,单建前置仓模式适用于生鲜商品,前置仓只具备仓库功能,仓储面积一般较小;且客户为周边的社区顾客,多选择价格实惠的产品,如当季时令蔬菜、新鲜水果等为首选。因此,遴选的商品 SKU 数量较少,主要为新鲜、应季的果蔬肉蛋类。

测一测 12-1

2. 商品的销售量

前置仓为新零售企业设置的临近顾客的小仓,仓储面积有限,遴选的商品一定为门店中的爆品、畅销品和快消品。例如,通过统计线上商品的销售量,对商品进行分类,销售数量多且品种数少的 A 类商品以及部分销量较高的 B 类商品作为畅销品遴选进仓,C 类商品根据商品品类数量和商品类型有选择地选入前置仓,如 C 类中的必售品、新品可以遴选入仓。此外,前置仓还需每月根据销售数据及时动态调整存储商品品项,并考虑季节性商品遴选入仓。

3. 商品的存储特性

门店销售的商品决定了前置仓存储商品的结构,但不同类型的商品对存储环境、条件都有不同的要求。例如,鲜切肉类、鲜活海鲜等商品需要特定的冷藏设备进行保管。前置仓存储货架类型、存储湿度温度如难以匹配商品冷藏冷冻要求,此类商品需要在卖场内存放,拣货员根据订单在卖场进行拣货。

三、规划前置仓仓储区域

李明从 POS 系统中导出部分历史数据,结合线上订单与实体店销售数据,对线上订单进行分析,严选爆品、畅销品和快消品入仓,动态调整仓内商品,形成数字化仓储信息系统。根据商品数据,规划所需面积和货架设备,将储位和商品编码链接,一品一位,规划前置仓。

图表:订单历史数据

1. 步骤一:对商品进行 ABC 分类

(1) 统计线上订单中的商品信息,包括商品名称、商品编号、商品销售数量。

(2) 以销售量(物动量)为分类指标,将每种商品按销售量进行由高至低的顺序排列。

(3) 分别计算商品的销售量百分比和销售量累计百分比、品项百分比和累计品项百分比。

(4) 根据销售量累计百分比,以二八法则为基础分类,销售量累计量占比 50% 的为 A 类,销售量累计量占比 50%～90% 的为 B 类,销售量累计量占比 90%～100% 的为 C 类。

李明使用订单历史数据(扫码查看订单历史数据,辅助进行商品 ABC 分类),按照商品 ABC 分类的指标和标准(扫码查看实操视频,了解基于物动量的商品 ABC 分类操作过程),统计商品分类结果,将 ABC 三类商品的品项数量进行统计,填写在表 12-2 中。

实操视频:基于物动量的商品 ABC 分类操作示例

表 12-2　商品 ABC 统计表

商品类型	A 类商品	B 类商品	C 类商品
品项数量			

2. 步骤二:根据商品类型,遴选 SKU

根据前期店长李明对前置仓店内仓模式的定位,商品类型多为生鲜商品、休闲食品、日用清洁、干性杂货等。前置仓刚刚建立,存储条件有限,存储设备多为传统货架,遴选销量较高的商品。如为避免线上订购缺货,故将步骤 1 中的 A 类商品全部选入,部分 B 类商品也选入前置仓,但 C 类商品中销量极低,或不易存放的生鲜果蔬和自重较大的饮品则放置在门店内进行拣选。李明参考遴选原则,确定遴选的 ABC 类商品品项数据,填写在表 12-3 中。

表 12-3　遴选商品统计表

商品类型	A 类商品	B 类商品	C 类商品
遴选品项数量			

3. 步骤三:仓储设备选择

(1) 选择货架类型。存储设备选型要结合商品装载形态、商品周转频率、品项种类和数量多少。李明调查了遴选的商品,商品主要为零售单品,装载形态为单品,A、B 类商品周转频率高,C 类周转频率相对较低,商品总品项多,商品以拣选为主,并且为加快商品周转,各品项存储数量相对较少。根据遴选商品的特性,结合仓储保管设备适用类型选择标准(扫码查看动画和图表,了解常见的仓储设备选择分类标准),李明确定了选择的存储设备的类型,将选择结果填写在表 12-4 中。

动画:存储设备的选用

明确了储存设备类型后,李明根据存储商品的重量、尺寸,选择货架规格。遴选的商品中,重量方面,生鲜果蔬、饮品等为自重较大的单件商品,货架每层最大承载重量要在 200 千克左右。尺寸方面,罗莱家纺纯棉被套床单床上四件套包装箱规格最大,为长 50 厘米×宽 40 厘米×高 20 厘米,单件零散商品存储所用的常用料箱规格为长 40 厘米×宽 30 厘米×高 12 厘米,因此李明根据搜集的货架资料(扫码查看常见货架类型与规格,辅助进行货架选择),明确具体货架类型与规格,将结果填写在表 12-4 中。为了方便人工作业,李明统一货架层数 4 层,每层 3 个货位。

图表:存储设备的选用标准

(2) 进行货位规划安排。李明根据商品一品一位进行存储,按照商品类型划分存储区域,同时考虑商品 ABC 类型。A 类商品订购数量多、周转率高,存放在方便拣选的二三层,为减少缺货,存储数量较多。B 类商品存放在三、四层,尽量不缺货,存储数量相对较多。C 类商品订购数量较少,品项多,存放在一层,存储数量较低。例如,为方便分

图表:常见货架的类型与规格

析,李明遴选的 A 类商品以三倍储位存储,B 类商品以两倍储位存储,C 类商品则以一倍储位存储。李明按照商品遴选品项数量结果和货架数量计算公式,即:货架数量＝货位数/(单层货位数×货架层数),确定所需货架数量,为避免货位不足,货架数量计算结果向上取整。根据货位与货架数量规划结果,李明为方便进行商品存储与拣选作业,节约前置仓空间,采用中间区域的货架背靠背双列组合,两侧货架单列设置的方式,设计了货架的布局组合。参考样例(扫码查看货位、货架计算与货架布局规划样例,了解进行货架数量计算、货架布局设计的分析思路),李明进行了货位规划安排,并将货位、货架计算数据和布局俯视图设计结果填写在表 12-4 中。

表 12-4　仓储设备选择与规划

存储设备类型	货架类型与规格	货位数	货架数量	货架布局俯视图

阅读:货位、货架计算与货架布局规划样例

4. 步骤四:规划前置仓仓储区域面积

(1) 仓储实用面积计算。前置仓的主要实用面积是进行商品存储的面积,即仓库中货垛或货架占用的面积。通过计算实用面积进而推测前置仓大致需要的仓储面积大小,常用的计算公式如下:

$$S_实 = (L \times n + 2 \times W_2) \times [(2 \times W + W_2) \times m/2]$$

式中,$S_实$ 为仓储实用面积;L 为货架单元长度;n 为货架列数;W 为货架单元宽度;W_2 为行走通道,行走通过一般考虑拣选工具宽度,一般在 1~1.5 米;m 为货架排数。

(2) 前置仓仓储区域有效面积分析。前置仓除了仓储区域,还包括通道、拣选作业区、打包区、办公区、设备存储区等。因此,有效面积区是以上所有区域的面积之和。根据储量增减比例关系,加以适当调整来推算新建前置仓的有效面积,具体公式如下:

$$S = \frac{S_实}{\alpha}$$

式中,S 为拟新建仓库的有效面积(平方米);$S_实$ 为参照仓库的实用面积(平方米);α 为仓库有效面积利用系数,即仓库实用面积占有效面积的比重。

前置仓处于建设初期,主要以人工拣选为主,使用条码扫描终端设备,拣选商品,预留通道宽度 1.5 米。仓库有效面积利用系数一般情况下在 0.5~0.6,李明根据前置仓各个功能布局的需求,以及未来前置仓仓容量的动态变化,将前置仓的实用面积利用系数设为 0.5。李明参考示例(扫码查看计算示例,掌握公式使用情况),计算了前置仓仓储实用面积和有效面积,并将结果填写在表 12-5 中。

阅读:前置仓仓储区域面积规划示例

表 12-5　前置仓仓储区域面积规划

前置仓仓储实用面积（平方米）	前置仓仓储区域有效面积（平方米）

四、使用智能技术，升级前置仓

当前设计的前置仓处于建设初期，规模较小，遴选的 SKU 数量较少，总面积小，存储设备简单。店长李明通过对新零售发展趋势和新物流技术应用的了解，结合当前行业数字化、智能化发展需求，深知要紧跟时代发展，要与时俱进，数字赋能管理思维与技术应用。李明了解到，目前如自动化立体仓库、无人仓等重要技术手段正在很多仓储、配送、零售行业中使用（扫码查看智能仓储技术，了解智能仓储新技术）。

阅读：智能仓储技术

李明结合对两类智能仓储技术的了解，发现自动化立体仓库更加适合周转率高、品项多、存储数量大的商品，商品存储形式多为托盘、箱。基于 AGV 智能机器人的无人仓，适合多品种少批量商品，商品存储形式多为单品。通过对比，李明考虑选择 AGV 智能机器进行未来前置仓的升级换代。李明借助无人仓虚拟仿真软件（扫码看虚拟仿真视频），了解无人仓规划布局原则和线路设计原理，使用虚拟仿真软件，开展无人仓规划，（登陆虚拟仿真软件下载地址：http://60.205.180.109:7001/publish.htm 和 http://60.205.180.109:7002/publish.htm 下载安装软件），为后续前置仓数字化转型做准备。

微课：基于 AGV 机器人的无人仓虚拟仿真规划

案例 12-1

智慧引领、数字赋能，菜鸟供应链打造数智化无人仓

扫码阅读案例并分析。

案例：智慧引领、数字赋能，菜鸟供应链打造数智化无人仓

任务评价

通过学习本任务，请学员检查自己是否掌握了所学内容，如表 12-6 所示。

表 12-6　规划门店仓储布局诊断及改进评价表

评价内容	分　值	评分
1. 理解前置仓的内涵与模式	10	
2. 掌握前置仓遴选商品的原则	25	
3. 熟悉前置仓设计流程，规划前置仓	45	
4. 培养数字创新思维，尝试运用智能新技术进行门店前置仓的升级	20	
总　　分	100	

微课:基于AGV机器人的无人仓商品上架仿真运行

案例视频:未来的新零售物流模式,从下单到配送一体化智能作业

 任务拓展训练

1. 扫码学习相关微课,了解AGV无人仓商品上架操作步骤,使用下载安装后的虚拟仿真软件,在之前无人仓仓储规划的基础上,进行无人仓上架业务仿真实训。
2. 扫码观看案例视频,思考AI人工智能将会从哪些方面影响未来的新零售前置仓物流仓配作业?

任务二　设计门店拣配线路

 学习目标

1. 熟悉前置仓拣配作业流程,对前置仓进行拣选作业设计;
2. 掌握包装类型,为订单商品选择合适的包装;
3. 掌握节约里程法,以客户为中心优化配送路线,提高配送效率;
4. 树立可持续发展的观念,培养对环境、经济和社会协调发展责任感。

店长李明初期对前置仓进行了规划布局,开始进行线上业务。门店以客户需求为核心,辐射门店社区周边,承诺从客户下单到完成配送半小时服务时效。要优质高效地满足客户需求,如何在拣选、配送过程中提高订单拣选效率,优化配送路线,成为店长李明面临的又一个难题。

 任务分析

前置仓的拣选、配送作业的是新零售物流作业过程中至关重要的环节,关系到物流作业的效率和客户的服务体验。要做好"最后一公里"配送,完成线上订单,提高客户线上服务的满意度。通过对订单拣选配送业务流程进行优化,设计拣选方法与线路、订单商品包装材料和配送路径,保证在规定的时效要求下,按时按质完成客户订单需求。

为了更好地达到实训目的,需要做如下准备:
1. 客户订单信息资料;
2. 拣选、配送设备运行正常;
3. 前置仓商品种类、数量充足;
4. 熟悉配送线路与交通状况。

任务实施

一、学习门店拣配作业流程

快速高效地完成门店线上订单的配送任务,就要清晰地掌握整个线上订单的作业流程。店长李明通过调研与学习,根据门店线上线下业务内容,整理了订单拣选配送作业流程。拣配业务过程主要包括线上客户订单下达、集单与订单分析、订单分批与生成拣选单、按拣选单拣选、按订单分拣打包、订单配送六个环节。具体流程如图 12-1 所示。

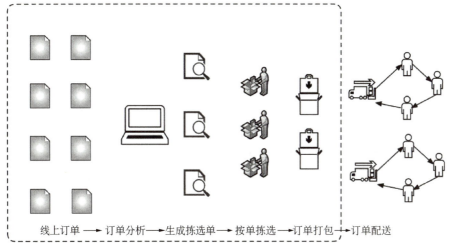

图 12-1　门店订单拣配业务流程图

知识链接 12-1　　　什么是集单操作

扫码学习集单操作,了解集单操作的内涵。

经过一段时间的运行,李明发现在规定的半小时配送时效内,经常出现配送延迟情况,导致客户投诉。李明深知前置仓拣配作业要时刻以客户需求为核心,提高客户服务体验感。因此,需要对拣配流程进行分析,查找影响配送延迟的关键原因。李明发现主要原因包括:拣选时间过长,没有控制在 5 分钟左右;商品包装不合理,商品配送过程中出现损坏,导致重新拣选配送;配送线路设计不合理,配送员配送的几笔订单距离较远,配送超时。因此,李明重点从拣选作业、订单打包、配送线路三个环节进行设计优化,以解决配送问题。

素养课堂　　　我将无我,不负人民

2019 年 3,月习近平总书记在意大利进行国事访问,回答意大利众议长菲科提问时讲道,这么大一个国家,责任非常重,工作非常艰巨。我将无我,不负人民。我愿意做到一个"无我"的状态,为中国的发展奉献自己。

"我将无我",最终是为了"不负人民"。始终要把人民放在心中最高的位置,始终全心全意为人民服务,始终为人民利益和幸福而努力工作,才无愧于人民的信任和重托。洞察百年党史,鞠躬尽瘁,死而后已,全心全意为人民服务,是优秀党员干部的共性特点,是坚持以人民为中心的发展思想的生动体现,是全心全意忧民、爱民、为民、惠民的必然要求。

新零售作为是一种线上线下相结合的商业模式,以大数据为驱动,分析消费者的购物习惯与消费需求,使新零售企业可以更好地践行以客户需求为核心的服务理念,让客户可以在线上获得心仪的商品和便利的配送,在线下感受到优质的购物体验。

二、设计拣选作业,提高拣选效率

1. 步骤一:确定拣选方法,生成拣选单

订单拣选是前置仓中最复杂、劳动力最密集的环节,而新零售门店的线上订单具有多品类、小批量的特点,通常一个订单的商品总量不多,但是可能包含多个品类,增加了订单拣选的复杂程度。拣选员需要在几分钟之内从多种 SKU 中拣选出订单包含的所有商品,因此,首先要清楚拣选的主要方式,结合订单信息,选择合适的拣选方法,形成拣选单,提高拣选效率。拣选方法主要包括按订单拣取和批量拣取,即"摘果式"和"播种式"(扫码观看微课和阅读拣选方式对比资料,掌握两种拣选方法,并了解两种拣选方法的差异)。

微课:拣选方式介绍

阅读:拣选方式对比

李明结合对两种拣选方法的理解和掌握,根据线上订单特点(扫码查看门店线上订单资料,辅助选择拣选方法),选择合适的拣选方法,将选择结果填写在表 12-7 中,把一个时段的订单集合汇总,生成对应拣选方式的拣选单,提高拣选效率。

2. 步骤二:选择拣选线路

在非自动化仓库里,拣选是劳动最密集、成本最高的作业环节。高效的拣选作业关系到降低仓储成本、提升作业效率和提高客户满意度。李明在确定拣选方法后,就拣选路径类型进行学习(扫码查看拣选路径类型对比,了解不同类型的拣选路径及其特点)。

阅读:门店线上订单资料

根据店长李明前期对前置仓的规划布局情况,本次线上订单所订购商品分布在前置仓货架上下两端,李明设计拣选路径的重点在提升拣选速度,减少不必要的拣选行走距离,结合设计示例(扫码查看示例,了解拣选路径选择的思路),选择合适的拣选路径,提高每位拣选员的单次拣选速度,并将选择结果填写在表 12-7 中。

阅读:拣选设计示例

表 12-7 拣选设计分析

拣选方法	前置仓俯视图	前置仓货架布局	选择拣选路径	路径选择原因

3. 步骤三：配合拣选路径，选择拣选工具

配合拣选路径，选择合适的拣选工具，提高拣选效率。李明根据目前前置仓的规模和货架类型，选择手持终端扫码枪配合进行工作，拣选人员使用手持设备扫描货位条码，获取信息完成拣选作业（见图12-2）。通过手持终端实现了拣选作业与WMS（仓储管理系统）系统的实时通信，确保了仓储货位的商品与系统中的库存信息实时同步，拣选作业信息全部可以被记录和追溯，便于拣选作业的分析和管理。

图12-2 手持终端扫码枪

李明也及时了解了其他的自动化拣选技术和设备，可以在未来的前置仓设备更新过程中选择，如电子标签拣选、语音拣选、AR视觉拣选（扫码了解智能拣选技术）。未来随着无人仓技术的更新，店长李明也期待使用AGV智能拣选机器人实现货到人的智能作业（扫码查看虚拟仿真视频，进行货到人拣选作业仿真模拟）。

三、设计订单包装，保护订单商品

1. 了解包装类型

拣选完成后，按照订单进行分拣打包，需要选择合适的包装材料，完成打包环节。店长李明意识到，选择合适的包装材料，有助于提高配送过程中商品质量，提高客户的商品体验，避免退回重新配送的问题。根据当前绿色物流发展要求，包装除了要保护产品和利于储运，也要注重绿色环保，减少包装浪费。李明搜集了相关资料，整理了当前的包装类型（扫码观看动画和阅读资料）。

2. 根据订单商品，选择合适的包装材料

店长李明在了解了各类包装的类型、特性和适用商品后，根据订单中商品类型选择适合的包装材料，进行订单商品包装设计（扫码查看包装设计示例）。表12-8中有两笔线上订单，参考示例进行设计，并将结果填写在表12-8中。

表12-8 订单包装设计

订单编号	商品名称	商品类型	数量	包装选择
D2023100900127	夏士莲修护焗油洗发水	洗涤日化	1	
D2023100900127	力士水润丝滑润发素	洗涤日化	1	
D2023100900127	力士恒久嫩肤沐浴露	洗涤日化	1	
D2023100900127	奥妙净蓝全效洗衣粉	洗涤日化	1	

(续表)

订单编号	商品名称	商品类型	数量	包装选择
D2023100900743	威士雅多维蛋白质粉	保健品	1	
D2023100900743	精选土豆500克/份	蔬菜	2	
D2023100900743	鲜鸡蛋8枚	肉蛋	3	
D2023100900743	广博固体胶	文化用品	1	

案例：绿色包装，科学减排

💡 案例 12-2

绿色包装，科学减排

扫码阅读案例并分析。

四、设计配送路线，提高配送效率

门店的配送服务范围覆盖周围 3 千米内的客户，顾客下单地点较为分散，配送范围跨度较大。因此，需要对配送的线路进行优化调整。

1. 选择订单配送模式

阅读：配送模式

根据配送作业的实际情况，配送模式主要有巡回式配送和直配式配送（扫码阅读资料，了解两种配送模式），如图 12-3 所示。为节约配送成本，店长李明决定选择巡回式配送模式，即配送员从配送中心出发，配送完一条路径中所有的顾客订单后回到出发点，等待下一次配送任务。

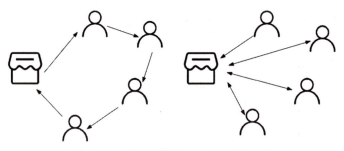

图 12-3 巡回式配送和直配式配送流程

2. 使用节约里程法，优化配送线路

节约里程法指用来解决运输车辆数目不确定问题的最有名的启发式算法。依次将运输问题中的两个回路合并为一个回路，每次使合并后的总运输距离减小到幅度最大，直到达到一辆车的装载限制时，再进行下一辆车的优化。根据配送中心的运输能力和配送中心到各个用户以及各个用户之间的距离来制定使总的车辆运输的吨公里数最小的配送方案。

在门店前置仓的配送过程中，时效是配送的关键的因素。因此，在原有的节约历程算法中,将运输距离这一标准更换为时间距离,以时间判断门店与客户之间的距离,配送时效替换车载限制,作为选单数量的约束条件。

李明通过对客户订单信息的搜集,掌握了 9 位客户的配送时效距离,如图 12-4 所示。根据配送时效,配送时间为 25 分,因此时间约束条件为 25 分钟。根据门店所在区域的路线行驶方向,配送路线为顺时针配送,符合单行道交通规则。李明采用节约里程法对配送线路进行优化(扫码查看微课和示例,掌握节约里程法的内涵和操作步骤)。

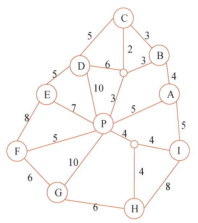

图 12-4　门店与客户之间的配送时效网络图

微课:基于节约里程法优化配送线路

阅读:节约里程法操作示例

(1)步骤一:最低配送时距统计。根据时效距离网络图,将门店到各客户及两两客户之间的最低线路时距数值填写在表 12-9 中。

表 12-9　线路时距数值表

	P								
A		A							
B			B						
C				C					
D					D				
E						E			
F							F		
G								G	
H									H
I										I

注:扫码参考操作示例,结合图 12-4 的数据,填写表 12-9。

(2)步骤二:节约线路时距统计。根据门店到各客户及两两客户之间最低时距线路的数值表,结合节约法的基本原理,计算出两两客户之间的节约配送时效,结果填写在表 12-10 中。

表 12-10　节约线路时距统计表

	A				
B		B			
C			C		
D				D	
E					E

12-13

(续表)

F				F				
G					G			
H						H		
I							I	

注：扫码参考操作示例，结合表12-9的数据，填写表12-10。

(3) 步骤三：节约时距排序。根据表12-10中两两客户之间的节约时距计算结果，按节约时距大小顺序排列到表12-11中。

表12-11 节约时距排序表

序号	路线	节约时距	序号	路线	节约时距	序号	路线	节约时距
1			11			21		
2			12			22		
3			13			23		
4			14			24		
5			15			25		
6			16			26		
7			17			27		
8			18			28		
9			19			29		
10			20			30		

注：可以根据具体节约时距信息进行表格调整。

(4) 步骤四：配送路线设计。根据节约时距排序表，按照25分钟配送时效约束条件和顺时针配送方向，进行路线设计，以节约配送时间、保障订单履约，设计结果填写在表12-12中。

表12-12 线路设计表

优化路线	优化前的时距(分钟)	优化后的时距(分钟)	节约时距(分钟)

注：扫码参考操作示例和微课，结合表12-10的数据和图12-4，填写表12-12。

任务评价

通过学习本任务,请学员检查自己是否掌握了所学内容,如表 12-13 所示。

表 12-13　门店拣选配送设计作业评价表

评价内容	分　值	评　分
1. 熟悉前置仓拣配作业流程,对前置仓进行拣选作业设计	15	
2. 掌握包装类型,为订单商品选择合适的包装	25	
3. 掌握节约里程法,以客户为中心优化配送路线,提高配送效率	20	
4. 树立可持续发展的观念,培养对环境、经济和社会协调发展责任感	40	
总　　分	100	

任务拓展训练

阅读:智能配送技术

扫码阅读资料,了解智能配送技术,回答以下问题。

1. 对比两种智能配送技术,无人车、无人机分别适用于哪种配送场景?AI 智能技术将会在哪些方面影响前置仓末端配送呢?

2. 结合对门店拣配业务流程的了解,两种智能配送技术是否适用于李明所在门店的配送环节,原因是什么?

任务三　控制门店仓储成本

学习目标

1. 熟悉门店前置仓成本类型;
2. 核算门店仓储成本;
3. 熟悉鱼骨图分析工具,分析导致成果过高的原因;
4. 培养降本增效的管理理念,根据不同成本影响原因,制定优化方案。

情景导入

店长李明经过一段时间的前置仓运营管理,对前置仓的仓储配送业务有了一定的了解。但是在运行过程中,李明发现,每笔订单的履约成本居高不下,导致在规定的配送时效要求下,前置仓的运行成本并不理想。因此,李明急需搞清楚门店在前置仓运行过程中,每笔订单的履约成本,找到影响成本的关键因素,进行前置仓成本优化。

 **任务分析**

与传统零售模式相比,由于前置仓增加了最后1公里的终端配送成本,影响了新零售的盈利能力和商业价值。如何在保障配送时效的前提下,降低前置仓的仓储成本和配送成本,成为了优化新零售模式下物流系统的重要问题。因此,需要对前置仓运行过程的成本进行分解,掌握订单履约成本的核算方法,查找成本影响因素,进行精准优化,反哺用户体验,发挥新零售优势。

 **任务准备**

为了更好地达到实训目的,需要做如下准备:
1. 门店仓储、配送环节的设备成本;
2. 门店工作人员平均工资水平;
3. 门店前置仓设备运行正常;
4. 门店日常订单赔偿与货损货差情况统计。

 任务实施

测一测12-3

一、学习前置仓成本构成

前置仓在运行过程中,需要大量的前期资金投入。相较于传统零售模式,前置仓设立进行了服务升级,以满足消费者即时需求,因此大幅度增加了经营成本。前置仓模式的经营成本主要产生在仓储、配送业务环节。仓储方面,首先,为了规模效应投入大量建仓成本,选址不合理就会造成企业亏损;其次,为保证生鲜品质,要配备各种温控设备以避免损耗;最后,在仓库存储期间会产生水电能耗费用。配送方面,相较于传统模式,为了实现即时配送,需要配备大量的配送人员,较高的人工成本无法避免。

店长李明通过对前置仓前期建设规划的整理,统计各项设施设备成本和员工成本,对前置仓成本进行了整理分类,方便后续进行成本核算与分析,进行精益管理,降本增效。李明将前置仓整体成本主要分为以下四部分。

1. 前置仓租赁成本

店长李明的超市门店场地主要在社区商业附近租赁,因此需要分析前置仓的租赁成本。租赁仓库一般由出租方按照承租方的要求建造仓库,或者承租方根据自己的要求寻找适合的仓库。承租方的费用比较简明,一般只是按期支付租赁费用。租赁仓库的租金通常是根据企业在一定时期内租用的仓储空间的大小来收取的。以每月30天进行计算,月租赁成本计算公式为:前置仓月租金=前置仓面积×日租赁成本×30天。例如,前置仓面积104平方米,日租赁成本4元/平方米,月租金=104×4×30=12 480元。

2. 前置仓工作人员成本

前置仓主要的工作人员在两个模块,仓储与配送环节,主要员工包括分拣员、复核员、打包员、操作员、库管员、配送员等。前置仓工作人员的成本主要体现在工资、奖金、福利等方面的开支。人员成本计算公式为：前置仓人员成本＝平均工资×仓配作业人员数。例如，前置仓工作人员数20人，平均工资按5 000元计算，前置仓人员成本＝5 000×20＝10 000元。

3. 前置仓设备购买成本

前置仓的主要设备包括货架、拣选设备、装卸搬运设备以及配送车辆，设备固定成本以固定资产按折旧提取，具体的折旧费用计算公式为：设备每年折旧费用＝（资产原值－资产残值）÷使用年限；设备每日折旧费用＝（资产原值－资产残值）÷使用年限÷365。例如，设备总价值25万元，设备残值4万元，设备使用年限8年，设备每日折旧费用＝（250 000－40 000）÷8÷365＝71.9元/天。

4. 其他成本

在仓储配送作业过程中，也包括每笔订单履行过程中产生的其他成本。其中，包装成本是根据每笔订单产品特性打包产生的费用。因产品类型差异，选择的包装材料不同，成本均不同。货损成本主要是生鲜商品和易碎易腐商品在运输和仓储环节产生了大量货损而导致的成本。

二、核算前置仓成本

店长李明通过对前置仓成本类型和内容的掌握，对前置仓成本结构有了基本认知。李明进行了门店前置仓的运营成本、前置仓的作业成本以及配送成本的调查，参考平均每日的订单数量，计算完成每笔订单的单票成本。

在当月，门店每日线上订单均值为700票，在任务一中，李明设计规划了前置仓的面积，租赁面积为设计的前置仓面积，每平米每天的场地租赁费用为5元，每月平均按照30天进行计算。前置仓中目前包括分拣员、复核员、打包员、操作员、库管员、配送员共计22人，将工作人员的工资、奖金、福利等方面的开支进行合计，每人平均工资为5 500元。仓储设备主要包括货架和搬运设备，总投资16万元，设备残值2万元，配送车辆10台，总成本15万元，设备残值2万元，所有设备使用年限8年。李明统计了在订单履约过程中产生的包装成本、货损货差成本、订单赔偿成本，本月其他成本金额为45 000元。

李明按照前置仓成本类型和计算公式，计算前置仓租赁成本、工作人员成本、设备购置成本、其他成本，并结合日均订单数，计算分摊到每笔订单中的费用，分析每单履约成本。李明结合所学，计算本月每日每笔订单履约成本，将其计算过程与结果填写在表12-14中（扫码查看微课，掌握前置仓成本核算过程，扫码参考样例，结合门店成本信息进行计算）。

微课：前置仓成本分析与管理

阅读：前置仓订单履约成本分析样例

表12-14 订单履约成本核结果

成本项	相关指标	核算过程与结果
前置仓租赁成本	前置仓面积（平方米）	
	租赁成本（元/平方米/天）	
	月租金（万元）	
	每日单票租金成本（元）	

(续表)

成本项	相关指标	核算过程与结果
前置仓人工成本	仓储作业人员（人）	
	平均工资（元/月）	
	人工成本（万元）	
	每日单票人工成本（元）	
前置仓设备投入成本	仓储设备（万元）	
	仓储设备残值（万元）	
	配送车辆（万元）	
	配送车辆残值（万元）	
	使用年限（年）	
	折旧成本（元/天）	
	每日单票设备成本（元）	
其他成本	每日单票包装、货损成本、订单赔偿（元）	
	每日单票前置仓成本（元）	

李明调查了公司其他门店前置仓运行成本，发现其他门店单票前置仓成本为4～5元。根据前置仓的运行成本计算结果，思考李明所在的门店需要对前置仓成本进行优化吗？如果需要优化，该如何进行，进而实现降本增效。

三、优化前置仓成本

动画：了解什么是降本增效

1. 步骤一：使用鱼骨图，进行原因分析

要优化前置仓成本，需要找到成本居高不下的原因，采取优化措施，实现降本增效（扫码观看动画，理解降本增效内涵）。李明结合以往管理经验，以降本增效为核心原则，与前置仓工作人员一起进行头脑风暴。成本的发生主要在前置仓现场作业环节，因此计划采用鱼骨图分析工具，分析导致订单履约成本过高的原因。

鱼骨图分析法，又名因果分析法，是一种发现问题根本原因的分析方法。问题标注在"鱼头"（一级鱼骨）处，确定大要因（大骨，二级鱼骨）时，现场作业一般从人员、机器、原料、方法、环境（"人机料法环"）着手，管理类问题一般从人员、事情、时间、地点、物品（"人事时地物"）层别着手，也可根据实际情况，决定分类因素。每个大要因下进行中（三级鱼骨）、小（四级鱼骨）要因分析。店长李明分析前置仓成本主要产生在前置仓的拣配作业过程中，因此从人员、机器、原料、方法、环境五个方面进行分析，通过头脑风暴，尽可能多而全地找到所有订单履约成本居高不下的原因。

店长李明与前置仓工作人员通过头脑风暴讨论分析，在设备方面找到了一些原因，填写在鱼骨图中。例如，在前置仓仓储配送设备这一大要因方面，分析小组结合对于前置仓设备的了解和讨论，归纳出导致成本过高的原因在于：第一，货架摆放设计不合理，导致仓储空间浪费，前置仓面积过大，增加了仓库租赁成本；第二，配送车辆存在闲置，车辆购置成本和折旧成本高;第三,缺失智能拣选设备,拣选效率慢,影响配送时效,导致客户投诉。

鱼骨图中"人料法环"四个大要因的原因还没有分析,李明与团队成员将继续进行一次头脑风暴讨论(扫码查看前置仓拣配作业情况现场资料,辅助开展原因讨论),进一步分析产生的原因,并且参考其他门店分析的鱼骨图(扫码查看样例,为鱼骨图分析提供思路),将分析结果填写在图12-5中。

阅读:前置仓拣配作业情况现场资料

图表:前置仓成本问题分析鱼骨图样例

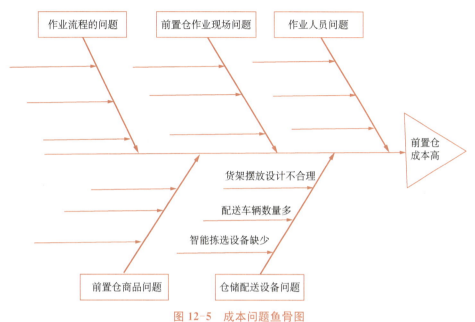

图 12-5 成本问题鱼骨图

注:可根据实际头脑风暴讨论结果调整鱼骨图三级鱼骨的数量。

2. 步骤二:找准主要原因

店长李明通过鱼骨图分析了前置仓在仓储配送业务过程中,作业人员、仓配设备、作业现场、仓储商品、业务流程五个方面导致成本过高的原因。结合当前前置仓运行现状和对工作人员的调查,发现可以调整降低的成本主要集中在租赁成本、人工成本和其他成本。

以其他成本为例,其他成本过高主要是因为客户投诉的赔偿和货损货差损失。通过鱼骨图查找原因,主要原因是:员工拣选和配送作业不熟练导致配送时效延迟、现场管理不规范导致前置仓存储的商品出现货损货差。

参考图12-5和表12-15中的示例,李明店长对租赁成本、人工成本过高的原因与团队成员进行了头脑风暴讨论,并将可能产生的主要原因填写在表12-15中。

3. 步骤三:选择成本优化措施

店长李明根据前置仓成本较高的三个成本模块以及找出的主要原因,参考成本优化措施,李明明确了采取的主要措施。以其他成本优化为例,在作业人员方面,针对员工拣选作业不熟练,最有效直接的方式是进行员工培训,提高拣选工作人员的作业效率。培训员工,以提高拣选时效和准确性,节约拣选时间,避免错拣漏检,减少客户投诉与赔偿。在现场作业方面，新建前置仓现场管理制定不规范，缺乏现场监督监管，需要引入现场5S管理，加强现场整理、整顿、清扫、清洁、素养等手段方法，整顿现场作业环境、规范现场作业方式，以达到提高生产效率、降低成本、消除安全隐患、改进质量的目的。

店长李明与团队成员参考对租赁成本、人工成本过高的主要原因的分析结果，结合优化措施（扫码查看前置仓成本优化措施），提出具体优化建议，并将建议填写在表12-15中。

阅读：前置仓成本优化措施

表12-15 前置仓成本优化分析

"人机料法环"主要大要因	主要原因	优化措施
示例："人"作业人员	员工拣选和配送作业不熟练	强化人员培训，提高拣选效率，降低拣选误差
示例："环"作业现场	现场管理不规范	优化现场管理，强化现场5S管理，减少货损货

注：可根据讨论的主要原因进行表格调整。

案例 12-3

案例：叮咚买菜"上岸"，前置仓也可以盈利

叮咚买菜"上岸"，前置仓也可以盈利

扫码阅读案例并分析。

任务评价

通过学习本任务，请学员检查自己是否掌握了所学内容，如表12-16所示。

表12-16 控制门店仓储成本诊断及改进评价表

评价内容	分 值	评 分
1. 熟悉门店前置仓成本类型	10	
2. 核算门店仓储成本	40	
3. 熟悉鱼骨图分析工具，分析导致成本过高的原因	25	
4. 培养降本增效的管理理念，根据不同成本影响原因，制定优化方案	25	
总 分	100	

 **任务拓展训练**

1. 前置仓进行智能化、数字化升级后,使用基于 AGV 机器人的无人仓进行拣选作业。无人仓的成本包括哪些?哪几类成本占总成本比例最高呢?

2. 扫码查看视频案例资料,结合每日优鲜案例,思考 AI 智能可以从哪些方面降低前置仓成本呢?

案例视频:AI 助力每日优鲜降低前置仓成本

附录一　新零售业务领域实用 AI 工具推荐

AI 工具类型	工具名称	工具标识	工具网址	工具功能
文案创意	文心一言	文心一言	https://yiyan.baidu.com/	AI 智能文案制作工具，并依托文心大模型的技术推出的生成类人工智能问答产品，基于用户输入输出相应的内容作为响应，在处理文字的同时，也可以进行表格、代码和图片处理，可辅助进行门店的宣传文案制作
	橙篇	橙篇	https://cp.baidu.com/	一款长篇文章生成智能 AI 工具，帮助用户进行长文写作、资料搜索、全文校正、图表制作、格式整理等功能。可辅助进行门店的宣传文案、汇报文档等智能写作与资料整理功能等
视频生成	AI Sorabot	AI Sorabot	https://sora.douguguo.com	一款 AI 文生视频、AI 图生视频的视频生成模型工具，根据用户的视频主题、场景、风格等智能进行视频创造，可以辅助门店的宣传视频、产品营销视频等视频资源的制作

(续表)

AI工具类型	工具名称	工具标识	工具网址	工具功能
视频生成	度加创作		https://aigc.baidu.com/	度加创作AI工具可以使创作者输入文本或者选择百家号的图文，即可由AI自动一键制作视频，还可以进行AI笔记和AI数字人等功能，可以辅助门店进行宣传视频资源创造
图片（海报、标识）设计	LinkFox AI		https://www.linkfox.com/	LinkFox可以进行商图处理，包括：商图合成；商品替换；智能扩图；高清重置、无损放大。还可以进行模特合成，设计AI换模特、AI穿衣2.0、模特换场景等，配合AI创意文字，AI智能绘制商用海报等
图片（海报、标识）设计	文心一格		https://yige.baidu.com/	百度依托飞桨、文心大模型的技术创新，进行AI艺术和创意辅助平台。定位为面向有设计需求和创意的人群，基于文心大模型智能生成多样化AI创意图片，可以复制门店进行海报、标识、宣传图片等制作
智能咨询	豆包		https://www.doubao.com	豆包智能助手可以实现AI搜索，AI智能写作、AI图形生成、AI智能问答等功能，辅助进行新零售门店的宣传资料搜集与制作等

附录一　新零售业务领域实用 AI 工具推荐

（续表）

AI 工具类型	工具名称	工具标识	工具网址	工具功能
智能咨询	天工 AI	天工AI	https://www.tiangong.cn/	一款可以通过自然语言与用户进行问答交互的智能工具，可以 AI 生成能力可满足文案创作、知识问答、逻辑推演、数学推理等需求，进行 AI 写作、AI 音乐、AI 图片生成、AIPPT、AI 识图等。可辅助进行门店的宣传资料搜集与制作、设计等

附录二　新零售相关移动网络学习资源推荐

序号	工具名称	工具标识	功能用途
1	联商网	联商 LINKSHOP.COM	提供一些国内外零售行业的最新资讯和热点、相关政策法规、零售行业企业典型的经营管理案例
2	人人都是产品经理	M	汇集大量有关产品管理、设计及运营等方面的优质文章，涵盖从入门到资深的各级别知识和经验，及时分享最新趋势及热门案例
3	亿邦动力	亿邦 ebrun	属于电商产业数字化知识服务平台，分享电商领域内的最新和热点资讯、成功的商业模式案例及行业政策的全面解读
4	小红书	小红书	可以通过搜索找到新零售的新理念、新方法和新技术的相关知识分享，也可以登陆小红书直播近距离观摩学习头部主播带货的场景搭建、话术设计等直播带货技巧
5	抖音	抖音	可登陆直播平台近距离观摩学习头部主播带货前期的直播预热、场景搭建、话术设计、二次推广等直播带货技巧，也可以直接注册账号开展实践
6	B站	bilibili	可以通过搜索找到你感兴趣的新知识、新技能、新技术应用的免费在线课程

参考书目

1. [美]巴里·伯曼,乔·R.埃文斯著.零售管理.吕一林,熊鲜菊等译.北京:中国人民大学出版社,2002年.
2. 蔡勤,李圆圆编著.直播营销:慕课版(第2版).北京:人民邮电出版社,2021年.
3. 蔡顺峰编著.门店布局与商品陈列(第2版).北京:高等教育出版社,2018年.
4. 蔡中焕主编.连锁企业门店营运实务.重庆:重庆大学出版社,2011年.
5. 曹泽洲主编.连锁企业门店运营与管理.北京:清华大学出版社,2014年.
6. 陈德人主编.网络零售.北京:清华大学出版社,2011年.
7. 陈海权编著.新零售学.北京:人民邮电出版社,2019年.
8. 储卫民编著.营业经理(下册)——零售企业经营实务.北京:中国劳动社会保障出版社,2005年.
9. 董永春编著.新零售:线上+线下+物流.北京:清华大学出版社,2018年.
10. 多点DMALL编著.零售业数字化转型宝典.北京:电子工业出版社,2022年.
11. 方玲玉编著.客户服务与管理——项目教程(第3版).北京:电子工业出版社,2018年.
12. 付珂琳主编.图解商场超市布局与商品陈列.北京:化学工业出版社,2014年.
13. 戈旭皎编著.农产品直播卖货超级口才训练.北京:人民邮电出版社,2020年.
14. 勾俊伟,张向南,刘勇编著.直播营销.北京:人民邮电出版社,2017年.
15. 顾国建编著.零售业:发展热点思辨.北京:中国商业出版社,1997年.
16. 黄成明著.数据化管理:洞悉零售及电子商务运营.北京:电子工业出版社,2016年.
17. 居长志,李加明,王方著.门店数字化运营与管理教程(中级)("1+X"职业技能等级证书配套教材·门店数字化运营与管理系列)北京:中国人民大学出版社,2021年.
18. 李卫华,郭玉金编著.连锁企业品类管理(第3版).北京:高等教育出版社,2018年.
19. 李亚,武洁,黄积武,黄硕编著.直播:平台商业化风口.北京:电子工业出版社,2016年.
20. 梁宸瑜,曹云露,马英著.直播带货让你的流量持续低成本变现.北京:中国人民邮电出版社,2020年.
21. 梁楚琦.新零售背景下生鲜电商商业模式分析——以前置仓模式为例.投资与创业,2022(23):113-115.
22. 廖利军编著.新零售运营与实践:全渠道电商与物流供应链方法+技巧+案例.北京:电子工业出版社,2020年.
23. 林小兰主编.零售管理实务:基于超市视角.北京:电子工业出版社,2011年.
24. 林星宏,赵红梅.生鲜电商各前置仓模式存在问题及对策——以盒马鲜生为例.铁路采购与物流,2022,17(11):47-49.
25. 刘云霞主编.仓储规划与管理(第2版).北京:清华大学出版社,北京交通大学出版社,2021年.
26. [美]迈克尔·利维和巴顿·A.韦茨著.郭武文等译.零售学精要.北京:机械工业出版社,2000年.
27. 彭宏春主编.智能物流技术.北京:机械工业出版社,2021年.
28. 秋叶,邻三月,秦阳著.社群营销实战手册:从社群运营到社群经济.北京:中国人民邮电出版社,

2018年.

29. 文武赵编著.微博营销手册:企业和个人微博营销全攻略.合肥:黄山书社,2011年.
30. 徐圣泽,浦东平.数据分析在新零售物流体系中的应用探索.物流工程与管理,2022,44(05):40-43.
31. 杨唯婷,谈家乐.生鲜电商平台盈利模式分析——以叮咚买菜为例.山西农经,2023(20):178-180.
32. 叶秋萍编著.数据运营:数据分析模型撬动新零售管理实战.北京:电子工业出版社,2022年.
33. 易博教育编著.直播带货从入门到精通.北京:中国大学出版社,2021年.
34. 殷中君著.社交新零售:爆发式增长和私域流量裂变的低成本路径.北京:中国经济出版社,2020年.
35. 曾军,姚国庆.新物流最后一公里配送模式优化.物流工程与管理,2020,42(03):96-98.
36. 张凤琴.人工智能时代快消品即时物流发展研究.齐齐哈尔大学学报(哲学社会科学版):2024(03):95-99.
37. 张勇,甘雪梅,胡瑛著.从微商到新零售.北京:人民邮电出版社,2018年.
38. 郑复生主编.零售O2O心法、招法、与实战:零售业互联网转型布局.北京:中国经济出版社,2016年.
39. 中国连锁经营协会校企合作小组编著.连锁企业经营管理原理.北京:高等教育出版社,2014年.
40. 中国连锁经营协会校企合作小组编著.连锁企业品类管理.北京:高等教育出版社,2012年.
41. 中国连锁经营协会校企合作小组编著.门店布局与商品陈列.北京:高等教育出版社,2014年.
42. 祝文欣主编.零售业100个创意促销方案.北京:中国发展出版社,2008年.
43. IBMG国际商业管理集团编著.超市卖场定价策略与品类管理.北京:中华工商联合出版社,2015年.

图书在版编目(CIP)数据

新零售管理实务:门店数字化运营/刘洋,朱彪主编. —2版. —上海:复旦大学出版社,2024.8
(2025.2重印)
(复旦卓越. 管理学系列)
ISBN 978-7-309-17136-5

Ⅰ.①新… Ⅱ.①刘… ②朱… Ⅲ.①零售商店-商业管理-数字化-高等学校-教材 Ⅳ.①F713.32-39

中国国家版本馆 CIP 数据核字(2023)第 249796 号

新零售管理实务:门店数字化运营(第二版)
XINLINGSHOU GUANLI SHIWU:MENDIAN SHUZIHUA YUNYING(DI ER BAN)
刘 洋 朱 彪 主编
责任编辑/谢同君

复旦大学出版社有限公司出版发行
上海市国权路 579 号 邮编:200433
网址: fupnet@fudanpress.com   http://www.fudanpress.com
门市零售:86-21-65102580   团体订购:86-21-65104505
出版部电话:86-21-65642845
上海四维数字图文有限公司

开本 787 毫米×1092 毫米 1/16 印张 20.75 字数 467 千字
2025 年 2 月第 2 版第 2 次印刷

ISBN 978-7-309-17136-5/F·3024
定价:68.00 元

如有印装质量问题,请向复旦大学出版社有限公司出版部调换。
版权所有   侵权必究

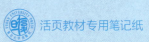

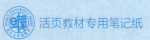

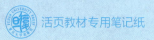

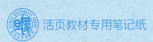

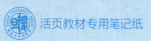